Für Gerd Enlitz, einen Motorsport-
fan und Fachannister-Meister, der
auch heute noch begeistert vom
historischen und aktuellen Motorsport-
geschehen ist.

Herzlichst Lutz Chaidmile

Zittau, 2.11.13

Lutz Weidlich

Zwischen Fahrerlager, Start und Ziel

Mit Mikrofon, Leib und Seele beim Motorsport

Erlebnisse aus über 60 Jahren auf und neben der Rennstrecke

Inhalt

Liebe Leser,

eigentlich hatte ich gar nicht vor, ein solches, jetzt in Ihren Händen befindliches Buch zu schreiben. Mein Ziel ist nach wie vor, per Mikrofon und Lautsprecher die frühen wegweisenden Leistungen genialer Konstrukteure des Motorsports und die Umsetzung dieser oftmals hochkarätigen Technik auf der Rennstrecke durch mutige und fahrerisch begabte Piloten zu würdigen. Ich versuche, einem breiten, interessierten Publikum die großartige Vergangenheit des Motorsports vieler Jahrzehnte, davon sechs, die ich selbst am Mikrofon, Lenkrad, im Fahrerlager oder als ganz normaler Zuschauer erlebt habe, nahe zu bringen, fachlich kompetent und allgemeinverständlich.

Weil mir bereits 1950, als zehnjährigem Jungen, zum ersten Mal Rennbenzin und verbranntes Rhizinusöl in die Nase stiegen, haben sich auf meiner „Festplatte" Unmengen von Erlebnissen des Motorsports gespeichert.

Viele Teilnehmer am historischen Motorsport demonstrieren mit großer Hingabe den technischen Fortschritt im Wandel der Zeit. Was ich jedes Jahr bei den Veranstaltungen und Rennen, besonders beim ADMV Classic Cup, beim Classic Grand Prix auf dem Schleizer Dreieck oder bei der Sachsen Classic, bei der HAIGO und der Interserie, aber auch bei den Jahrestreffen des MV Agusta Clubs Deutschland, zu sehen bekomme, nötigt mir immer wieder Hochachtung ab vor den Edelbastlern, die damit auf der Renn-, Rallye- oder Präsentationspiste nach wie vor gekonnt umgehen können. Was mich außerdem beeindruckt und für die Erhaltung des historischen Motorsports hoffen lässt, ist die Tatsache, dass neben den älteren, erfahrenen „Ehemaligen" immer mehr junge Männer und Frauen aktiv an dieser Sparte des Motorsports teilnehmen.

Eben jene tatkräftigen Motorsportler und viele begeisterte Zuschauer sprachen mich in den vergangenen zwei, drei Jahren immer wieder an, endlich meine interessanten Erlebnisse und Begegnungen auf und neben der Rennstrecke niederzuschreiben. Also entschloss ich mich, der Bitte nachzukommen. Allen, die mich dabei mit Bildmaterial und technischen Informationen unterstützten, danke ich ganz herzlich, besonders Lutz Heinicke, Thomas Hentschel, Mike Jordan, Jürgen Kießlich, Jürgen Müller, Reinhard Pässler, Achim Quandt, Werner Reiß, Klaus Riedel, Heinz-Günter Vogt, Heinz-Jürgen Walther und Bernd Walther.

Dieses Buch enthält keine Rennberichterstattung in der üblichen chronologischen Folge. Fast alles, was auf den weiteren Seiten zu lesen ist, stammt aus meinem Gedächtnis, eigenen Aufzeichnungen der von mir besuchten und als Streckensprecher kommentierten Rennen, vielen persönlichen Gesprächen sowie aus Ergebnislisten der damaligen Rennleitungen und Zeitnehmer. Natürlich spiegelt sich in diesem Buch auch meine Meinung zu den Geschehnissen an den Motorsportplätzen wider.

In der Hoffnung, dass Sie einen Einblick in meine Streckensprecherei bekommen, über einige nette, skurrile und interessante Episoden schmunzeln können, aber auch weniger lustige staunend oder kopfschüttelnd zur Kenntnis nehmen, wünsche ich Ihnen viel Freude beim Lesen.

L. Weidlich

Lutz Weidlich

Ich widme dieses Buch meinem guten Motorsportfreund Roland Görner. Sicher hätte er es mit Begeisterung gelesen und, wie ich ihn kannte, sich einige bissige Bemerkungen dazu nicht verkneifen können. Leider ist er viel zu früh aus unserer Mitte gerissen worden.

m Juni 1950 prangten großflächige Plakate an Leipzigs Litfasssäulen, so, wie man sie noch nie gesehen hatte: Abgebildete Rennwagen und Motorräder lenkten den Blick auf die Ankündigung des 1. Leipziger Stadtparkrennens vom 7. bis 9. Juli 1950! Ich hatte als gerade mal 10-Jähriger bereits Rundfunkreportagen vom Sachsenring 1949 und anderen Rennen verfolgt und freute mich natürlich, dass nun so was auch in meiner Heimatstadt Leipzig stattfinden sollte. Das war plötzlich Stadtgespräch!

Die männlichen Kunden in der Drogerie meiner Eltern, Arthur-Hoffmann-/Ecke Kurt-Eisner-Straße, diskutierten mit meinem Vater aufgeregt über Rosenhammer, Greifzu, Baum, Krause – sie seien alle schnelle Männer in Rennwagen, aber auch Namen wie Walfried Winkler, Edgar Barth, Erich Wünsche, Bernhard Petruschke oder Ebersberger/Strauß hörte ich bei diesen Gesprächen und merkte mir die Namen.

Bereits am Dienstag, also drei Tage vor dem ersten Training zum Rennen „Rund um das Leipziger Scheibenholz", dröhnte auf der Arthur-Hoffmann-Straße ein Rennmotor. Hellhörig, wie ein technisch interessierter Junge eben ist, wenn solche faszinierenden Geräusche ertönen, rannte ich auf die Straße. Und es wurde spannend: Ein Rennseitenwagengespann mit der Starnummer 313 fuhr neben den Straßenbahnschienen zwischen Alfred-Kästner- und Arndtstraße mehrmals hin und her.

„Das ist der Suhrbier Fritz", brüllte mir Rudi Neumann, der plötzlich neben mir stand, ins Ohr. Rudi war ein guter Bekannter meiner Eltern und ein Kenner der Rennsportszene.

Der damals noch ziemlich unbekannte Suhrbier kam aus Güstrow und hatte bei der Firma Waagen-Berger in der Arthur-Hoffmann-Straße Quartier bezogen. Dort fand er ideale Bedingungen für notwendige Einstellungen und Reparaturen vor. Diese Möglichkeit nutzte der Güstrower auch noch in den folgenden Jahren, wenn er mit seinem Gespann in Leipzig, zumeist mit Beifahrer Rolf Pöschel, meinem heutigen guten Freund, an den Start ging.

Rudi Neumann erklärte mir: „Das is ne siemhundertfuffzscher BMW, frisierter Wehrmachtsmotor, da geht's vorwärts, mei Liewer!" Wieder und wie-

der fuhr Suhrbier die Straße auf und ab. Damals gab's kaum Autoverkehr und die Polizei wurde ebenfalls vom Rennfieber gepackt, sodass der Fritze, wie Rudi Neumann ihn nannte, keine Probleme bekam. Wohl aber mit seinem Motor, der plötzlich Fehlzündungen hatte. „Der spuckt doch Benzin zum Vergaser nach hinten raus, das wird heude nischt mehr", lautete Rudis fachmännisches Urteil. Tatsache: Suhrbier und sein damaliger „Schmiermaxe" Hans Köster schoben das BMW-Gespann wieder in die Bergersche Werkstatt.

So erlebte ich erstmals optisch und akustisch eine Rennmaschine und war vom Klang her derart fasziniert, dass ich zu Hause meinen Vater darum bat, doch als Zuschauer beim Rennen dabei sein zu dürfen. Die Antwort: „Klar, wir gehen hin, Rudi Neumann kommt auch mit. Wir stellen zwei Bockleitern in der Waldkurve auf, legen ein starkes Brett dazwischen, setzen uns darauf und haben einen guten Überblick."

Fritz Suhrbier mit Rolf Pöschel am Sachsenring. Suhrbier war 1950 der erste Rennfahrer, den ich sah. (Archiv Pöschel)

Bereits am Donnerstag vor dem ersten Training hörte man kilometerweit den Motorenlärm aus den offenen Megaphon-Auspuffrohren. Das Fahrerlager befand sich auf der Bauernwiese hinter einem Altneubaublock und vor dem hoch aufgetürmten Schuttberg, auf den Jahre zuvor Feldbahnlokomotiven so genannte Kipploren zum Abladen hinaufschoben, die mit Trümmern der durch den Krieg zerstörten Häuser beladen waren. Von der Bauernwiese aus konnte man leicht in ein Teilstück der Kurt-Eisner-Straße zwischen Wundt- und Fockestraße einbiegen und es als Warmlaufstrecke nutzen. Das ergab natürlich einen enormen Krach, den die Anwohner aber als spannend und als Rennatmosphäre gern hinnahmen.

Wir, meine Klassenkameraden aus der Herderschule und ich, konnten den Trainingsbeginn am Freitag, dem 7. Juli, kaum erwarten. Spätestens als Walfried Winkler seine 250er Ladepumpen-DKW aufbrüllen ließ, hatte mich der Rennbazillus endgültig erfasst. Von Rudi Neumann hatte ich inzwischen einige Hinweise erhalten, auf welche bekannten und guten Fahrer ich besonders achten sollte. Interessiert studierten wir das Rennprogramm, denn daraus erfuhren wir ja, woher die einzelnen Starter kamen. Ich erinnere mich noch gut – nach über 60 Jahren – an André Ameismaier und Xaver Heiß aus Augsburg, die in der 350er-Klasse mit ihren AJS schnelle Runden auf dem 4,311 Kilometer langen Stadtparkurs drehten, und in Edgar Barth (Norton) aus dem erzgebirgischen Herold sowie Erich Wünsche (Velocette) aus Dresden harte Konkurrenz bekamen. Walfried Winkler hatte hier keine Chancen, dafür aber in der Viertelliterklasse: Da fuhr er mit der bereits genannten Ladepumpen-DKW aus Zschopau allen davon und gewann mit sagenhaften zwei Runden Vorsprung! Wesentlich spannender verlief der Zweikampf im sonntäglichen 500er-Rennen zwischen Wünsche und Barth, deren ständige Positionswechsel um die Führung die Zuschauer von den Plätzen rissen.

Hatten uns im Training und Rennen die Zweiradartisten schon begeistert, gab es nun mit den Dreirad-Gespannen und den Rennwagen für uns Neulinge weitere Höhepunkte. Bei der Vielzahl von Startern und Rennklassen hatte die Rennleitung Lizenz- und Ausweisfahrer zusammen starten lassen. So konnten die Sachkundigen, wie Rudi Neumann, schon erkennen, wer aus dem Ausweisfahrerfeld die künftigen Meister sein werden.

Zwar hatte ich im Radio schon von Ebersberger/Strauß und Hillebrand/Prätorius als erfolgreiche Gespannfahrer aus Nürnberg und Amberg gehört, aber die tollkühne Fahrweise und die artistischen Leistungen der Beifahrer, besonders direkt vor mir in der Waldkurve selbst mit eigenen Augen zu sehen, das war einfach fantastisch. Welchen Platz Fritze Suhrbier belegte, er war ja damals noch Ausweisfahrer, weiß ich heute nicht mehr. Aber ich erinnere mich noch gut an Bagge/Schönherr, die Zündapp-Fahrer aus Chemnitz, die mit großem fahrerischen Können die Aufmerksamkeit der damals fast 400 000 Zuschauer auf sich lenkten.

Zum Suhrbier Fritz muss aber noch etwas gesagt werden: Als Lizenzfahrer bestach er in den folgenden Jahren mit einem der besten Seitenwagenartisten, Rolf Pöschel, durch seine verwegene Fahrweise. „Das war schon eine Wildsau, der Fritz, da war es mir manchmal ganz schön mulmig, wie der die Kurven anschnitt", gestand mir Rolf Pöschel Jahrzehnte später, 2005 beim Lückendorfer Bergrennen. Belohnt wurde der fahrerische Einsatz von Suhrbier/Pöschel mit dem DDR-Vizemeistertitel 1952 in der Gespannklasse bis 500 ccm hinter Bagge/Schönherr (Chemnitz). Ich höre noch immer Gigos Rundfunkreportagen vom Sachsenring 1952: Er berichtete wie immer mit viel Emotion, wie Suhrbier/Pöschel sogar zweimal auf das Podest fuhren: Bei den 500ern hinter Bagge/Schönherr als Zweite und als Dritte bei den 750ern hinter wiederum Bagge/Schönherr sowie Fräbel/Jacobi (Urnshausen). Nicht zu vergessen, die zahlreichen Siege und Titelgewinne von Suhrbier/Pöschel bei Sand- und Grasbahnrennen. Rolf Pöschel: „Das war nicht so mein Ding, da ging es manchmal noch haariger zu, und der Fritz kannte gegenüber seinen Gegnern keine Gnade, der fuhr mit dem Messer zwischen den Zähnen."

Paul Greifzu war das Maß aller Dinge

Zurück zum 1. Leipziger Stadtparkrennen: Gespannt erwarteten wir, mein Vater, Rudi und ich, auf unserem Leiter-Hochsitz im Innenbereich der Waldkurve das Rennen der Formel-II-Rennwagen, die den Abschluss eines gelungenen Rennwochenendes in Leipzig bildeten. Bereits vorher hatten wir den blendend weißen Veritas von Helm Glöckler aus Frankfurt am Main bewundert. Glöckler saß ebenfalls ganz in weiß gekleidet am Lenkrad: weiße Staubkappe, weiße Glaceehandschuhe, weißer Overall. Weder Kurt Baum aus Hainspitz noch Arthur Rosenhammer aus Dessau vermochten mit ihren BMW-Sportwagen das Tempo des Frankfurters zu halten. Von den vier Streckenreportern, postiert am Start- und Ziel, in der Erich-Zeigner-Kurve, Werner-Seelenbinder-Kurve und Waldkurve, erfuhren wir nicht nur den Verlauf des Rennens sowie die Positionskämpfe und -wechsel, sondern auch Interessantes über die Fahrer und deren Rennfahrzeuge. Selbst die Rennen mit den Kleinstrennwagen (das 500er gewann Toni Kreuzer aus München, das der 750er Willi Lehmann aus Bitterfeld) erzeugten so viel Spannung, dass es die meisten der Zuschauer von den Plätzen riss.

Nun endlich war es soweit: Die Schnellsten des Tages standen am Start in der Wundtstraße: Die Formel-II-Rennwagen zusammen mit den 2-Liter-Sportwagen. In der ersten Reihe mit der besten Trainingszeit Paul Greifzu aus Suhl im silbernen BMW-Eigenbau-Monoposto (Nr. 55), neben ihm der Mannheimer Theo Helfrich im dunkelblauen Veritas-BMW (Nr. 17) mit Ponton-Karosserie und Kurt Baum (Nr. 16) mit dem monströsen, grau gespritzten BMW-Monoposto. In den weiteren Startreihen warteten Theo Fitzau, Köthen (Nr. 57), Arthur Rosenhammer, Dessau (Nr. 18), Oswald Karch, Ludwigshafen (Nr. 26), Rudi Krause, Reichenbach (Nr. 23) und Herbert Morgenstern, Pirna (Nr. 21). Während seiner begeisternden Fahrweise und Überlegenheit bekam Paul Greifzu ständig Applaus von den Zuschauern, die in den letzten Runden jedes Mal ihre Programmhefte schwenkten, wenn der Suhler Altmeister mit glockenklar drehendem Motor vorbei kam. Leider ereignete in der letzten Runde noch ein schwerer Unfall mit tödlichem Ausgang. Grausam für mich: Ich musste mit ansehen, wie sich Herbert Morgensterns Wagen überschlug und den Fahrer regelrecht erschlug. Kurz zuvor rief mein Vater: „Der kommt viel zu schnell aus dem Nonnenweg heraus auf die Waldkurve zu, das kann er nicht erbremsen!" Und schon geschah der Überschlag, nachdem sich wahrscheinlich das rechte Vorderrad an einem Strohballen und der Bordkante verfangen hatte. Als ich den bewegungslosen Morgenstern unter seinem Rennwagen liegen sah, wurde mir übel und ich sprang von meinem Sitz, um mich auf der hinter uns befindlichen Grasnarbe hinzulegen. Das war mein erstes schlimmes Rennsporterlebnis als 10-Jähriger. Leider musste ich später noch einige ähnliche tödliche Unfälle nicht nur mit ansehen, sondern als Streckenkommentator am Start und Ziel auch noch den Zuschauern nahe bringen.

Das Leipziger Stadtparkrennen 1950 – als mein erstes Motorsporterlebnis – wurde somit zum Grundstein meiner späteren motorsportlichen Laufbahn als Streckenreporter – heute als Streckenkommentator (weil es heutzutage dank höherer Tempi und modernster Technik nur noch eine Sprechstelle an den Rennstrecken gibt) und auch als aktiver Renn- und Rallyefahrer. Der Bazillus kreiste fortan im Blut und wirkt heute noch!

Dazu trug auch noch ein Ereignis bei: Es war Anfang 1951. Mein Vater sagte mir, im Leipziger Kino UT Hainstraße würde eine Matinee zum Motorsport gezeigt, mit Hubert Schmidt-Gigo und Rennfahrer Kurt Baum. Natürlich gingen wir hin. Meine Begeisterung über die gezeigten Filme und Gespräche zwischen Gigo und Baum war fast grenzenlos. Ich schwor mir im Stillen: „Irgendwie muss ich in meiner Zukunft in diesem Metier dabei sein."

Formel-II-Rennwagen am Start. In der ersten Reihe Edgar Barth vom IFA Rennkollektiv Johannistal (Nr. 101) und Ernst Klodwig (Aschersleben) mit dem Mittelmotor-BMW.

Fred Gigo, mit bürgerlichem Namen Hubert Schmidt, war mein Vorbild und Mentor am Streckenmikrofon.

Rudi Knees (Nagold) wurde 1952 Deutscher Meister auf der neuen 500er „Federbett"-Norton und war oftmals Gast auf den DDR-Rennstrecken.

2 *Kritischer Zuschauer, Rennberichte-Leser und Fahrerlager-Spion*

Das Leipziger Stadtparkrennen war schon eine tolle Sache, aber es gab ja noch viele andere Rennstrecken in Deutschland-Ost und -West. Allein in der DDR kämpften die Rennfahrer von Mai bis September auf der Halle-Saale-Schleife, dem Rostocker Osthafenkurs, der Autobahnspinne Dresden-Hellerau, der Bernauer Schleife, dem Dessauer Autobahnkurs, den berühmten Pisten vom Schleizer Dreieck, der ältesten Naturrennstrecke Deutschlands, und dem Sachsenring, auf dem 1950 der erste gesamtdeutsche Meisterschaftslauf stattfand. Kleinere Rennen gab es auch noch in Magdeburg, Schwerin, Wismar, Bernburg und auf der Chemnitzer Autobahnschere. Später kamen dann der Bautzener Autobahnring und das Frohburger Dreieckrennen hinzu. Dafür durften aus den verschiedensten Gründen Mitte bis Ende der 50er-Jahre in Rostock, Dessau, Leipzig und in den 60ern dann auch in Halle keine Rennen mehr stattfinden. Seinerzeit wurden die DDR-Meisterschaftsläufe im Rundfunk übertragen und besonders begeisternd von Hubert Schmidt-Gigo geschildert und kommentiert. Das damals bedeutendste Bergrennen in der DDR war das Kyffhäuser Bergrennen, einer der schwierigsten und kurvenreichsten Bergkurse überhaupt. Und wer war dort der Schnellste? Natürlich Bergkönig Hans Stuck mit seinem Formel-II-AFM.

Um von allen denjenigen Rennen, die ich aus Entfernungsgründen nicht besuchen konnte, viel zu erfahren, wurden der damals großartige „Illustrierter Motorsport" und das „Sport-Echo" regelrecht verschlungen. Beim Lesen der spannenden Rennberichte und Kommentare von solchen tollen Motorsportjournalisten wie Günter Grassmann, Horst Medrow, Karl-Heinz Edler, Wolfgang Roediger, Edmund Thiele und anderen konnte man den Kampf um Meter und Sekunden vor dem geistigen Auge richtig nacherleben. Natürlich waren wir Rennsportfans besonders hungrig auf die Artikel und Ergebnistabellen über die großen internationalen Rennen auf der TT, dem Nürburgring, in Assen, Spa-Francorchamps, Monza, Monte Carlo, dem Hockenheimring, der Solitude, dem Schottenring,

aber auch über die nationalen westdeutschen Läufe beim Dieburger Dreieckrennen, dem Eilenriederennen Hannover, dem Hamburger Stadtparkrennen und nicht zuletzt dem großartigen Norisring-Rennen in Nürnberg. Schließlich starteten ja auch die Fahrer Ostdeutschlands auf vielen Strecken Europas. Weil es noch keine Mauer gab, gelangte der eine oder andere von uns auch an Westzeitschriften, wie „Auto, Motor und Sport" oder „Das Motorrad".

1951 erlebte ich mit meinem Vater, gebannt am Radio hängend, den großartigen Sieg bei den Formel-II-Rennwagen von Paul Greifzu auf der Avus und ein Jahr später an gleicher Stelle den Triumph von Arthur Rosenhammer im 1.500er-Sportwagen des Rennkollektivs Johannistal.

Ja, die „goldenen" 50er-Motorsportjahre prägten immer mehr meinen Hang zum Rennsport. Mit Hilfe des Tonbandgerätes meines Freundes Lutz Lippold, der ebenso motorsportbegeistert und bewandert war, versuchte ich mich zu Hause – natürlich leider ohne Geräuschkulisse – an Reportagen von Rennen. Ganz einfach so aus dem Hut schilderte ich wie ein Reporter ein Rennen, das ich selbst in Halle, Leipzig, Dessau, am Sachsenring und in Schleiz (da fuhren wir per Fahrrad oder Moped hin) erlebt hatte und hörte mir das hinterher an. Wenn es meiner Meinung nach gelungen war, spielte ich die Reportage meinen Eltern und meiner Schwester vor, um deren Urteil zu hören. Meine Vorbilder waren Gigo, Helmut Schulze und ganz besonders Martin Walther.

Begegnung mit Ex-Grand-Prix-Fahrer und Bergkönig Hans Stuck

Um mehr Detailwissen zu erlangen – also über die Technik der Rennmaschinen und -wagen, auch über die Fahrer sowie das Drum und Dran musste ich ins Fahrerlager gelangen. Das aber war meist gut bewacht und für Unbefugte nicht zu betreten. Dennoch schaffte ich es irgendwie immer, dort hinein zu kommen. Auf zwei besonders interessante Begegnungen und Gespräche im Fahrerlager des Leipziger Stadtparkrennens bin ich heute noch stolz:

1952 stand ich auf der Bauernwiese (Fahrerlager) am AFM-Formel-II-Rennwagen von Hans Stuck. Ehrfürchtig schaute ich mir bei offener Motorhaube den Achtzylinder-Küchenmotor an. Der Altmeister, der mit Abstand die schnellste Trainingszeit gefahren hatte, schaute mich 12-Jährigen an und lachte: „Du interessierst dich für die Renntechnik, das finde ich gut." Daraufhin deutete er mit der Hand auf den Sitz im Cockpit. Ich verstand sofort, dass ich mich hinters Lenkrad klemmen durfte. Was für ein Aha-Erlebnis! Ich unbedeutender Wicht saß im Rennwagen eines der größten Vorkriegsrennfahrer der Welt. Dann erklärte mir Hans Stuck Drehzahlmesser und Schalthebel, die drei Pedale für Gas, Bremse und Kupplung. „Das Fahrgestell und das Drumherum wurde von Alex von Falkenhausen konstruiert, der Motor stammt von Richard Küchen, es ist ein Achtzylinder Saugmotor in V-Bauweise", erklärte mir der Bergkönig (bei Bergrennen war Stuck unschlagbar, egal mit welchem Auto). Dabei sagten mir damals diese Namen nur sehr wenig. „Aber früher sind sie doch meist mit Kompressormotoren gefahren", antwortete ich wichtigtuerisch. Darauf Hans Stuck: „Stimmt, aber das waren Werkswagen. Jetzt, nach dem Krieg, ist alles anders, da haben wir viel weniger PS in den privaten Rennwagen mit Saugmotor." Auf meine Frage, ob er morgen gewinnt, sagte er: „Wenn es regnet auf jeden Fall, bleibt es trocken, sind Barth, Straubel und Krause gefährliche Gegner." Dann reichte er mir die Hand und meinte in väterlichem Ton: „Aus dir wird mal ein Motorsportreporter oder Rennfahrer, bleib am Ball mein Junge!"

Als ich dieses Erlebnis meinen Schulkameraden erzählte, wollten die das erst nicht glauben. Nachdem sie aber merkten, was ich alles über Stuck und dessen Rennwagen wusste, nickten sie zustimmend, waren aber auch etwas neidisch.

Faszination Gespanne

1957 hatte ich ein ähnliches Erlebnis im Leipziger Fahrerlager, das inzwischen von der Bauernwiese in die Nähe der „Jugendkurve" (Wundtstraße/Ecke Ferdinand-Rhode-Straße) verlegt worden war. Diesmal wollte ich meine Idole bei den Seitenwagengespannen näher kennenlernen. Das waren vor allem die späteren (ab 1958) Weltmeister Walter Schneider und sein Beifahrer Hans Strauß. Den kannte ich ja schon als Schmiermax von Ernst Ebersberger, der 1950 die 750er-Gespannklasse gewann. Aber zunächst hatten

Schneider/Strauß viel Schraubarbeit und ich traute mich da nicht zu stören. So ging ich zu einem Norton-Gespann, das aussah, wie es früher von Schmid/Kölle gefahren wurde. Die waren natürlich auch da und Otto Kölle erklärte mir lächelnd in seiner sympathischen Art, ich solle doch einfach mal den Werner Großmann oder seinen Beifahrer, den Alfred Schmidt, so richtig ausfragen, die hätten viel mehr Zeit, da sie eine Norton fahren, deren Motor nur einen Zylinder hat. „Wir fahren BMW, da haben wir mehr zu tun, die hat schließlich zwei Zylinder", lachte Kölle, und Otto Schmid aus Sindelfingen rief mir freundlich zu: „In einer halben Stunde kannst du zu uns kommen, wenn du Fragen hast." Also begab ich mich zur Norton von Großmann/Schmidt.

Beide tranken gerade Kaffee, auf Klappstühlen sitzend. Sie hatten meine Gespräche mit den zwei schwäbischen Ottos gehört, gaben mir bereitwillig Autogramme und gestatteten mir, mich auf ihre Gespannmaschine zu setzen. Da sie die Verkleidung abgenommen hatten, konnte ich die Norton-Technik bewundern und mir vom netten Alfred Schmidt alles erklären lassen. Danach fasste ich mir ein Herz und begab mich – etwas ehrfürchtig – zu Schneider/Strauß, den gemeinsam mit Hillebrand/Grunwald (die noch im gleichen Jahr Weltmeister wurden) haushohen Favoriten fürs Rennen. Während Hans Strauß das BMW-RS-54-Boxeraggregat mir näher erläuterte, stellte Walter Schneider die Vergaser bei laufendem Motor ein. „Wenn du beim Boxer im Leerlauf jeden Takt mitzählen kannst, stimmt die Grundeinstellung", erklärte der „Schmiermax", und der Mann am Lenker ergänzte im siegerländer Hochdeutsch: „Aber die Rennmaschine braucht keinen Leerlauf. Hier gibt's nur Vollgas oder nix. Und volle Pulle muss ich morgen geben, der Hillebrand ist sauschnell."

Womit er recht hatte, denn Hillebrand/Grunwald gewannen knapp vor Schneider/Strauß das sonntägliche Gespannrennen. Dritter wurde übrigens ein ganz Neuer, aber super talentierter weiterer Siegerländer: Josef Knebel mit Rolf Amfaldern im „Boot". Leider verunglückte Friedrich Hillebrand noch im gleichen Jahr als bereits feststehender Weltmeister in Bilbao tödlich und ein Jahr später Josef Knebel. Kurzzeitig übernahm dann Rolf Amfaldern das Kommando übers Knebelsche Gespann und holte sich einen jungen Beifahrer in den Seitenwagen, Max Deubel. Der aber blieb nicht lange im Boot, sondern wollte selbst

Auf allen deutschen Rennstrecken in den 50er-Jahren dabei: Ritter/Ehrlich (Speyer), hier mit einer Norton beim Leipziger Stadtparkrennen 1956.

Großmann/Schmidt (Sindelfingen) hatten mir 1957 alle „Geheimnisse" ihres Norton-Gespanns verraten.

Die Weltmeister von 1958 und 1959, Schneider/Strauß, mit der Königswellen-BMW.

an den Lenker. Und so schrieb dieser Max Deubel fortan Motorsportgeschichte.

Er kletterte die Erfolgsleiter hoch, wie kein Zweiter in den 60er-Jahren. Von 1961 bis 1964 erkämpfte er sich mit unwahrscheinlich präziser Fahrweise und unglaublich hohen Kurventempi mit „Co" Emil Hörner viermal die höchste Krone in der Seitenwagenweltmeisterschaft. Bereits vorher holten Wilhelm Noll/Fritz Cron aus Kirchhain 1954 und 56, Willy Faust/Charly Remmert (Fulda) 1955, Hillebrand/Grunwald

(Amberg) 1957, Schneider/Strauß (Siegen) 1958 und 59 sowie Helmut Fath/Alfred Wohlgemuth 1960 den Weltmeistertitel in ununterbrochener Folge für Deutschland. Nach Deubels Triumphzug versuchte es Helmut Fath noch einmal und wurde 1968 zum zweiten Mal – aber auf seiner selbst gebauten Vierzylinder URS (nach seinem Heimatort Ursenbach benannt) und mit Wolfgang Kalauch – Weltmeister. 1961 war er auf der Nordschleife des Nürburgrings schwer verunglückt, wobei sein Beifahrer Alfred Wohlgemuth den Tod fand. Diesen schweren Schlag musste Fath erst überwinden, ehe er sich wieder auf die Rennstrecken begab. Der Sound seines leistungsfähigen Motors mit den vier Auspuffrohren riss die Zuschauer von den Plätzen.

Noch einmal gewann ein solcher Fath-Vierzylindermotor den Weltmeistertitel: Inzwischen hatte Friedel Münch dem talentierten Horst Owesle ein Gespann mit URS-Vierzylindermotor hingestellt, und prompt wurde Owesle mit seinem britischen Beifahrer Peter Rutterfort 1971 Weltmeister. Diese Erfolgsstory deutscher Gespannfahrer dauerte permanent bis 1976 an. Die meisten Titel in der Weltmeisterschaft (WM) dieser Klasse räumte aber Klaus Enders ab: Von 1967 bis 1974 holte er sechs WM-Kronen, davon fünf Mal auf BMW. Fünf Erfolge teilte er sich mit Ralf Engelhardt und einen (1970) mit Wolfgang Kalauch. Als die Ära der Zweitakter auch bei den Gespannen begann, gab es weitere WM-Trophäen für die Deutschen: Rolf Steinhausen/Joseph Huber 1975 und 76 sowie Werner Schwärzel/Andreas Huber 1982. Damit wurde eine einmalige Erfolgsgeschichte deutscher Rennfahrer in der Gespannklasse abgeschlossen: 22 WM-Titel von 1954 bis 1982! Davon allein 16 auf BMW. Wenn man die beiden Titel von Fritz Scheideg-ger (1965, 66, Schweiz) noch mitzählt, sind es sogar 18 Weltmeisterschaften für die Boxer-BMW.

Hillebrand/Grunwald beim Sieg auf der Halle-Saale-Schleife 1957. Im gleichen Jahr auch Weltmeister, trotz tödlichem Unfall von Friedrich Hillebrand in Bilbao.

Thorn-Prikker, Baltisberger, Moto Guzzi und BMW ...

Das alles konnte ich aber in den 50er-Jahren als interessierter Zuschauer, Leser von Motorsportlektüre und als unerlaubter Fahrerlager-Einschleicher weder wissen, noch erahnen. Ebenfalls nicht erahnt habe ich damals, dass ich 2005, nach so vielen Jahren, den Max Deubel am Schleizer Dreieck wieder treffen würde. Nunmehr als FIM-Kommissar für die Gespannweltmeisterschaft „Superside", die ich als Streckensprecher kommentiert habe.

Da kamen natürlich sofort Erinnerungen an meine motorsportliche Kindheit und Jugendzeit auf. Wobei wir wieder beim Leipziger Stadtparkrennen sind: 1952 gab es wie 1956 zwei Rennveranstaltungen. Eine zu Pfingsten und eine im August 1952. Das Rennen zu Pfingsten – Eintritt übrigens kostenlos (wo gibt's das heute noch?) – strotzte nur so von deutschen Spitzenfahrern bei den Motorrädern. Den ersten Paukenschlag setzten die 250er-Solomaschinen. Im Programm standen jede Menge AWOs, ältere NSU, DKW und andere Maschinen. Plötzlich sagte Hubert Schmidt-Gigo als Streckensprecher am Start und Ziel: „Liebe Zuschauer, tragen sie nach: Startnummer 111 Hein Thorn-Prikker, Bad Godesberg auf Moto Guzzi und Startnummer 134 Gotthilf Gehring aus Ostelsheim, ebenfalls auf Moto Guzzi." Ein Raunen ging durch die Menge, denn das waren absolute Spitzenfahrer mit internationalem Ruf. Dagegen war aus Sicht der DDR-Fahrer außer Karl-Heinz Kirchner (Erfurt) kein Kraut gewachsen. Auch ich kannte durch Gespräche mit Rudi Neumann, der schon viele Rennen besucht hatte, zahlreiche westdeutsche Rennfahrer, ohne sie jemals vorher gesehen zu haben. Nach dem Start setzte sich Thorn-Prikker sofort vor Gehring an die Spitze und gewann überlegen das Rennen. Dritter wurde DDR-Meister Karl-Heinz Kirchner (Erfurt) vor Gerhard Wagenbreth (Dresden) auf NSU sowie den erstaunlich schnellen AWOs von Gerhard Hoffmann (Zwickau) und Werner Michael (Erfurt).

Was mir besonders an der Moto Guzzi auffiel – allerdings am Trainingstag im Fahrerlager – war die freiliegende, auf der linken Motorseite befindliche, silbern glänzende Schwungscheibe. Irgendein neben mir stehender, unbekannter Mann in Lederkombi, den ich erst 1961 persönlich als Walter Brehme kennenlernen sollte, sagte erklärend: „Das ist ein Merkmal von Moto Guzzi, auch der nach vorn gerichtete, liegende Zy-

linder mit obenliegender Nockenwelle, angetrieben durch eine Königswelle. Dazu je ein Ventil für Ein- und Auslass und ein Fallstromvergaser. Mein lieber Mann, das ist gegenwärtig die schnellste 250er auf der Welt, Baujahr 1951!" Ich staunte über die Fachkenntnisse dieses Herrn und war gleichzeitig verwirrt über mir damals soviel unverständliches Fachchinesisch. Da fragte ich lieber, was er von Hein Thorn-Prikker halte. Seine Antwort: „Ein ganz großartiger Fahrer, der gewinnt morgen haushoch." Womit Walter Brehme recht hatte.

Diese Gambalunghino, wie sie in Italien genannt wird, leistete 27 PS bei 8 000 Touren! Lorenzetti aus Italien wurde mit solch einer Maschine im gleichen Jahr Weltmeister.

Um Irrtümern zu begegnen: Erst ab 1953 bekamen die 250er des Typs Gambalunghino verbesserte Motoren mit zwei obenliegenden Nockenwellen (DOHC = double overhead camshaft) und je zwei Ventilen für Ein- und Auslass sowie zwei Fallstromvergaser. Trotzdem konnten die verwegenen italienischen Werksfahrer den neuen Zweizylinder-NSU-Rennern unter Werner Haas, Rupert Hollaus, H. P. Müller und Reginald Armstrong, sporadisch auch mit Hans Baltisberger und Otto Daiker, nicht das Wasser reichen.

Aber mit fahrerischem Können erkämpften sich die Moto-Guzzi-Piloten Fergus Anderson (GB), Enrico Lorenzetti, Alano Montanaro (beide Italien) sowie Ken Kavanagh (Australien) in der Endabrechnung der Weltmeisterschaft die Plätze drei bis sechs.

Mit dieser 250er Moto Guzzi, Typ Gambalunghino, wurde Hein Thorn-Prikker (Bad Godesberg) 1951 und 1952 Deutscher Meister.

Der zweite Paukenschlag kam mit dem Rennen der Halblitermaschinen. Ein schneller Fahrer mit einer BMW, Startnummer 2. Die hatten wir im Training gar nicht gesehen. Wieder warteten wir gespannt auf die Lautsprecheransage zur Startaufstellung: „Tragen Sie bitte nach, liebe Zuschauer", informierte Hubert Schmidt-Gigo, „In der 500er-Klasse fährt mit der Startnummer 2 Hans Baltisberger aus Betzingen auf BMW. Er steht auf Startplatz eins mit der schnellsten Trainingszeit."

„Mensch verdammich", rief ein neben mir am Streckenrand Sitzender, „das ist einer der schnellsten Männer Deutschlands auf der Rennmaschine!" Ein Hellseher, dieser Mann: Denn Baltis kam, sah und siegte. Er fuhr den anderen davon, wie er wollte. Es war eine Augenweide, seinen Fahrstil zu beobachten und den Sound seiner BMW zu hören. Aber auch ein Berliner wusste mit einer weiteren BMW uns Zuschauer zu begeistern: Es war der junge Kurt Schulze, der die Positionskämpfe mit Kurt Maul (Freyburg, Norton), Harald Stegmann (Lichtenstein, Gilera) und Gottfried Pohlan (Eisenach, BMW) für sich entschied.

Hans Stuck ist auch Regenkönig

Im August 1952 freuten wir uns auf das zweite Stadtparkrennen innerhalb einer Saison in Leipzig. Nach den tollen Läufen der Motorradfahrer und der Piloten mit ihren Sport- und Kleinstrennwagen – Willy Lehmann aus Bitterfeld siegte hier fast wie gewohnt vor Gerhard Zschoche und Carl Weber, alle auf BMW-Eigenbau. Klassevorstellungen lieferten auch der Wittenberger Hans-Joachim Kranke in seinem 1.100er-Sportwagen mit ultra-niedriger Pontonkarosserie als Sieger und Erich Hofmokel als Zweiter mit seinem kreischenden IFA-F9-Zweitakter.

Inzwischen waren meine Klassenkameraden, die sich auf Grund meiner angelesenen Fachkenntnisse gern bei mir aufhielten, und ich bereits in Hochstimmung. Auch weil der Höhepunkt noch ausstand: Das letzte Rennen, die Formel-II-Rennwagen mit dem Trainingsschnellsten Hans Stuck. Wir fieberten mit, als die Startaufstellung durch Gigo angesagt wurde: „Nummer 120 Hans Stuck ganz rechts auf dem besten Startplatz. Neben ihm in Reihe eins Startnummer 101 Edgar Barth mit dem IFA-DAMW-6-Zylinder …"

Mit am Start: Nr. 103, Rudi Krause (Reichenbach), Reif-BMW; Nr. 129, Josef Peters (Düsseldorf), Veritas; Nr. 102, Jürgen Perduss (IFA Rennkollektiv), DAMW-BMW sowie die Rennsportwagen bis 1,5 und 2 Liter Hubraum. Allen voran Kurt Straubel (Nr. 14) aus Weimar und Arthur Rosenhammer (Nr. 27) aus Dessau, die ebenfalls dem IFA-Rennkollektiv an-

gehörten. Dazu gesellten sich Werner Jäger aus Eisenach mit einem Werks-EMW-Sportwagen, Heinz Melkus (Dresden), Veritas; Karl Wojciechowski (Wittenberg), BMW-Eigenbau und Hans Blees (Düsseldorf), Veritas.

Der Blick zum Himmel verhieß nichts Gutes. Jetzt hatten diejenigen Glück, die ein Regencape dabei hatten. Schirme aufspannen war verpönt, denn die in den hinteren Reihen befindlichen Zuschauer hätten nichts mehr gesehen. Egal, ein Regenrennen ist ja noch spannender. Was hatte Hans Stuck gestern zu mir gesagt? „Wenn es regnet, gewinne ich."

Rennleiter Walter Gimpel gab die Strecke frei und das Startsignal erfolgte. Damals galt noch, so wie es Gigo durch das Mikrofon mit lauter Stimme sagte: „Die Ampel schaltet auf Rot, noch eine Minute bis zum Start." Dann: „Gelb, noch 20 Sekunden". Und schließlich: „Grün, ab geht die Post! Superstart von Eddie Barth, der sofort vor Hans Stuck die Führung übernimmt, aber abwarten, das ist heute Stuck-Wetter. Bei Regen ist der Grainauer nicht zu schlagen. Dennoch dürfen wir gespannt sein, denn auch Barth kann im Regen gut fahren. Ich rufe meinen Kollegen Helmut Schulze in der Werner-Seelenbinder-Kurve." Von dort kommt die Meldung, dass Hans Stuck bereits an Barth vorbeigezogen ist. Wir sitzen auf Klapphockern am Schleusiger Weg zwischen Elsterflutbett- und Pleißenbrücke am rechten Streckenrand. Unser Blick geht nach links und schon jagt die silberne 120, der schnelle Achtzylinder-AFM mit Lenkrad- und Regenkünstler Stuck an uns vorbei. Barth ist Zweiter, Krause Dritter, der Sound aus den Auspuffrohren ist die richtige Musik für uns Motorsportverrückte. Aber auch Straubel und Rosenhammer sind verflixt schnell, haben schon Perduss im Formel II überholt. Dann die übrigen Sportwagen, unter ihnen auch Gerhard Erfurth aus Halle und Otto Reichardt mit Eigenbau-BMWs. Den Schluss bilden Helmut Zimmer aus Dresden mit seinem bildschönen, knallroten 328er BMW und Josef Peters im Veritas, der sich bereits irgendwo versteuert haben muss.

In der sechsten von 20 zu fahrenden Runden kommt Zimmers 328er auf die Gerade zwischen Elsterkanalbrücke und Germania-Bad. Hier heißt es: „steifes Bein". Kurz dahinter im Powerslide driftet Stuck, durch den Regen völlig durchnässt, auf die Gerade, setzt sich neben Zimmer und winkt ihm mit dem rechten Arm beim Überrunden aufmunternd zu. Alles rechts und links der Fahrbahn lacht! Das ist der echte Hans Stuck, wie man es in Büchern über ihn lesen konnte, immer einen Scherz auf den Lippen, immer gut gelaunt und stets freundlich. Vom ehemaligen Auto-Union-Werksfahrer und Europameister überrundet zu werden, ist schließlich keine Schande.

Krause, Barth und Perduss fallen aus, auch Reichardt und Peters und zu guter Letzt dreht sich an der Kurve der Elsterflutkanalbrücke auch noch Helmut Zimmer ins Aus. „Das gottverdammte Regenwetter", flucht der Dresdner so laut, dass wir Zuschauer es hören konnten und biegt mittels Reifenmontierhebel den vorderen rechten Kotflügel wieder zurecht. Ach ja, Hans Stuck hatte das Regenrennen mit Rundenvorsprung vor Rosenhammer und Straubel gewonnen. Heinz Melkus wurde guter Vierter. So ein Rennen vergisst man nie, trotz Regen und Kühle.

Ganz wichtig:
Gute, kompetente Streckensprecher

Die Leipziger Stadtparkrennen boten bis zum Ende im Jahre 1959 immer Spannung und Spaß, weil der Kurs eine Fahrerstrecke war, der vor allem körperliche und geistige Fitness von den Motorrad- und Rennwagenpiloten erforderte. Und noch etwas: Ich war begeistert von den Streckenreportern. Allmählich merkte ich mir die Namen. Damals gab es ja noch bis

zu vier Sprechstellen an den einzelnen Rennstrecken. Obwohl schon erwähnt, muss ich noch einmal betonen: Zum Inbegriff der guten Zuschauerinformation wurden für mich damals Hubert Schmidt-Gigo aus Hohenstein-Ernstthal, Martin Walther vom Sender Leipzig sowie Joachim Eisold und Eddie Fast.

Kein Rennen ohne Streckensprecher – Chef der Speakers Martin Walther (re.) mit Eddie Fast am Sachsenring 1963.

3 *Faszinierende Rennwagentechnik in den 50er-Jahren*

Wenngleich die meisten Motorradrennen durch die zahlreichen Positionskämpfe spannender verliefen als die Autorennen, begeisterten uns doch die interessanten Boliden fast noch mehr, ganz gleich, ob Formel-Rennwagen, also die Monoposti, oder Sportwagen. Allein die vielen Klassen und Kategorien versprachen fahrerisch und technisch guten Motorsport. Einen besonders großen Anteil daran hatten die DDR-Fahrer, die ja vorwiegend mit zumeist formschönen Eigenbauten starteten. Dazu gehörten in erster Linie die Formel-II-Wagen von Paul Greifzu, Rudolf Krause, Kurt Baum und Ernst Klodwig. Die ersten drei hatten in konventioneller Bauweise den Motor vorn und mittels Kardanwelle wurde die Kraft auf die Hinterachse übertragen. Ernst Klodwig dagegen saß weit vorn und hatte Motor und Getriebe hinter sich. Diese Heckmotor- oder Mittelmotorbauweise demonstrierte bereits die Auto Union in den 30er-Jahren permanent erfolgreich, wofür die zahlreichen Siege von Hans Stuck, Bernd Rosemeyer und Tazio Nuvolari stehen. Alle vier dieser oben genannten (o. g.) Formel-II-Eigenbauten wurden von Zweiliter-Reihen-Sechszylindermotoren angetrieben. Die vom BMW 328 stammenden Stoßstangenmotoren leisteten etwa 120 bis 135 PS. Über etwas mehr Leistung seines AFM konnte sich Hans Stuck

freuen. Dessen Triebwerk – ein Achtzylinder-Küchenmotor – soll beachtliche 160 PS gehabt haben. Die bei den anderen AFM-Formel-II-Monoposti, die von Fritz Rieß (Nürnberg) und Willi Heeks (Bocholt) gefahren wurden, waren mit dem gleichen 328er BMW-Motor ausgestattet, wie die Wagen der DDR-Fahrer.

Besonders hohe Bedeutung hatte bei den damaligen PS-Zahlen das Leistungsgewicht. Daran arbeiteten besonders die Ingenieure des Rennkollektivs Johannisthal, die 1952 und 53 dem nach Greifzus Tod schnellsten DDR-Rennwagenpiloten Edgar Barth (Herold) einen äußerst formschönen (damals sagten die Fans „schnittig") und leistungsfähigen Formel-II-Rennwagen zur Verfügung stellten. Damit wurde der Herolder beim WM-Lauf auf dem Nürburgring 1952 bester Deutscher und Ernst Klodwig mit seinem Heckmotor-Eigenbau zweitbester Deutscher!

Eine tolle Leistung unserer Fahrer und ein Beweis auch ihres technischen Könnens. Ein Jahr zuvor hatte Greifzu bereits das Avusrennen gewonnen und 1952 fügte Arthur Rosenhammer noch einen grandiosen Sieg auf der Avus hinzu, vor den fast als unschlagbar geltenden Borgward von Hans-Hugo Hartmann und Helm Glöckler auf Porsche in der Sportwagenklasse bis 1.500 ccm.

Der schnelle Borgward von Altmeister Adolf Brudes war bis 1956 ein harter Konkurrent der EMW-Piloten Rosenhammer und Barth. (Jüttner)

Durch die technische Entwicklung und immer höhere Tempi rückten die Rennsportwagen der 1,5-Liter-Klasse mehr und mehr in den Mittelpunkt des Interesses der Rennsportfans. So erinnern sich die „alten Hasen", wie ich, gern an die großen Rennen auch am Nürburgring und der damals schnellsten deutschen Rennstrecke, dem Grenzlandring bei Aachen. Wenn Paul Pietsch auf Veritas, Adolf Brudes im Borgward und Arthur Rosenhammer mit dem EMW (die ehemals Johannisthaler Renn- und Sportwagen wurden inzwischen in Eisenach bei EMW gebaut) sich Windschattenschlachten lieferten und sich dadurch ständig in der Führung ablösen konnten, blieb kein Auge mehr trocken. Da ging's im Meter-Abstand mit weit über 200 Sachen über den Asphalt! Leider war noch im gleichen Jahr Altmeister Paul Greifzu beim Training vor dem Rennen auf der Dessauer Autobahn-Rennstrecke tödlich verunglückt. Ein Gedenkstein erinnert an der Unfallstelle an den großen Rennfahrer und wunderbaren Menschen.

Neuer internationaler Sportwagenstar: Edgar Barth

Inzwischen konzentrierte man sich in Eisenach auf die Rennsportwagen bis 1.500 ccm. Das Reihen-6-Zylinder-Aggregat bekam in den V-förmigen Zylinderkopf zwei obenliegende Nockenwellen montiert, so dass der Motor nunmehr gute 135 – 140 PS Leistung abgab. Bei einem Gewicht des eleganten flachen offenen Rennsportwagens von 580 kg erreichte man jetzt mehr als 235 km/h Spitzentempo. Inzwischen hatte Arthur Rosenhammer als bisherige Nummer Eins im Rennstall nicht mehr diesen Bonus. Denn mit Edgar Barth aus dem Erzgebirge saß im EMW einer der besten deutschen Rennfahrer am Lenkrad, der nach vielem Hin und Her im Team nunmehr der Leader war.

So ließ der grandiose und historische Sieg in der grünen Hölle des Nürburgrings 1955 nicht lange auf sich warten. Was Barth dort in einer Rennschlacht gegen die Porsche-Spyder abzog, war absolute Weltklasse! Schon im Training ließ Barth es richtig krachen, indem er sich mit Bestzeit die Pole Position vor Porsche-Mann Richard v. Frankenberg sicherte. Der stromlinienförmige Eisenacher Rennsportwagen, der sich normalerweise besser für Vollgaspisten wie Monza eignete, wurde im Rennen derart meisterhaft Runde für Runde durch die damals 172

Kurven der Nordschleife bugsiert, dass Eddie Barth am Ende mehr als drei Minuten Vorsprung vor seinem Eisenacher Teamkollegen Paul Thiel herausgefahren hatte. Der Mitfavorit Richard von Frankenberg fuhr in führender Position etwas zu ungestüm, zumal es an einigen Stellen des Nürburgrings durch niedergegangenen Regen noch nass war, und rutschte mit seinem Porsche in Nähe des Karussells von der Piste.

Auch ein Jahr später erkämpfte vor allem Barth für den EMW-Werksrennstall in Eisenach weitere Siege und vordere Plätze, so dass der Erzgebirger in fetter Schrift mit Ausrufezeichen in den Notizbüchern namhafter Teamchefs stand.

In guter Erinnerung habe ich noch das letzte 1,5-Liter-Rennen der DDR auf dem Autobahnkurs bei Dessau. Dort setzte Eisenach zum Finale gleich fünf Werkswagen ein, gelenkt von Barth, Rosenhammer, Thiel, Binner und? Ob Sie es glauben oder nicht: Rudolf Krause aus Reichenbach! Dieser hervorragende Rennwagenpilot hätte schon viel eher mal dort hinter das Lenk-

LeMans-Sieger Jürgen Barth (re.) steht mit mir vor dem EMW-Rennsportwagen seines berühmten Vaters Edgar Barth.

rad gehört. Leider hatte er vorher keine Möglichkeit zu testen, so dass der Reichenbacher mit dem für ihn ungewohnten Renner nicht gut zurecht kam und ausfiel. Barth (wer sonst?) gewann vor Rosenhammer, Thiel und Binner.

Als dann nach der Saison 1956 die Ära des DDR-Werksrennsports zu Ende ging, begann für Edgar Barths Rennkarriere ab 1957 bei Porsche ein neuer Höhenflug mit weiteren vielen Siegen und Titeln.

Spannender Motorsport: Die Formel III mit 500er-Motoren

Bleiben wir noch bei den Vierrad-Rennern. Für die DDR-Fahrer gab es zumeist nur die Möglichkeit, Eigenbauten ins Rennen zu schicken, denn ab 1957 beteiligte sich das EMW-Werk nicht mehr am Rennsport, also keine Werkswagen mehr und damit auch keine 1.500er-Sportwagenklasse. Für die Formel II war schon einige Jahre früher Schluss.

Besonders interessante Konstruktionen kamen in der Formel III, den 500-ccm-Kleinstrennwagen, an den Start. Allen voran stand Willy Lehmann aus Bitterfeld fast immer in vorderen Startreihen. Er war nicht nur einer der besten Piloten, sondern eben auch ein begnadeter Konstrukteur, Bastler und Schrauber. Während die westdeutschen und ausländischen Konkurrenten mit Original-Cooper-Boliden aus England antraten, fuhren die DDR-Piloten mit zum Teil sehr skur-

ril anmutenden selbest „gezimmerten" Monoposti. Als Antriebsaggregate fungierten BMW-Boxer-, Einzylinder-JAP- oder Norton-Motoren. Dennoch: Leute wie Lehmann, Heinz Melkus, Gerhard Zschoche (Zörbig), Siegfried Seifert (Dresden), Günter Lenssen (Zeitz) oder Karl-August Bergmann (Güstrow) – um nur einige zu nennen – vermochten sich trotz technischer Unterlegenheit recht erfolgreich in Szene zu setzen. Das Gleiche galt auch für die Sportwagenfahrer in der 1.100er-Klasse. Hier gab es sehr formschöne und aerodynamisch gut konstruierte Karosserien mit vorwiegend Fiatmotoren oder auch, wie von den Chemnitzern Helmut Richter und Erich Hofmokel eingesetzten, IFA F9-Dreizylinder-Zweitaktern. In Erinnerung sind mir noch solche schnelle Fahrer wie die o.g. Chemnitzer, aber auch Gustl Sieper (Chemnitz), Siegfried Latarius (Hartha), Hans-Joachim Kranke (Wittenberg) oder wiederum Siegfried Seifert. Mit

Fast schon Seriensieger: Kurt Ahrens (Braunschweig) war der absolute Favorit in der Formel III bis 500 ccm mit seinem Cooper.

Philipp Meub (Frankfurt/Main) fuhr auf schnellen Strecken den Cooper mit der Ponton-Karosserie, weil sie weniger Luftwiderstand bot.

Auch Adolf-Werner Lang (Bruchsal, Cooper) gehörte zu den schnellsten deutschen Formel-III-Piloten der 50er-Jahre.

viel Bravour versuchten sie, den Rückstand zu den Porsches von Richard Trenkel (Bad Harzburg), Hans Finke (Helmstedt) und Herrmann Kathrein (Lorsbach) gering zu halten.

In der Formel III waren natürlich immer die Cooper-Männer wie Kurt Ahrens sen., Kurt Kuhnke (beide Braunschweig), Philipp Meub (Frankfurt/Main), Oswald Karch (Ludwigshafen), Theo Helfrich (Mannheim) und Lex Beels (Holland) sowie Jos Saveniers (Belgien) favorisiert. Später kamen auf dem Sachsenring noch die schnellen Finnen hinzu, von denen sich vor allem Curt Lincoln (der spätere Schwiegervater von Jochen Rindt) und Jouko Nordell spannende Positionskämpfe vorwiegend mit Willy Lehmann, Kurt Ahrens senior und junior an der Spitze des Feldes lieferten. Lehmann hatte durch seine gute Freundschaft zu Kurt Ahrens dessen ehemaligen Scampolo erworben und damit auch eine bedeutend höhere Konkur-

renzfähigkeit. Diesen Monoposto lenkten zu allererst Walter Komossa aus Recklingshausen, danach auch Weeke aus Reydt (einen weiteren Scampolo fuhr damals Helmut Deutz aus Lüdenscheidt), ehe er von Ahrens und zuletzt von Lehmann pilotiert wurde. Interessant ist auch die Tatsache, dass Friedrich Staschel (Bremerhaven), einer der besten Gespannfahrer in den 50er-Jahren – besonders erfolgreich mit dem Leipziger Beifahrer Edgar Perduß – 1958 sogar in einen Formel-III-Rennwagen stieg und auch in dieser Kategorie eine gute Figur machte. Mit dieser aber, seiner eigenen Statur, konnte er nicht glänzen. Staschels nicht geringe Leibesfülle bereitete ihm doch größere Schwierigkeiten beim Einsteigen in und Aussteigen aus dem engen Rennwagencockpit. Wenn das vor der großen Start- und Zieltribüne des Sachsenrings an den Boxen geschah, erntete der Bremerhavener so manche nicht böse gemeinte Lachsalve.

Willy Lehmann (Bitterfeld) hatte mit dem BMW-Scampolo den DDR-Meistertitel abonniert.

Siegfried Seifert (Dresden) mit seinem Formel-III-Eigenbau 1958 auf der Halle-Saale-Schleife.

4 *Das Phantom der Ausweisklasse*

Noch immer muss ich bei dem Jahrzehnt von 1950 bis 1960 verweilen. Es gibt so viele kleine und große Erlebnisse, die zu schildern einfach nicht fehlen darf.

Auf der Halle-Saale-Schleife wurden in den 50er-Jahren manchmal zwei Rennveranstaltungen durchgeführt, eine im Frühjahr auf der normalen Strecke mit Weinbergkurve und Friedensring, die zweite im Herbst, allerdings verkürzt, auf der sogenannten Kleinen Halle-Saale-Schleife. Der Rennleiter Hermann Schmiedel schuf damit eine weitere Möglichkeit für die Ausweisfahrer, ihr Können für den Aufstieg in die Lizenzklasse zu beweisen. Natürlich fuhren wir als noch jugendliche Fans mit den Fahrrädern – von Leipzig aus ein Katzensprung – zu beiden Rennen. Im

Oft sprachen Ex-Motorradrennfahrer Harald Linke (li.) und ich über das große Können des viel zu früh verstorbenen Oberingenieur Walter Kaaden. (Reiß)

Herbst begeisterte uns immer ein ganz schneller Mann auf einer 125er-MZ-Werksmaschine, der genau wie der relativ kleine und schlanke Bernhard Petruschke auf dem Motorrad wirkte, mit umgeschnalltem Ledertäschchen für den Kerzenschlüssel. Das Besondere: Er fuhr von der ersten Runde an allen davon und gewann das Rennen der Achtelliter-Ausweisklasse stets mit Rundenvorsprung. Da sein Name nicht im Programm vermerkt war und offenbar die Streckensprecher auch nicht so recht wussten, wer der schnelle kleine Mann war, rätselten meine Freunde und ich immer, wer das denn sei. Weil wir es auch im zweiten Jahr nicht gleich mitbekamen, nannten wir diesen schnellen Mann „Das Phantom der Ausweisklasse".

Schließlich erfuhren wir: Das ist doch Oberingenieur Walter Kaaden, der Chef der Zschopauer Rennabteilung, mit der Petruschke-Maschine. Da war es dann für uns gar kein Wunder mehr, dass der Erzgebirger so weit vornweg fuhr. Walter Kaaden, den ich später persönlich kennenlernte und einen guten Kontakt über einige Jahrzehnte hinweg pflegte, beherrschte nicht nur die Technik der Maschinen und Motoren, sondern eben auch die Motorräder auf der Rennstrecke. Jahre später testete er sogar die Rosnerschen Werksmaschinen auf der britischen Tourist Trophy, um dem Heinz eine bestens vorbereitete 250er oder 300er Zweizylinder-Werks-MZ für das große Rennen alljährlich auf der TT zur Verfügung zu stellen. Zu Walter Kaaden wird an späterer Stelle noch zu sprechen sein.

*I*ch erinnere mich besonders gern auch an die Rennen der Seitenwagengespanne. Eines, wiederum auf der Halle-Saale-Schleife, sehe ich immer noch vor meinem geistigen Auge: 1956, als fünftes und letztes Rennen des Tages, standen die Gespanne am Start. In den ersten Reihen Fritz Bagge/Kurt Schönherr, die damals mit Abstand schnellsten DDR-Fahrer aus Karl-Marx-Stadt, auf einer Norton, Otto Schmid/Otto Kölle aus Sindelfingen, Friedrich Staschel/Edgar Perduß aus Bremerhaven und Leipzig sowie Alwin Ritter/Hans Ehrlich aus Speyer, alle auf BMW RS 54. In den weiteren Reihen standen noch einige DDR-Gespanne mit sehr guten Fahrern und „Schmiermaxen, wie Willy Krenkel/Rolf Pöschel (Norton), Rudi Richter/Erwin Klim (BMW) oder Joachim Hadamus/Hans Schuster (Norton), alle aus Dresden. Das Rennen bot wieder Spannung pur: Runde um Runde wechselte die Führung zwischen Schmid/Kölle und Bagge/Schönherr, also BMW kontra Norton. Aber stets im Windschatten der beiden führenden Gespanne blieben Staschel/Perduß in Lauerstellung. Beim geringsten Fehler der Vorderleute hätten sie die Situation zum Führungswechsel ausgenutzt. Für den beleibten Friedrich Staschel kam sowieso nur Windschattenfahren in Frage, denn er hatte große Mühe, sich – im Gegensatz zu seinen Konkurrenten – auf der Maschine „lang zu machen", weil ihn dabei der Bauch behinderte. Wäre er in führender Position, so böte er ja den Konkurrenten einen Windschatten wie ein Steher-Schrittmacher auf der Radrennbahn. Also, die drei Gespanne jagten sich weit vor dem restlichen Feld über die zum Teil betonierte, an einigen Stellen asphaltierte oder mit Kleinpflaster bestückte 5,256 Kilometer lange Halle-Saale-Schleife. Dahinter kämpften Krenkel/Pöschel mit Richter/Klim um den Anschluss. Ritter/Ehrlich fielen schon in der dritten von 15 zu fahrenden Runden aus. Und Fritz Bagge hatte wohl seiner Norton bei der Jagerei zu viel zugemutet und musste seine tolle Vorstellung, mehrmals in Führung liegend, mit Motorschaden in der zehnten Runde beenden. Das nutzte der alte Fuchs Staschel aus, ging gleich noch an Schmid vorbei und behielt bis zum Schluss die Spitzenposition.

Aber wie Staschel das gemacht hat, war Weltklasse: In der überhöhten „Samba"-Kurve, die in die Zielgerade mündete, richtete sich der Bremerhavener mehrmals noch weiter auf und seinen scharfen Blick auf den etwa 100 Meter vor ihm stattfindenden, verbissenen Kampf zwischen Bagge und Schmid, schon ahnend, dass dabei einer auf der Strecke bleibt. Und in der nächsten Runde, genau als Bagges Motor schlapp machte, schnappte er sich die beiden Ottos und fuhr souverän zum Sieg. Weit dahinter entschieden Krenkel/Pöschel gegen Richter/Klim die Hatz um den letzten Podestplatz für sich. Ein hervorragender Abschluss eines wieder begeisternden Renntages vor 50 000 Zuschauern.

Friedrich Staschel (Bremerhafen) und Edgar Perduß (Leipzig) waren eines der erfolgreichsten West-Ost-Gespanne auf den deutschen Pisten.

Edgar Perduß und Rolf Pöschel – von Spitzenpiloten begehrt

Sowohl der Leipziger Edgar Perduß als auch der bei Dresden beheimatete Rolf Pöschel gehörten zu den besten Seitenwagen-Artisten der damaligen Zeit, sogar europaweit! Friedrich Staschel erkannte das sehr frühzeitig und holte den Leipziger, nachdem sein bisheriger Stammbeifahrer Schick den Rennsport an den Nagel gehängt hatte, in sein „Boot". Von da an feierten beide große internationale Erfolge, heimsten auch eine Menge Weltmeisterschaftspunkte ein. Bei den meisten Rennen, egal auf welcher Strecke, balgten sich

Staschel/Perduß mit Neußner/Hess (Nürnberg), Drion/Stoll (F/D), Bagge/Schönherr, Ritter/Ehrlich oder Schmid/Kölle. Diese Gespanne fuhren in etwa auf dem gleichen Niveau. Gegen die absolute Weltspitze, gebildet von Noll/Cron (Kirchhain), Faust/Remmert (Fulda), Schneider/Strauß (Siegen) oder Hillebrand/Grunwald (Amberg) hatten sie aber nur geringe Chancen.

Allrounder Rolf Pöschel

Rolf Pöschel war ein „Allrounder". Wenn ein Gespannfahrer einen guten „Schmiermaxen" brauchte, sprang oftmals der sportlich gut durchtrainierte Pöschel ein – sofern er gerade nicht von seinem Stammpiloten benötigt wurde. Dieser war Anfang der 50er-Jahre der Güstrower Fritz Suhrbier. „Mit Fritz ging es durch dick und dünn", verriet mir Rolf Pöschel, „Straßenrennen überall, wo es in der DDR eine Strecke gab, sowohl in der 750er- als auch in der Halbliterklasse, waren wir immer mit im Vorderfeld." Selbst bei Sand- und Grasbahnrennen, wofür der Mecklenburger Suhrbier besonders qualifiziert war, musste Pöschel im Seitenwagen „henkern" was das Zeug hielt. Und weil der Rolf das so gut beherrschte, wollte auch Willy Krenkel ihn als Beifahrer. Die beiden

wurden ein sehr erfolgreiches „Gespann" auf dem Gespann. Das sprach sich schnell herum. Als Karli Pusch aus Westberlin, ein gern gesehener Gast auf den DDR-Rennstrecken, in Dresden Hellerau auf der Autobahnspinne 1954 mit seiner BSA starten wollte, heuerte er den jungen, dynamischen Rolf an. Der draufgängerische Karli Pusch hatte erfahren, dass die späteren Weltmeister Willi Faust und Karl Remmert aus Fulda mit ihrer schnellen BMW an den Start gingen und wollte ihnen unbedingt Paroli bieten. Für dieses kühne Vorhaben bot sich natürlich Rolf Pöschel als der geeignetste Beifahrer an. Beide machten im Rennen den sieggewohnten Fuldaern das Leben so schwer, wie diese es lange nicht mehr erlebt hatten. Ständig wechselte die Führung, doch der clevere Pusch blieb gegen Rennende hinter Faust, packte ihn in der letzten Spitzkehre. Da aber die BMW mehr Körner hatte, konnten Faust/Remmert aufschließen und beide Gespanne gingen auf gleicher Höhe durchs Ziel. Damit hatten die vielen Zuschauer erstmals ein so genanntes totes Rennen erlebt. Wenn man Rolf Pöschel Jahrzehnte später noch an dieses heiße Rennen erinnert, leuchten seine Augen und er kommt sofort ins Schwärmen für diese tollkühne Fahrt.

Rolf Pöschel und ich plaudern auch nach mehr als 50 Jahren gern über manche Rennfahrer-Episode. (Reiß)

Pöschels Rache

Aber er erlebte auch Schattenseiten: Eigentlich hatte ihn Willy Krenkel als Stammfahrer verpflichtet, doch eine schicke junge und sportliche Dame namens Marianne Schwarze kam ihm irgendwann beim Willy in die Quere. Das Berliner Avusrennen stand bevor und für Rolf war klar, dass er bei Krenkel im Boot mitfährt. Aber im Fahrerlager kam die große Enttäuschung. „Der Willy guckte mich an und fragte, was willst du denn hier? Er bestand darauf, mit Marianne Schwarze zu starten. Ich war also außen vor", erzählte mir viele Jahre später Rolf Pöschel. Aber Rache ist bekanntlich süß. Einige Wochen später ging's zum Teterower Bergringrennen nach Mecklenburg. Krenkel nahm am dortigen Grasbahnrennen teil und fuhr gemeinsam im Auto mit Rolf Pöschel nach Teterow. Als Willy dann ins Training gehen wollte, sucht er den Rolf. Der aber kniete schon im Seitenwagen von Fritze Suhrbier und machte Krenkel eine lange Nase.

Suhrbier und Pöschel, das war ein fast unschlagbares Duo in Teterow. So nahm es nicht Wunder, dass sie beide Klassen dort unangefochten gewannen. Rolf Pöschel: „Wir siegten in der 750er-Klasse sogar mit dem 500er-Gespann, nachdem wir schon die Halbliterklasse gewonnen hatten." Willy Krenkel bekam doch noch in Hans Köster (der auch viele Rennen schon mit Suhrbier bestritten hatte) einen zuverlässigen „Schmiermaxen".

Übrigens: Rolf Pöschel erlebte sogar im Seitenwagen des späteren viermaligen Weltmeisters, Max Deubel, dessen außergewöhnlich hohe Fahrkunst. „Bei Max Deubel durfte ich nicht den geringsten Fehler machen, der bremste derart spät und fuhr so aggressiv durch die Kurven, da musste ich auf die Zehntelsekunde genau reagieren und agieren", sprudelte es immer noch vor Begeisterung aus Pöschel heraus, als er schon an die 80 Lenze herankam.

Sehr schöne 750er- und 500er-Gespanne von DDR-Fahrern

Natürlich boten auch die zahlreichen DDR-Gespanne hervorragenden Motorsport. Wenn sie unter sich waren, stellten sie die Helden dar. Besonders in den Jahren vor 1954, als es noch die Klasse bis 750 ccm gab. Dicht umlagert, sofern man ins Fahrerlager kam, wurden von begeisterten Fans das blaue Gespann von Laue/Haase (Eisenach), das rote von Werner/Diener (Pößneck), das weinrote von Fräbel/Jakobi (Urnshausen) und das mit Vollverkleidung ausgestattete Silberhai-Gespann von Arnold/Kleinhempel (Erfurt), alle von BMW-Boxermotoren angetrieben und stets mit auf Hochglanz poliertem Lack. Die Positionskämpfe dieser Piloten mit ihren „Schmiermaxen" waren oft das Salz in der Suppe eines Renntages. Später, als es nur noch die Halbliter-Gespannklasse gab, gehörten Bagge/Schönherr (Norton), Richter/Klim, Fräbel/Saal (beide BMW) und Krenkel/Pöschel (Norton) zu den Schnellsten. Auch hier sah man die liebevolle Pflege an der schönen äußeren Erscheinung dieser Renngespanne. Rudi Richter und Erwin Klim aus Zöllmen und Dresden sind – gemessen an ihren Erfolgen bis zum Ende des Gespannsports in der DDR – die echten Nachfolger von Bagge/Schönherr.

Wenn der Motor hielt, immer an der Spitze: Die mehrfachen DDR-Meister Fritz Bagge/Kurt Schönherr aus Chemnitz.

Zu den besten Gespannfahrern in Ostdeutschland zählten auch Krenkel/Pöschel.

Richter/Klim (Dresden, BMW) gehörten zur absoluten Spitze der DDR-Gespannfahrer.

Mutige und artistisch begabte Frauen schrieben Gespanngeschichte

Gespannrennen – vorwiegend in den 50er-Jahren – mit im Seitenwagen artistische Leistungen bietenden Frauen, waren früher ebenso an der Tagesordnung, wie es heutzutage Frauen auf Rennmaschinen oder am Lenkrad schneller Rennwagen gibt. Ja, diese Damen schrieben schon fleißig mit an der Geschichte der Seitenwagenrennen. Ich habe viele nur als Zuschauer erlebt, denn als ich mit der Streckenkommentierung begann, hatte der Allgemeine Deutsche Motorsport Verband (ADMV) bereits die Gespannrennen in der DDR abgeschafft.

Im Gedächtnis habe ich noch die wohl international bekannteste und erfolgreichste Seitenwagen-Artistin, die blonde Inge Stoll aus Aachen. Mit dem Franzosen Jaques Drion erfuhr sie auf den Rennstrecken Europas viele große Erfolge, besonders auch bei Weltmeisterschaftsläufen und den internationalen Rennen auf dem Sachsenring. Leider verunglückten beide 1956 tödlich. Aber auch solche Namen wie Lydia Heller, die bei August Simon (Eisenach) mitfuhr, oder die bereits erwähnte Marianne Schwarze aus Dresden oder Ingeborg Thormeyer bei Hans Brewko (Glauchau), Margarete Wintersberger bei Victor Pongratz (Österreich) sehe ich noch im geistigen Auge vor mir. In in den frühen 50ern starteten die Ehepaare Kurt und Helga Greiner (Jena) sowie Richard und Ursula Jakob aus Babelsberg gemeinsam bei Gespannrennen. Sie alle begeisterten Hunderttausende in den 50er-Jahren durch ihren Mut, ihre blitzschnellen Reaktionen und ihre akrobatische Gewandtheit. Blindes Verstehen zwischen Fahrer und Beifahrerin stand an erster Stelle – und die Feinfühligkeit der Frauen trug oft zum Erfolg bei. Wer diese Rennen damals erlebt hat, wird die aktiven „rennverrückten" Damen nie vergessen.

Jaques Drion (Frankreich) und Inge Stoll (Aachen) waren das international erfolgreichste Mixed-Gespann in den 50er-Jahren.

Mein siebenter Sinn und Baltis zeigt den Vogel

Zur Halle-Saale-Schleife und zum Leipziger Stadtparkrennen fuhr ich mit meinem langjährigen, motorsportbegeisterten Freund Helmut auch bereits zum Training hin und abends wieder zurück, um am nächsten Tag frühzeitig erneut zum Rennen loszuradeln. Oftmals standen Fahrer, die wir auf der Strecke bewunderten, nicht im Rennprogramm. Zumeist waren es Solo- oder Seitenwagenpiloten aus Westdeutschland, die nachgenannt hatten. Aber irgendwie steckte in mir ein sogenannter siebenter Sinn. Wenn Helmut bewundernd sagte: „Der macht ganz scheen Dampf", überlegte ich, wie und wo ich den Fahrer einordne, ja wer das wohl sein könnte. Oft traf ich damit ins Schwarze. In Leipzig donnerte 1956 im Training ein schnelles BMW-Renngespann über den Nonnenweg zur Waldkurve. Startnummer 46. Helmut in seinem „Leipzscherisch": „Wäärs denn das, habsch noch nie gesähn." Ich meinte, es seien Walter Schneider und Hans Strauß – und es stimmte. Genauso klappte es einige Jahre früher mit Hein Thorn-Prikker und Gotthilf Gehring, da hatte ich auch, ohne es genau zu wissen, richtig getippt. Ich kann nicht erklären warum, aber auch in anderen Fällen stimmte das meistens. Nun befasste ich mich ja auch mit den Fahrern, ihren Maschinen und den unterschiedlichen Fahrstilen. Vielleicht erriet ich deshalb immer so schnell die richtigen Namen derer, die nicht im Programmheft standen.

Eine ähnliche Situation gab es zwei Stunden später, nachdem wir Schneider/Strauß mit der Nummer 46 erkannt hatten.

In der Motorrad-Klasse bis 350 ccm fuhr ein ganz schneller Mann im gezeiteten Training seine Runden – interessanterweise auf einer aufgebohrten NSU-Sportmax mit der Startnummer 60. Nun ließ sich zu diesem Zeitpunkt auch noch kein Programmverkäufer blicken (wir nahmen einen Schleichweg zur Rennstrecke, um das Eintrittsgeld zu sparen), so mussten wir, genau wie bei den Gespannen vorher, erst einmal die Namen erraten. Mit dieser Nummer 60 startete ja eigentlich immer Fritz Kläger. Ein weiterer Pilot zog mit hoher Geschwindigkeit auf einer AJS mit der Starnummer 73 seine Runden. Also Hans Baltisberger mit einer AJS! Aber der sah doch immer ganz anders aus, das war nicht der Fahrstil des Betzingers. „Das ist doch ein Australier, der hat ein Känguru auf den Helm gemalt", rief ich Helmut im Motorenlärm

Hans Baltisberger (Betzingen) mit der NSU-Sportmax in der 350er-Klasse beim Leipziger Stadtparkrennen 1956.

zu, „mit der 60 ist das auch nicht Kläger, der bremst nicht so knallhart spät." Dem Fahrstil nach, so dachte ich, äußerte das auch Helmut gegenüber, kann das doch nur der Baltisberger sein. Wir standen am äußeren Rand der Einfahrt zur Waldkurve.

Nach einigen Runden bremste der Fahrer mit der 60 abrupt davor, blieb stehen, lehnte seine Maschine an einen Strohballen und diskutierte mit einem Streckenposten. Der sollte einen, der am Kurveneingang innen befindlichen Strohballen etwas zurücksetzen. Als das der Posten nicht befolgte, wurde der Pilot fuchsteufelswild und legte selbst Hand an, rückte zwei Ballen etwa einen halben Meter zurück. Zeigte dann dem Streckenposten den Vogel (Stinkefinger war damals noch nicht üblich), schob seine 300er Max an und preschte davon. Ich hatte wieder einmal recht: Es war natürlich Hans Baltisberger. Durch sein Eingreifen drehten jetzt die Schnellsten, zu denen er ja gehörte, ihre Runden um etwa eine Sekunde schneller. Auch derjenige mit der 73, das war tatsächlich ein Australier, nämlich der Dritte des Rennens am Sonntag, Freddy Cook. Gewonnen hatte sein Landsmann Paul Fahey (beide AJS) vor Baltis mit der ungewohnten Startnummer 60.

Fritz Klägers Ruhe im Pech und der Trick von Ernst Hiller

Am gleichen Rennsonntag startete der Freiburger Fritz Kläger – wie bereits erwähnt – nicht mit seiner Startnummer 60, sondern mit der ihm zugeteilten ungewohnten 66. Natürlich auf einer der schnellen 350er Einzylinder-Schnell-Horex. Um Irrtümern vorzubeugen, muss ich hier eine Richtigstellung einfügen, weil oft falsche Informationen im Umlauf sind: Erst ein Jahr später kaufte Kläger die ehemalige Horex-

Werksmaschine mit dem stark schräg nach vorn geneigten Parallel-Twin-Motor vom Münchener Hans Bartl, der damit keine Freude hatte und von DKW einen Werksfahrervertrag bekam. Das Problem: Die Horex-Zweizylinder waren mit 48 PS bei 9.800 U/min sehr, sehr schnell, aber unzuverlässig.

Die von Roland Schnell gebaute Einzylinder-Horex hatte zwar nur 35 PS bei 8.000 U/min, hielt aber die gesamte Renndistanz meistens noch mit guter Platzierung durch.

Da ich Horex-Fan war und heute noch bin, freute ich mich, dass Kläger in beiden großen Klassen mit diesen Maschinen startete. Allein in der 350er-Klasse standen vier dieser Schnell-Horex am Start, gefahren von Kläger, Böhrer (Karlsruhe), Ruhenstroth (Gütersloh) und dem Lobensteiner Fahrtalent Walter Knoch. In der Halbliter-Klasse starteten wiederum Kläger und Bruno Böhrer auf Horex. Auch diese Maschinen wurden von den bekannten „Schnellschen" Einzylinder-Motoren (45 PS bei 7.500 U/min) angetrieben.

Während die 350er Horex im Rennen keine Rolle spielten, katapultierte sich Fritz Kläger in der 500er-Klasse gleich an die Spitze. Er donnerte als Erster vor Riedelbauch, Hiller, Huber, Peter Knees (alle BMW RS 54) und Hans-Joachim Scheel (Norton) durch den Nonnenweg und musste plötzlich mit Zündaussetzern rechts heranfahren und das ganze Feld passieren lassen. Direkt vor unserem Stehplatz. Kerzenwechsel! Wir Zuschauer fieberten mit. Wer aber glaubte, ein hektisches Schrauben zu erleben, sah sich getäuscht. Mit Seelenruhe zog Kläger die Handschuhe aus, nahm den Kerzenschlüssel aus dem linken Stiefelschaft, zog eine neue Zündkerze aus einer Tasche seiner Lederkombi und wechselte sie gegen die defekte Kerze aus. Der Freiburger blieb die Ruhe selbst, indem er Schlüssel und kaputte Kerze wegsteckte und seine Rennhandschuhe ohne Hektik wieder anzog, dann von der Horex abstieg und die Maschine anschob. Kupplung kommen lassen, kurzer Stupser mit der Rippenpartie auf die Sitzbank um das Hinterrad zu belasten, und schon mit den ersten Takten schwang sich Kläger auf die Maschine. Als Letzter ging er mit Vollgas wieder ins Rennen. Alle Zuschauer rechts und links am Nonnenweg, kurz vor der Waldkurve, klatschten begeistert Beifall. Nach einigen schnellsten Runden bei der Aufholjagd gab aber dann der Horex-Motor seinen Geist auf. Schade, Fritz Kläger, als einer unserer Idole, hätte um den Sieg mitkämpfen können.

Das Rennen über 25 Runden war an Spannung kaum zu übertreffen. Ständige Positionswechsel des Spitzen-Trios mit Hans-Joachim Scheel (Apolda, Norton), Ernst Riedelbauch (Oberfranken) und dem noch nicht so erfahrenen jungen Ernst Hiller (Brackwede, beide BMW RS 54) begeisterten die Zuschauer. Dabei konnte Scheel mit seinem großartigen Fahrstil die motorische Unterlegenheit der Norton gegenüber den BMW in den Kurven immer wieder wettmachen. Allerdings zog er in der letzten Runde auf der langen Geraden in Richtung Zielkurve den Kürzeren und wurde „nur" Dritter. In toller Manier ging Hiller an Riedelbauch vorbei und gewann. Alois Huber (Traunstein), Peter Knees (Nagold) und Hansgünther Jäger (Trier), alle auf BMW, belegten mit größerem Rückstand die Plätze vier, fünf und sechs.

Guter Rat von Alois Huber

Ende der 90er-Jahre verriet mir Ernst Hiller anlässlich einer Classic-Veranstaltung auf dem Schleizer Dreieck, wie er damals in Leipzig den erfolgsgewohnten Riedelbauch bezwingen konnte: „Von Alois Huber war ich gewarnt worden vor Riedelbauchs harter Fahrweise. Knapp vor und in der Kurve konnte

man den nicht überholen, der stach brutal nach innen rein. Ich musste also vor der Zielkurve in Führung liegen. Deshalb bin ich dort in den letzten sechs Runden immer hinter dem Ernst geblieben. Er sollte glauben, dass ich auf der Geraden nicht vorbei komme. So wähnte er sich in Sicherheit, und ich zog in der letzten Runde, ganz dicht hinter ihm liegend, aus dem Windschatten heraus, etwa 250 Meter vor der letzten Kurve mit Tempo-Überschuss an ihm vorüber, so dass er keine Gegenwehr mehr leisten konnte. Seit diesem Sieg hatten alle Konkurrenten vor mir Respekt. Danach habe ich mich bei Alois Huber für den Tipp bedankt."

Diesmal nur Zweiter: Der sieggewohnte Ernst Riedelbauch (Oberfranken, BMW) wurde 1956 in Leipzig bezwungen.

Ernst Hiller (Gütersloh, BMW) gewann 1956 in Leipzig sein erstes großes Rennen.

Immer bei den Schnellsten: Hans-Joachim Scheel (damals Apolda) auf der 500er Norton.

Ganz besonders interessiert verfolgten wir – meine vom Motorsport begeisterten Freunde und ich – die Entwicklung der 125er-Zweitakter. 1950 bis 1952 starteten die meisten DDR-Fahrer auf DKW-Eigenbauten oder auf IFA-DKW-Maschinen aus Zschopau, allesamt privat renngerecht aufgebaut und – wie es damals hieß – frisiert. Namen wie Bernhard Petruschke, Helmut Eisner, Hermann Scherzer, Andreas Ellmann, Harald Linke, Jochen Seidel, Siegfried Halm, Heinz Lasch, Kurt Noack, Werner Köhler und viele andere waren uns zum Begriff dieser kleinsten Klasse geworden. Speziell auf Zschopauer werksunterstützten Maschinen fahrend, sind mir heute noch Siegfried Haase und Erhard Krumpholz in Erinnerung. Doch dann entwickelte der Zweitaktspezialist Daniel Zimmermann – eigentlich mehr für Boots-Rennmotoren spezialisiert – gemeinsam mit Diethard Henkel und Bernhard Petruschke einen Drehschiebermotor und die entsprechenden Auspuffanlagen dazu, nunmehr mit Staudruckwirkung. Die Maschinen hießen fortan ZPH-Drehschieber, nach den Initialen von Zimmermann, Petruschke und Henkel. Pilotiert wurden sie von Bernhard Petruschke (Kleinmachnow) und Diethard Henkel (Potsdam). So begann der Siegeszug der Drehschiebermotoren.

Zumeist gewann „Petrus", dann kam Erhard Krumpholz mit der Zschopauer IFA, danach Henkel mit der zweiten ZPH und der „Haase Sig". Oberingenieur Walter Kaaden erkannte sehr schnell, dass dem Plattendrehschieber an der künftigen Werksmaschine die Zukunft gehörte. Deshalb bekamen Krumpholz, Haase und der junge Horst Fügner nunmehr Drehschiebermotoren – Petruschke gehörte inzwischen auch der Werksmannschaft an – und sie fuhren den auf Eigenbauten startenden Privatfahrern davon.

Doch jetzt kamen die westdeutschen Privatfahrer mit neuen, schnellen Maschinen zu uns herüber. Karl Lottes aus Marburg bot oftmals mit seiner Ingolstädter DKW, sofern sie nicht „sauer" wurde, unseren Spitzenpiloten locker Paroli. Willi Scheidhauer aus dem Saarland brachte mit der Königswellen-Ducati eine neue, schnelle Viertaktmaschine an den Start und wurde zum gefürchteten Gegner der Zweitakt-Armada aus Zschopau. Karl Kronmüller aus Mannheim und Hubert Luttenberger aus Neu-Bamberg starteten auf MV Agusta und Mondial, ebenfalls von Einzylinder-Viertaktmotoren angetrieben. Für die Zuschauer war das eine tolle Bereicherung, nicht nur durch den unterschiedlichen Klang der verschiedenen Motoren, sondern auch, weil hier der Kampf Zweitakt gegen Viertakt beinhart stattfand.

Die älteren Leser haben sicher noch die weiß-rot gestreifte Vollverkleidung der Scheidhauer-Ducati in Erinnerung. Der kleine, quirlige Saarländer gehörte zu den Publikumslieblingen. Aber einige junge ungestüme Nachwuchsfahrer drängten nach oben. Der talentierteste unter ihnen hieß Ernst Degner. Auch hier reagierte Walter Kaaden sehr schnell und holte 1956 den „jungen Wilden" in die Zschopauer-Werksmannschaft, deren Motorräder jetzt MZ hießen.

Horst Fügner, erfolgreiche Nummer „1" im MZ-Rennstall

Ich entsinne mich noch gut einer Begegnung mit dem jungen Horst Fügner in den 50er-Jahren beim Stadtparkrennen, als der talentierte Karl-Marx-Städter im FDJ-Hemd auf der Rennmaschine saß und den Motor warmlaufen ließ. Ich wollte ihn etwas fragen, aber durch den Motorenlärm verstand er mich nicht, nickte mir nur freundlich zu.

Als ich in den 70er-Jahren im Renntrabant zu vielen Tourenwagenrennen und Rallyes startete, half mir der hilfsbereite, sympathische Horst mit vielen Ratschlägen zur Einstellung des Motors, gab mir Vergaser und wichtige Teile aus der Hohndorfer Sportabteilung. Wir hatten stets, wenn wir uns sahen oder trafen, ein herzliches Verhältnis zueinander. Den Grundstein dafür hatte 1961 Martin Walther, der damals beste Motorsportstreckensprecher neben Gigo, gelegt, als er mich mit den meisten Rennfahrern in den Fahrerlagern bekannt machte.

Nun, besonders ab 1955, gaben die Zschopauer noch mehr Gas: Fügner, Krumpholz, Haase und Senior Petruschke zeigten jetzt den anderen, wie schnell die neuen Werksmaschinen liefen und auch für die Dauer des Rennens durchhielten. Denn die Zuverlässigkeit musste neben der Leistungssteigerung Schwerpunkt sein, sonst hätten Lottes mit der DKW und Scheidhauer sowie Luttenberger mit ihren Viertaktern den Zschopauern die Tour vermasselt.

Ab 1956 kamen also Ernst Degner und ein weiteres Rennfahrer-Talent aus der Potsdamer Ecke, der junge Werner Musiol, in die Werksmannschaft von MZ. Petruschke und Haase nahmen altershalber vom aktiven Rennsport Abschied. In jenem Jahr mischte dieses MZ-Quartett schon ordentlich in der internationalen Rennsportszene mit. Allerdings fehlten noch einige „Pferdchen", um die schnelleren Werksmaschinen aus Italien, die MV Agusta, Ducati und Mondial sowie die Werks-DKW aus Ingolstadt zu schlagen. Auf den langen Geraden und Anstiegen des Sachsenrings reichte es 1956 nur zu den Plätzen vier bis acht für Musiol, Fügner, Krumpholz, Brehme und Zimpel hinter Karl Hofmann, Karl Lottes (beide DKW) sowie Willi Scheidhauer (Ducati).

Die „wilde, verwegene Jagd" des Dietmar Zimpel

An ein ganz spannendes 125er-Rennen auf der Halle-Saale-Schleife am 17. Juni 1956 denke ich besonders gern. Wie immer, hatte ich mit Helmut einen guten Platz an der Samba-Kurve ergattert. Wir hatten ein

Skeptische Blicke bei Fügner (Nr. 146) und Degner vor dem Rennen. (motorrennsportarchiv.de)

Sichtfeld fast von der Spitzkehre über die Kurve hinweg bis zu Start und Ziel. So konnten wir das rundenlange Duell zwischen Scheidhauer und Fügner bestens verfolgen, aber auch die traumhaft gute Leistung des damals 22-jährigen Dietmar Zimpel, der vom Start bis ins Ziel stets unter den besten Fünf lag. Ganz vorn drehte der saarländische Zappelphilipp (so der Spitzname von Scheidhauer) eine schnelle Runde nach der anderen, aber den in seinem Windschatten fahrenden Horst Fügner nicht loswerdend. Die Zuschauer tobten, fieberten mit. Der kleine Willi war Liebling der Fans, aber Fügner und die MZ hatten auch ihre Anhänger, und so wogte die Sympathiewelle auf und ab, mal für die Ducati, mal für unseren Horst. Aber nicht weit dahinter gab es das nächste Hauen und Stechen. Ein junger Kerl aus Zschorlau erlaubte sich doch, in die Phalanx der Etablierten einzubrechen. Mit seiner privaten IFA begann er – frei nach Theodor Körner – die „wilde, verwegene Jagd". Dietmar Zimpel kämpfte über die gesamten 15 Runden mit Ernst Degner, Werner Musiol, Kurt Noack und Hubert Luttenberger (MV Agusta). Ernst Degner fiel in der elften Runde aus, Lottes hatte seine DKW schon nach neun Umläufen mit Motorschaden abgestellt. Zimpel begriff blitzschnell, dass sich diese Jagd auf die Favoriten lohnte: Er nutzte die Situation und zog aus dem Windschatten von Luttenberger heraus auf die dritte Position, die er bravourös bis ins Ziel verteidigte und sogar Werksfahrer Werner Musiol auf den vierten Platz verwies. Eine großartige Vorstellung des noch nicht allzu bekannten Erzgebirgers. Tosender Beifall war der Lohn. Aber auch für einen späteren Weltklassemann: Horst Fügner gewann nämlich das Rennen, als er in meisterhafter Manier in der allerletzten Runde an Scheidhauers Ducati vorbei ging und als Erster die Ziellinie überquerte.

Dietmar Zimpel (Zschorlau) 1958 in Aktion auf der 125er MZ. Deutlich zu sehen ist die Langschwingen-Konstruktion der Vorderradfederung. (Archiv Zimpel)

Die weiß-rote schnelle Ducati des Saarländers Willi Scheidhauer in voller Fahrt 1956 auf dem Sachsenring.

Mit jedem Rennen in und außerhalb der DDR gewannen die Zschopauer neue Erkenntnisse, merzten Fehler aus, steigerten systematisch Leistung und Zuverlässigkeit der Motoren, verbesserten Getriebe und Fahrwerke, bauten neue, steifere Rahmen. So schufen sich die ostdeutschen 125er-Maschinen systematisch den Ruf „schnellste Zweitakter der Welt".

Mit „seiner" Startnummer 158 fuhr sich Dietmar Zimpel auf ost- und westdeutschen Pisten in die Herzen der Zuschauer. (Archiv Zimpel)

Zwei Vize-WM-Titel vor dem Ende der Werkseinsätze von DKW und BMW

Denn im Jahre 1956 ging auch die Ära der Weltmeisterschaftserfolge westdeutscher Solomaschinen zu Ende. Nachdem Rupert Hollaus (125 ccm), Werner Haas und H. P. Müller (250 ccm) mit den Werks-NSU von 1953 bis 1955 die WM-Kronen geholt hatten, zogen sich die Neckarsulmer vom aktiven Rennsport zurück. H. P. Müller wurde zwar auf einer privaten NSU-Max 1955 noch einmal Champion, doch 1956 gab es nur noch zwei Vizetitel für Deutschland – interessanterweise in den beiden großen Klassen. August Hobl erkämpfte mit der Dreizylinder DKW, genannt „singende Säge", den zweiten Platz in der WM der 350er-Klasse und Walter Zeller aus Hammerau brachte auf Grund seiner hervorragenden Fahrtechnik das Kunststück fertig, hinter dem jungen John Surtees (MV Agusta) auf der BMW mit dem Ein-

spritzer-Boxermotor Zweitbester der Halbliter-Weltmeisterschaft zu werden. Das war insofern eine Sensation, weil die Italiener mit mehreren superschnellen Vierzylinder-Maschinen von MV Agusta und Gilera eine nahezu unschlagbare Front bildeten. Diese Italiener sowie die Nortons und Moto Guzzis der Konkurrenten waren außerdem fahrwerksmäßig durch tiefere Schwerpunkte im Vorteil. Bei BMW musste der Boxermotor relativ hoch im Rahmen hängen, weil sonst die weit ausladenden Zylinder die Kurvenschräglagen zu sehr eingegrenzt hätten; dadurch ergab sich ein unvermeidbar hoher Schwerpunkt. Trotz dieses Nachteils und der etwa um zehn Prozent geringeren Motorleistung schaffte der unerschrockene Bayer den Vize-WM-Titel.

Zeller hatte uns alle schon 1955 mit seinem Sieg, Runden- und Streckenrekord begeistert, und steigerte seine Beliebtheit beim Sachsenring-Publikum ein Jahr später noch einmal, als er erneut souverän gewann, wieder Runden- und Streckenrekord erzielte. Was vielleicht viele nicht wissen oder vergessen haben: Zeller drehte diese schnellen Sachsenringrunden 1956 im Rennen ohne Verkleidung an der Maschine!

Apropos Verkleidung 1956 am Sachsenring: Die DKW-Werksfahrer August Hobl und Karl Hofmann ließen sich an ihre 125er DKWs Heckverkleidungen zusätzlich zu den vorderen Vollverkleidungen montieren. Allerdings hob der starke Seitenwind auf den langen Geraden den erhofften aerodynamischen Vorteil wieder auf. Hofmann gewann trotzdem bei den Achtelliter-Maschinen und Hobl bei den 350ern.

Walter Zeller (Hammerau) mit der Einspritzer-BMW auf Rekordjagd zum Sieg am Sachsenring 1956. Am Ende der Saison war er Vizeweltmeister.

Auch August Hobl (Ingolstadt) schaffte 1956 den Vize-WM-Titel. Das Bild zeigt ihn auf der Dreizylinder-DKW bei seiner Siegesfahrt am Sachsenring 1956.

Der schnellste deutsche Privatfahrer, Ernst Hiller, fiel 1956 auf dem Sachsenring mit Motorschaden an der BMW aus.

1957 Kampfansage von MZ an die Viertakter

Aber zurück zu MZ: 1957 fuhr man schon knapp hinter der Weltspitze mit, allerdings ohne dieser gefährlich werden zu können. Spitzenpiloten wie Carlo Ubbiali, Luigi Taveri, Tarquinio Provini, Roberto Colombo, Remo Venturi, Cecil Sandford, Sammy Miller, Dave Chadwick oder Frantisek Bartos legten nicht nur ihr großes Können in die Waagschale, sondern ließen die jungen DDR-Werksfahrer deren internationale Unerfahrenheit spüren. Immer noch bedeuteten die Viertakter von MV Agusta, Mondial (mit ihr wurde Provini 1957 Weltmeister in der 125er-Klasse) und CZ eine Übermacht. Dennoch horchte die Fachwelt auf, wenn MZ-Maschinen erste größere internationale Erfolge, besonders mit Fügner und Degner, einfuhren.

Maßstab dafür waren zunächst die international besetzten Rennen in der DDR und in der BRD. So gelang den Zschopauern am 26. Mai 1957 beim Leipziger Stadtparkrennen ein hervorragendes Ergebnis in der Achtelliterklasse. Ernst Degner übernahm ab der zweiten Runde die Führung, die zunächst Blitzstarter Karl

Lottes (DKW) innehatte und baute fortan seinen Vorsprung immer weiter aus. Nach 20 Runden (86,22 km) fuhr er unter dem tosenden Beifall der rund 100 000 Zuschauer als sicherer Sieger durch das Ziel in der Wundtstraße. Zwar konnte Lottes seinen zweiten Platz noch verteidigen, aber die schnellen Viertakter von Scheidhauer, Roland Heck (Stuttgart), den Brüdern Neil und Leonard Tinker (Australien) sowie Seemann (Wetzlar), Ruhenstroth (Gütersloh), Trella und Sauerborn (beide Wien) oder Wilhelm Lecke aus Fritzlar, ein „Schüler" von Karl Lottes, hatten nie eine Chance. In der Reihenfolge Fügner, Musiol und Brehme kamen die MZ-Drehschiebermaschinen hinter Lottes ins Ziel. Lediglich der kleine Willi aus dem Saarland verteidigte seinen sechsten Platz mit seinem Ducati-Zebra tapfer gegen weitere MZ-Piloten auf Privatmaschinen.

Clevere Ideen für gute Sicht in erster Reihe

Am Samstag nach dem Training hatte ich mit Helmut und meiner Schwester durch eine neue Idee für einen guten Platz zum sonntäglichen Renntag an der Piste vorgesorgt. Aus der Drogerie meiner Eltern luden wir drei ineinander gestellte leere Schmierseifenfässer und zwei breite Holzbretter in meinen Fahrradanhänger und transportierten die Fuhre in den Schleusiger Weg, schräg gegenüber dem Germaniabad. Dort, also im Innenraum der Rennstrecke, stellten wir die Fässer im notwendigen Abstand auf, legten und nagelten die Bretter so darauf fest, dass gut und gerne vier Personen Platz fanden. So saßen wir in der ersten Reihe und konnten das Renngeschehen von der Elsterbrücke bis zur Zielkurve gut verfolgen. Das Rennen der 125-ccm-Maschinen hatten wir mit Spannung und Freude über den Degner-Sieg erlebt und freuten uns nun auf die Viertelliterklasse. Hier gab es unter den Zuschauern heftige Diskussionen, ob die beiden neuen Zweizylinder-MZ vom Zschopauer Rennkollektiv unter Horst Fügner und Ernst Degner wohl Chancen gegen die Übermacht der NSU-Sportmäxe hätten. Außerdem waren die privaten Adler-Zweitakt-Zweizylinder von Günter Beer (Frankfurt/Main), Hubert Luttenberger (Neu-Bamberg) und Dieter Falk (Freudenberg) auch recht konkurrenzfähig. Beer und Luttenberger kannten wir ja schon als gute Fahrer aus vergangenen Rennen, aber Dieter Falk kam neu in das Fahrerfeld, so interessierten wir uns schon beim Training besonders für seine Rundenzeiten im Verhältnis zu den anderen Spitzenpiloten.

Dieter Falk kontra Horst Fügner – Adrenalin-
schübe von der ersten bis zur letzten Runde

Die Trainingszeiten ließen aufhorchen. Zwar lagen die sieggewohnten NSU-Sportmäxe im Spitzenfeld. Roland Heck, der „Schwob", sicherte sich die Pole Position vor Lottes` DKW und Walter Reicherts Sportmax, doch schon auf Platz vier stand Dieter Falk mit seiner Adler durch beeindruckende schnelle Trainingsrunden. Erst an sechster Stelle landete Ernst Degner und noch hinter ihm Horst Fügner. Doch die Start- und Zielgerade in der Leipziger Wundtstraße war sehr breit, so dass sechs Maschinen nebeneinander losfahren konnten. Damit stand auch Degner in der ersten Reihe, Fügner nur dahinter. Die übrigen DDR-Privatfahrer starteten vorwiegend auf den AWO-Viertaktern aus Suhl, die jedoch mangels Motorleistung nicht an die NSU-Einzylinder herankamen. Doch einige Ostdeutsche fuhren auch mit einer Sportmax. An diesem Tag waren es der Vogtländer Rudolf Gläser aus Mylau – übrigens ein hervorragender Kurventechniker, der auch in der Halbliterklasse später auf Norton für vordere Plätze sorgte – Heinz Zimmer (Dresden), Karl-Heinz Kirchner (Erfurt) und Rudi Juhrisch (Großbothen). Einzig der überragend talentierte Hans-Joachim Scheel aus Apolda war in der Lage, mit der AWO in die Phalanx der „Mäxe" und Adler einzudringen. Was aber würde die neue Viertelliter-MZ hier ausrichten? Weder Fügner, noch Degner besaßen genügend Erfahrung für die 250er-Konkurrenz, ihre Domäne bisher war die 125er-Klasse. Und, war die MZ schon reif für ein Rennen über 20 Runden mit den vielen Brems- und Beschleunigungs-Manövern auf dem Leipziger Viereck „Rund um das Scheibenholz"? Würden die zahlreichen anderen Zweitakter, die DKW von Lottes und die fünf Adler von Falk, Adolf Heck, Beer, Lohmann und Luttenberger bei der warmen Maisonne überhaupt durchhalten?

Das alles beschäftigte uns und die anderen Zuschauer. Das Rennen begann. 35 Maschinen donnerten los. In das Gebrüll der NSU- und AWO-Viertakter, alles Einzylinder, mischte sich das Kreischen oder helle Singen der Zweizylinder-Zweitakter. „Einfach herrlich, dieses gemischte große Feld mit soviel Spitzenpiloten", rief Gigo ins Mikrofon. An der nächsten Sprechstelle meldete Martin Walther: „Lottes führt, doch eine ganze Meute von NSU-Fahrern jagen ihn, angeführt von Roland Heck und Walter Reichert, aber auch Luttenberger ist mit der Adler noch auf Tuchfühlung:"

Als das Feld zum ersten Mal an uns vorüberdröhnte, klebte die Adler des jungen Dieter Falk fast schon am Hinterrad des führenden Roland Heck. Lottes fehlte, dafür kam schon Luttenberger als Dritter vor Reichert, Schneider (Augsburg) und Kirchner. Wo war Lottes, wo die beiden MZ? Weil das übrige Feld so geschlossen vorbei kam, konnten wir sie nicht ausmachen. Also konzentrierten wir uns auf die zweite Runde. Unser Platz befand sich ja ziemlich am Ende der 4,311 Kilometer langen Runde. So rechneten wir damit, dass sich die Pulks schon etwas auseinander gezogen hätten. Die Spitzengruppe brauste heran. Heck vorn, jetzt schon Reichert dahinter, dann die beiden Adler, diesmal Luttenberger vor Falk. Mit etwas größerem Abstand, vielleicht nach zehn Sekunden, kam Fügner schon als Fünfter.

„Degner und Lottes sind ausgefallen", so die Lautsprechermeldung. Aber das Rennen wurde immer spannender. Fügner raste wie der Deibel hinter der Spitze her, Meter um Meter an Luttenberger und Falk herankommend. Ganz vorn spielte sich ein beinhartes Duell zwischen Heck und Reichert ab. Nach zehn Runden saßen wir nicht mehr auf unseren von Schmierseifefässern getragenen Brettern, auch neben uns standen alle auf, winkten mit den Programmheften. Was hier eine sich neu gebildete „Viererbande" zeigte, war fantastisch! Denn nun hatte Fügner den Falk und der wiederum die beiden Mäxe mit Heck und Reichert eingeholt. Luttenberger kam nicht mehr mit. Reichert hatte sich die Führung erdrängelt.

Und schon mogelte sich Falk in den NSU-Windschatten. Der clevere Fügner blieb dicht dran und der bisherige Leader, Roland Heck, fand sich auf Position vier wieder. Dieses Quartett donnerte in knappstem Abstand durch das Scheibenholz. Reichert behauptete verbissen die Führung. Jetzt kam Fügner als Zweiter, Heck als Dritter und Falk bildete den Schwanz. Luttenberger verlor immer mehr an Boden. Scheel und Kirchner fochten einen Privatkampf hinter den Fünfen aus. Plötzlich schob sich in Runde 17 wieder Heck in den Windschatten von Reichert, Fügner jetzt Dritter vor Falk.

Zwei Runden vor Schluss nun im Reporterstil weiter: Roland Heck zieht noch vor der Waldkurve an Reichert vorbei, danach Fügner und Falk. Die beiden Zweitakter laufen wie die Uhrwerke. Bravo MZ! Die letzte Runde läuft. Alles blickt gespannt auf die Gerade nach der Elsterflutbettbrücke: Tatsächlich, Heck

Erste Startreihe der 250er-Klasse in Leipzig 1957: Walter Reichert (Ingelheim, NSU-Max) auf Pole Position, daneben Karl Lottes (Marburg, DKW) und Michael Schneider (Augsburg, NSU-Max).

lässt Reichert keine Chance und gewinnt das Rennen. Zwei NSU-Sportmäxe vorn! Dann aber Fügner und Falk. Nebeneinander rasen sie am Germaniabad und an uns vorbei. Wer hat die besseren Nerven in der schnellen Linkskurve 200 Meter vor dem Ziel? Ja, gibt' denn das? Falk bremst eine Nuance später als unser Horst und bleibt innen, hat die bessere Position zum Beschleunigen und wird um eine Zehntelsekunde vor Fügners MZ abgewinkt. Was für ein Rennen!

Noch haben die Viertakter das bessere Ende für sich. Aber wie lange noch? Die Adler sind bereits ausgereift und haben in Dieter Falk den wohl derzeit besten deutschen 250er-Fahrer. MZ scheint mit der Viertellitermaschine auf einem guten Weg zu sein. Mit Fügner, dem Erfahrensten sowie Degner, Musiol und Brehme stehen dem Rennkollektiv Zschopau auch echte „Vollgastiere" und Kurvenkünstler zur Verfügung.

Roland Heck (Stuttgart, NSU-Max) gewann 1957 die 250er-Klasse in Leipzig knapp vor Reichert.

Karl Lottes, oft vom Pech verfolgt, fiel mit der DKW 1957 auch in Leipzig aus.

Sintflut bei den 250ern am Sachsenring, doch erneut 125er-MZ-Sieg

Am Sachsenring 1957 fehlte Fügner. Degner gewann die 125er souverän vor Scheidhauers Ducati und Lottes auf der DKW. Bravourös erneut die tolle Leistung von Privatfahrer Dietmar Zimpel aus Zschorlau, dessen fahrerisch hervorragender Einsatz mit dem vierten Platz belohnt wurde. Dafür lief es in der Klasse der Viertellitermaschinen überhaupt nicht rund. Das lag in erster Linie am wolkenbruchartigen Regen, der plötzlich wie eine Sintflut hernieder prasselte und den Piloten auf der Strecke jegliche Sicht nahm und darüber hinaus den Belag zur Rutschbahn machte. Selbst die beste Regenplane schützte uns Zuschauer nicht mehr vor der alles durchdringenden Nässe. Einen trockenen Unterschlupf zu finden, war fast unmöglich, weil die Schuhe im Schlamm steckenblieben, es also kein Vorwärtskommen mehr gab. Da auf der Piste zahlreiche gute und mittelmäßige Fahrer stürzten, unter ihnen auch der Stuttgarter Spitzenpilot Roland Heck mit seiner Sportmax, kam die Reihenfolge völlig durcheinander. Weder Zuschauer noch Streckensprecher – außer bei Start und Ziel, da saßen Gigo und Martin Walther im Trockenen – wusste keiner mehr so richtig, wer an welcher Stelle gerade fuhr oder im Dreck lag. Degner, der recht flott mit der 250er Zweizylinder-MZ unterwegs war und durchaus Chancen auf das „Stockerl" hatte, musste in der vorletzten Runde mit Getriebeschaden aufgeben. Wir am Streckenrand bekamen durch die Stimme Martin Walthers aus den Lautsprechern noch mit, dass Walter Reichert auf der NSU vor Günter Beers Adler die Regenschlacht gewonnen hatte und, dass sich Roland Heck trotz seines Sturzes bravourös von hinten wieder bis zum dritten Platz vorgekämpft hatte.

Interessant: Außer der Adler von Beer kamen bis zum siebenten Rang in der weiteren Reihenfolge Bob Brown (Australien), Rudolf Thalhammer (Österreich), Xaver Heiß (Augsburg) und Sepp Autengruber (Österreich) nur NSU-Sportmäxe ins Ziel. Erst danach landeten vier Adler von Luttenberger, Steindl, Falk und Lohmann auf den folgenden Plätzen. Einziger DDR-Fahrer im Ziel war der tapfere Horst Hönig aus Langenstriegis mit der AWO, den wir lautstark jede Runde anfeuerten und der noch vor Laszlo Szabo Zwölfter wurde.

In weiteren Kapiteln erfährt der Leser noch viel Interessantes aus meiner Sicht über Fahrer auf und Rennen mit MZ, besonders im Kampf gegen die – zunächst noch italienische und später – japanische Übermacht.

7 Mit „frisiertem" Moped und Motorroller zu den Rennen

Irgendwann wollten mein Freund Helmut und ich die relativ großen Entfernungen zum Sachsenring und Schleizer Dreieck von Leipzig aus nicht mehr mit dem Fahrrad bewältigen. Obwohl wir sportlich durchtrainiert waren und an einigen Jugend-Radrennen teilgenommen und auch gewonnen hatten, wünschten wir uns eine bequemere Gangart. Letztlich wollten wir motorisiert sein. Inzwischen hatten wir auch genügend Geld gespart, so dass sich jeder von uns 1957 ein Simson-Moped SR2 kaufen konnte. Nun liefen die ja nur etwa 45 km/h. Wir fühlten uns aber irgendwie im Geiste als kleine Rennfahrer und veranstalteten mit Gleichgesinnten private und illegale Mopedrennen. In Leipzig-Lindenau am ehemaligen Hafen (der nie als solcher genutzt werden konnte, weil der Durchbruch zum Elster-Saale-Kanal fehlte) gab es ein gut asphaltiertes kleines Straßennetz mit schnellen Rechteck-Kurven und Spitzkehren, das sich hervorragend für die Mopedrennen eignete. Vor allem auch deshalb, weil dort so gut wie nie Autos oder Motorräder entlangfuhren. Wie gesagt, die serienmäßige Leistung brachte die Dinger nur auf 45 Spitze. Doch in der damaligen Ernst-Thälmann-Straße, die heute wieder ihren ursprünglichen Namen, Eisenbahnstraße trägt, gab es die Firma Brauer, Vertragswerkstatt für Simson-Mopeds. Wir fuhren dorthin und baten Herrn Brauer, die Motorleistung zu erhöhen. „Kein Problem", kam die Antwort, „lasst die Mopeds hier, ich mache das schon." Nach drei Tagen konnten wir zu einem für unsere Verhältnisse bezahlbaren Preis unsere nunmehr getunten Feuerstühle wieder abholen.

Freudig spürten wir den Unterschied: Bessere Beschleunigung und für uns ungewohnte „enorme" 65 bis 70 Sachen Spitze, wenn wir uns tief über den Lenker beugten – wir hatten ja auch schon die „Hirschgeweihe" gegen flache Lenker ausgetauscht. Ja, war das ein Spaß! Nicht nur, dass die Motoren unserer beiden SR2 besser von unten heraus beschleunigten und höher drehten, nein, Herr Brauer hatte auch ein größeres Ritzel am Getriebeausgang montiert. So waren wir jetzt nicht nur bei den Privatrennen die Favoriten, sondern hängten so manchen „lahmen" Pitty-Roller auf der Landstraße ab. Entspannt und ohne Strapazen erreichten wir jetzt Schleizer Dreieck, Autobahnspinne Dresden-Hellerau, Sachsenring und Halle-Saale-Schleife.

Aber wie das im Leben so geht, irgendwann wollte auch die Freundin zu den Rennen mitkommen. Also musste ein Zweisitzer her. Natürlich konnte ich mir weder eine MZ-ES, noch eine Sport-AWO und schon gar keine 350er Jawa leisten. Doch den Motorroller Wiesel gab es auf Teilzahlung. Das war zwar für unsereins nur eine Notlösung, aber den 125er-Roller konnte ich wenigstens bezahlen. Mein Fahrlehrer, Herr Wedermann, in Leipzig meinte, als er den Roller sah, mit dem ich Fahrstunden und Prüfung absolvierte, sehr geringschätzig: „Elende Heuwender, die Scheißdinger". Ich musste ihm leider Recht geben, denn Kupplungslamellen und Lichtmaschine hauchten viel zu oft ihr Leben aus.

Für mich war das tatsächlich eine schwierige Situation: Seit 1955 gehörte ich der BSG Empor Mitte Leipzig, Sektion Rudern an, um meinem Körper ein paar ordentliche Muskeln anzutrainieren. Anfangs nur zum Spaß, ohne Leistungsdruck und ohne Ambitionen, in Rennbooten Regatten zu gewinnen. Doch es kam ganz anders. Zu Jahresbeginn 1957 wurden wir jugendlichen Ruderer vom Sektionsleiter befragt, ob wir bereit wären, vom Freizeitsport in den Leistungssport überzuwechseln. Zunächst waren wir zu viert: Werner Rieger, Heinz Bethge, Rolf Rickmeier und ich. Unter unserem neuen Trainer, Rudi Rieger (Bruder von Werner), wurde ein straffes, hartes Trainingsprogramm ausgearbeitet, bei dem wir ab sofort jeden Tag ab 16 Uhr bis etwa 20 Uhr trainieren sollten. Auch an Wochenenden. Für die in die Arbeitszeit fallenden Trainingsstunden wurden wir, wie in der DDR üblich, freigestellt.

1958 wollten wir um die Jugendmeisterschaft rudern. Das bedeutete für mich aber auch, von Mai bis Ende Juli gab es kaum noch eine Möglichkeit, an Wochenenden als Zuschauer zu den geliebten Rennen zu fahren. Glücklicherweise fanden die Rennen in Halle Ende April oder Anfang Mai und am Sachsenring erst im August statt. So konnte ich 1958 wenigstens diese beiden Rennen besuchen.

Als Leistungssportler wurde auch unser Lebenswandel überwacht. Biertrinken und Rauchen waren tabu. Viel kohlenhydratreiches Essen war angesagt, ideal für den Ruder-Leistungssport. Dennoch konnte man von unserem Ruder-Vierer mit Steuermann nicht gerade von sogenannten Ruder-Riesen sprechen. Von manchen Konkurrenten wurden wir als „dürre Hunde" verspottet. Ja, der Achter, hier kam unser zweiter Vierer (die ruderten noch nicht wie wir in der A-Jugend-Meisterklasse) hinzu, erhielt sogar von manchen Olympia-Ruderern, also von der Crème de la Crème in diesem Sport, den Schimpfnamen „Schwindsuchtsachter". Das aber gab uns einen mächtigen Motivationsschub, nun gerade die überheblichen Konkurrenten in die Schranken zu weisen.

1958 von Sieg zu Sieg und zweifacher Deutscher Jugendmeister

Der Spott über unsere „Schmalbrüstigkeit" verwandelte sich nach den ersten drei Regattasiegen im Mai in achtungsvollen Respekt vor uns. Natürlich starteten wir zunächst in der Klasse „Leichtgewicht". Im Vierer und auch im Achter gewannen wir tatsächlich jede Regatta, an der wir teilnahmen. Manchmal kamen sogar drei Siege an einem Wochenende zustande: im Vierer mit Steuermann, im Achter und im Doppelvierer. Für Anfang August stand die Meisterschaft auf dem Langen See in Berlin-Grünau auf dem Programm. Damals hießen die DDR-Meister noch Deutsche Meister, später, nach dem Mauerbau, Deutsche Meister der DDR und bei Honecker nur noch DDR-Meister.

Zwei Wochen zuvor starteten wir bei der Großen Grünauer Sommerregatta im Vierer und Achter, gewannen beide Rennen mit klarem Vorsprung und wurden unserer Favoritenrolle gerecht. Bis zum Meisterschaftstermin nutzten wir die Zeit in Berlin-Grünau als Trainingslager und bereiteten uns somit intensiv auf den wichtigsten Tag der Saison vor.

Auf diesen Trainingsfleiß folgte die Belohnung: Nachdem wir es in den Vorläufen bis zum Finale geschafft hatten – immerhin war die gesamte ostdeutsche Elite der A-Jugend am Start – gewannen wir am 3. August 1958 die Deutsche Meisterschaft im Leichtgewichts-Vierer mit Steuermann relativ locker. Doch nur 50 Minuten später mussten wir schon wieder ran. Unsere zweite Vierer-Crew war ja ausgeruht. Aber wir, die erst vor nicht mal einer Stunde schon die Meisterwürde im Vierer errungen hatten, jappsten noch immer nach Luft. Was solls? Rudi, unser Trainer, motivierend: „Jetzt seid ihr doch noch richtig warm, jetzt holt ihr auch den Titel im Achter!" In aller Ruhe ruderten wir die 1.500 Meter zum Start hinauf, der sich Nähe der „Bammelecke" befand. Halbe Rollbahn vor, Ruderblätter auf's Wasser, erwarteten wir das Startkommando: „Sind sie bereit? Los!" Und ab ging's mit kräftigen kurzen und dann längeren Schlägen, um in Fahrt zu kommen. Unser Steuermann, Harald Büsser, brüllte die Schlageinsätze, um uns anzutreiben. Vierte Position von sechs Achtern. Nach halber Distanz noch immer vierte Position. Ich schrie, auf Ruderplatz fünf arbeitend, jetzt unseren Schlagmann Werner Rieger an: „Höhere Schlagzahl und längerer Durchzug, verdammt Werner!" Er reagierte, ging auf 38er Schlag, und Steuermann Büsser trieb die Leute auf den Plätzen vier bis eins zu härterem Einsatz an. Nur wenn alle Ruderer zugleich mit höchster Kraft und bester Technik rudern, kann ein Achter Erfolg haben. Die Ermahnungen saßen. Ab jetzt, noch 300 Meter bis zum Ziel, ging ein Vorwärtsruck durch die Crew. Schon waren wir Dritte, dann 100 Meter vorm Ziel Zweite und auf den letzten 50 Metern wurden allerletzte Kräfte mobilisiert, der Puls auf 200 getrieben und der führende Achter niedergerungen. Mit halber Bootslänge Vorsprung war ich an jenem Tag innerhalb einer Stunde zum zweiten Mal Deutscher Jugendmeister 1958! Durch diese beiden Meistertitel bekam ich die Auszeichnung vom DTSB (Deutscher Turn- und Sportbund) „Sportler 1. Klasse". Darauf bin ich heute noch stolz.

Zum Saisonabschluss gab es im Leipziger Hochflutbecken eine Meisterschafts-Revanche-Regatta. Dort starteten neben meinem Meister-Leichtgewichts-Achter auch vier Crews aus der schweren Division, also die stärksten jugendlichen Ruder-Riesen (alles mindestens 185 cm-Burschen mit 80 – 85 kg Körpergewicht). Doch wir gewannen vor etwa 15 000 jubelnden Zuschauern erneut! Der „Schwindsuchtsachter" hatte die viel stärkeren Ruderer besiegt und die Revanche für sich entschieden. Das war eigentlich der schönste Erfolg.

Leider erreichte ich solche Erfolge und Titel später in meiner aktiven Motorsportzeit nicht mehr. Aber das hing ja nicht allein von Trainingsfleiß und körperlicher Fitness ab.

Hans-Joachim „Striezel" Stuck brachte es 2008, bei einer gemeinsamen Moderation mit mir zum Familientag von VW in Chemnitz, auf den Punkt. In Erinnerung an seine Formel-1-Zeit meinte er: „Du kannst noch so gut fahren, aber wenn der Renner nichts taugt, wirst du nicht gewinnen!"

Mit 15 Lenzen begann ich (mi.) mit dem Leistungssport im Rudern …

… und mit 18 Jahren wurde ich zweimal Deutscher Jugendmeister (re.).

Lohn des harten Trainings: Die Meisterplakette.

In Freude über den Meisterschaftsgewinn und endlich ohne Leistungsdruck fuhr ich am 17. August zum Sachsenring und verfolgte sieben spannende Rennen, erstmals auf der Tribüne sitzend, an der MTS-Kurve. In unmittelbarer Nähe befand sich der hölzerne Sprecherturm für den zweiten Streckenreporter Horst Kaczmarek, spaßeshalber „Katzendreck" genannt. Der gute Horst, mit dem ich später mehr als ein Jahrzehnt auch außerhalb des Motorsports bei den DDR-Etappen der Friedensfahrt eng zusammen gearbeitet habe, gab sich viel Mühe, den Zuschauern die nötigen Hintergrundinformationen zu geben. Dennoch merkte ich bald, dass er zwar recht gewählt und emotional sprach, aber ihm die richtige Ahnung vom Motorsport fehlte. Im Stillen dachte ich mir, das kannst du besser, aber wie an das Mikrofon herankommen, um das zu beweisen?

Was Martin Walther schilderte oder kommentierte, war wie immer große Klasse. Kein Wunder, denn er war ja ein echter Rundfunkprofi vom Sender Leipzig. Nicht nur seine gute Stimme und Sprechweise sowie die humorige Art, mit der er den Kontakt zum Publikum herstellte, imponierten mir, sondern auch sein Hintergrundwissen über Fahrer und Rennfahrzeuge. Immer mehr – auch bei späteren Rennen – konzentrierte ich mich nicht nur auf das Renngeschehen, sondern verfolgte besonders aufmerksam die Streckenreportagen. Dabei fand ich recht schnell ziemlich große Unterschiede in der Qualität der einzelnen Sprecher heraus. Martin Walther und Hubert Schmidt-Gigo waren für mich damals die Größten und wurden meine Vorbilder. An jenem Sachsenring-Renntag 1958 gab es wieder eine internationale Klassenbesetzung vom Feinsten. Allein 35 Fahrer aus zwölf Nationen standen am Start des ersten Rennens, der 350er-Klasse. Der kleine Schweizer Weltklassepilot Luigi Taveri, der sich bereits in der Weltmeisterschaft als Werksfahrer von MV Agusta (1955 und 57 zweifacher Vizeweltmeister in der 125er-Klasse) neben Carlo Ubbiali, Roberto Colombo, Remo Venturi und Dave Chadwick einen Namen gemacht hatte (und 1958 als Werksfahrer von Ducati in der 125er-WM zusammen mit Alberto

Gandossi, Dave Chadwick, Romolo Ferri und Bruno Spaggiari antrat), setzte sich mit einer Norton sofort an die Spitze des Feldes und gewann das Rennen souverän mit über einer halben Minute Vorsprung vor Stastny mit dem Jawa-Twin, Eric Hinton (Australien, Norton), Fritz Kläger (Freiburg, Horex), Jack Ahearn (Australien, AJS), Helmut Hallmeier (Nürnberg, NSU-Max), Sven Andersson (Schweden) und Jim Redman (Rhodesien, beide Norton). Das war natürlich ein Auftakt nach dem Geschmack der mehr als 250 000 Zuschauer!

Danach starteten erstmals Tourenwagen, bestehend aus vier Wartburg-Sport-Coupés, acht Wartburg Limousinen und einem IFA F9. Sieger wurde der Eisenacher Kurt Rüdiger vor Wolfgang Rudolph (Karl-Marx-Stadt) und Karl Wojciekowski (Wittenberg).

Nach diesem, etwas langweiligen Rennen stieg aber schon der nächste Höhepunkt: Das Rennen der Achtellitermaschinen mit allen MZ-Werksfahrern. In großartiger Manier gewann der Trainingsschnellste Ernst Degner das Rennen vor seinen Teamkollegen Horst Fügner und Werner Musiol. Also Dreifachsieg für MZ! Weder unser saarländischer Freund Willi Scheidhauer, noch der schnelle Schweizer Werner Spinnler konnten mit ihren Viertakt-Ducatis der MZ-Armada Paroli bieten. Routinier Walter Brehme fiel leider aus, sonst hätte die gesamte MZ-Werksmannschaft die ersten vier Plätze belegt.

Fahrweise und Leistung dieser MZ-Truppe spiegelte sich auch in der Weltmeisterschaft wider, denn hier wurde das Zschopauer Werk in der Markenwertung Dritter hinter MV und Ducati. Degner und Fügner als beste Deutsche kamen auf die WM-Ränge sieben und neun. Carlo Ubbiali holte sich seinen vierten Titel in dieser Klasse!

Große Ankündigung des nächsten Rennens durch Martin Walther: Die Formel-III-Rennwagen. Eine Starbesetzung, wie lange nicht mehr, stand am Start. Gleich drei Kurts aus Braunschweig: Ahrens senior und junior sowie Kuhnke. Dazu der finnische Reichstagsabgeordnete Curt Lincoln, weitere westdeutsche Dauergäste bei uns, wie Philipp Meub (Frankfurt/M),

Adolf Werner Lang (Bamberg), erstmals auch Gespann-Ass Friedrich Staschel (Bremerhaven) sowie weitere sehr schnelle Fahrer aus Finnland, Schweden, England, Belgien, Österreich und der Schweiz – fast alle mit Cooper-Boliden. Dagegen waren die DDR-Fahrer mit ihren BMW-Eigenbauten außer Willy Lehmann (Scampolo), ziemlich chancenlos. Lincoln gewann vor Ahrens sen. und Meub. Lehmann schaffte einen beachtlichen sechsten Platz.

Nach der Siegerehrung ertönt wieder die Stimme Martin Walthers aus dem Lautsprecher: „Freuen Sie sich, liebe Zuschauer, auf das jetzt folgende Rennen der Viertelliterklasse. Ein Großaufgebot an NSU-Mäxen gegen die neuen 250er Zweizylinder-MZ. Helmut Hallmeier steht mit der NSU auf dem besten Startplatz. Neben ihm aber schon Fügner. Weiter in der ersten Reihe Dieter Falk auf Adler und Michael Schneider, NSU. Ernst Degner fuhr gestern die fünftbeste Zeit mit der zweiten MZ. Außerdem haben wir im Feld noch Walter Brehme und Werner Musiol, ebenfalls auf den neuen 250er MZ. Aber achten Sie auf den Weltklasse-Piloten Dickie Dale aus England auf einer NSU-Max. Das wird ein Super-Rennen, das verspreche ich Ihnen!"

Nun „hing" jeder an der MTS-Kurve am Lautsprecher, um zu hören, wie gleich der Start verläuft und wer als Erster von der Lutherhöhe herab zur MTS-Kurve bei uns erscheinen würde. Ein Raunen ging durch die Menge und Jubel brach aus, denn nicht Hallmeier, sondern Horst Fügner und Ernst Degner zogen mit glockenklar singenden MZs durch die MTS auf die lange, leicht berganführende Gerade in Richtung Nötzoldkurve. Drei Runden lang baute dieses Tandem die Führung aus. Schon weiter zurückliegend folgten Falk mit der Adler, Hallmeier, Dale und Hinton auf NSU. Degner fiel in der vierten Runde aus. Aber Fügners Führung war unangefochten. Im Ziel hatte er einen überlegenen Vorsprung von 46,7 Sekunden herausgefahren, vor Hallmeier, Dale, Falk und Hinton, die in dieser Reihenfolge die Plätze zwei bis fünf belegten. „Bravo, Horst", riefen die Zuschauer bei der Ehrenrunde der Sieger. Nicht zu vergessen: Im gleichen Jahr wurde Horst Fügner mit der 250er MZ Vizeweltmeister und gewann den Großen Preis von Schweden in Hedemora. Jetzt hatte es die MZ-Rennabteilung geschafft: Der Durchbruch zur absoluten Weltelite war erfolgt!

Wie gern hätte ich am Mikrofon von Kaczmarek gesessen und die weiteren Läufe der Gespanne und der 500er-Solomaschinen – dieses Rennen gewann Dickie Dale auf einer BMW – für die Zuschauer kommentiert. Aber meine Zeit war noch nicht gekommen, und den Platz auf der Tribüne 1958 fand ich gar nicht schlecht.

Horst Fügner wurde 1958 Vizeweltmeister auf der 250er MZ.

Sehr gut zu erkennen ist die Langschwinge an Fügners WM-Maschine.

Der Engländer Dickie Dale gewann 1958 auf dem Sachsenring die 500er-Klasse. Ein Feldwebel der NVA half ihm beim Anschieben der BMW.

Die Antwort fiel mir nicht leicht. Zunächst wollte ich beides nebeneinander durchziehen. Doch durch Magenbeschwerden und einem Krankenhausaufenthalt konnte ich zunächst mit meiner Crew nicht mehr trainieren. Nur leichtes Lauf- und Krafttraining wurde mir vom Sportarzt empfohlen, keinesfalls Hochleistungssport.

Nicht mehr an Skull oder Riemen, aber dem Wasse treu geblieben, wie hier am Steuer eines Hausbootes in Frankreich.

Aber als solcher wurde jetzt der Rudersport, genau wie bei der Deutschen Hochschule für Körperkultur (DHfK), auch in unserer Betriebssportgemeinschaft (BSG) betrieben. Da ich aber bisher Leistungssportler war, musste ich aus gesundheitlichen und körperlichen Gründen bestimmte Mindest-Trainingseinheiten absolvieren, das sogenannte Abtrainieren. Das konnte ich ja nun außerhalb der Wettkampftätigkeit zeitlich und örtlich selbst bestimmen.

Obwohl ich dem Motorrennsportgeschehen 1959 wieder viel näher kommen wollte, ließ ich mich von der Sektionsleitung breitschlagen und nahm das Amt eines Übungsleiters im Ruderer-Nachwuchsbereich an. Beim Besuch verschiedener Trainer-Lehrgänge, vor allem in Berlin-Grünau, lernte ich dort zur Winterbahn-Zeit einige Radsport-Asse näher kennen. Das war schon interessant, mit Weltmeistern und Friedensfahrtsiegern zu fachsimpeln.

Dennoch blieb 1959 nach der Rudersaison, die für mich und meine Ruderer der B-Jugend Anfang August beendet war, noch Zeit für den Besuch von Rennen. So erlebte ich eines der bestbesetzten Schleizer Dreieckrennen am 21. Juni 1959 – da gab es zum Glück keinen Ruder-Termin – und konnte auch am 30. August zum Sachsenring fahren.

11 *Grandioses Erlebnis – Schleizer Dreieckrennen 1959*

*D*as Internationale Schleizer Dreieckrennen 1959 wird mir immer in Erinnerung bleiben, war es doch eines der bestbesetzten Motorsport-Veranstaltungen zu jener Zeit in der DDR. Nahezu alles, was in der Welt auf zwei und drei Rädern Rang und Namen hatte, war am Start. Natürlich war niemand so vermessen, zu glauben, dass auch die in der WM startenden Piloten mit ihren italienischen Werksmaschinen nach Schleiz kommen würden. Aber MZ und Simson waren vollzählig vertreten, und das ließ zumindest bei den 250ern einen großen internen DDR-Konkurrenzkampf erwarten – Zweitakt gegen Viertakt.

Weltklasse bei den 350ern am Start

Bereits der erste Lauf, die Solomaschinen bis 350 ccm, strotzte nur so von Weltklassefahrern, doch das Trainingsergebnis für die besten Startplätze bot zunächst eine Überraschung: Schnellster und damit auf Pole Position (das Wort kannten wir damals noch nicht) stand Werner Spinnler aus der Schweiz auf einer Norton. Als Zweiter hatte sich zu meiner großen Freude Fritz Kläger mit der von Hans Bartl übernommenen ehemaligen Werks-Horex qualifiziert. In Klägers Händen brachte nun endlich der Parallel-Zweizylindermotor (48 PS) seine wahre Leistung zuverlässig an das Hinterrad. Somit kam der Freiburger selbst in dieser Bestbesetzung für Siege in Frage. Als Dritter im Bunde der ersten Reihe gesellte sich der für mich weniger favorisierte George Parvis aus Irland auf Norton hinzu. Erst als Vierter stand der damals schon zur Weltklasse zählende Jim Redman auf Norton daneben. Dahinter wartete eine ganze Meute AJS und Norton neben aufgebohrten Simsons und Sportmäxen auf den Start. Sogar eine AF (von Arthur Flemming, dem „Roten Teufel" aus Berlin, abgeleitet) stellte Heinz Hartmann aus Petersdorf ins Starterfeld. Die Maschine hatte einen Einzylinder-Sandbahnmotor als Antriebsquelle mit viel „Dampf" von unten heraus, sicher aber nicht gut geeignet für die vielen schnellen und langsamen Kurven sowie Steigungen und Abfahrten des Schleizer Dreiecks. Ebenso wenig Chancen hatte auch die betagte Velocette des Schweden Billy Andersson. Umso mehr aber die Schnell-Horex von Lokalmatador Walter Knoch, die Bianchi von Rudolf Gläser aus Mylau und die Werks-Simson von Helmut Weber (Radefeld). Doch im Rennen setzten sich letztlich die international erfahrenen und in WM-Läufen gestählten ausländischen Rennfahrer durch.

Das, was wir Zuschauer hier zu sehen bekamen, haute den stärksten Eskimo vom Schlitten. Noch nie erlebte ich bisher ein so dramatisches 350er-Rennen mit kaum zu zählenden Positionswechseln und Kämpfen mit dem Messer zwischen den Zähnen. Aus der ersten Runde donnerte eine lange Reihe an uns vorüber, angeführt von Redman (Rhodesien, Norton), Hempleman (Neuseeland, Norton), Ladislaus Richter (Österreich, AJS), Peter Ferbrache (GB, AJS) und Walter Reichert (Ingelheim, NSU Max). Das ganze Feld jagte fast geschlossen vorüber, inmitten auch die Trainingschnellsten. In den urigen Sound der englischen Einzylinder-Dampfhämmer mischte sich der sonore Klang der Klägerschen Horex und das helle Singen der DKW von Hans Pesl aus München. In Runde vier zeigte sich Ferbrache knapp hinter Redman, vor Hempleman, Richter und dem Schweizer Werner Spinnler. Aber dieses Quintett lag höchstens 50 Meter auseinander! Und schon führte Ferbrache. Doch eine Runde später kaufte ihm Redman den Schneid wieder ab. Hempleman, Ferbrache, Richter und Spinnler wechselten pausenlos die Positionen. In der 13. Runde schob sich Ferbrache aus dem Redman-Windschatten wieder an die Spitze, dahinter wie angehängt Hempleman, Richter, Spinnler und der immer mehr aufholende Australier Jack Findlay (Norton). Alle übrigen, bestimmt nicht gerade langsamen Konkurrenten hatten hier nicht die Spur einer Chance.

Weder ein Fritz Kläger, noch Walter Knoch oder der Ire Parvis und schon gar nicht die Gläser-Brüder. Für Helmut Weber war dieses Rennen, so denke ich heute darüber, ein Traininglauf mit der 300er Simson, um sich noch besser mit den Gegebenheiten des Dreiecks (Wetter, Belag, Reifenverschleiß usw.) vertraut zu machen, denn für das spätere 250er-Rennen hatte sich der Werksfahrer einiges vorgenommen.

Den pausenlosen Attacken, die Peter Ferbrache auf Redman startete, musste er in der letzten Runde Tribut zollen. Der Rhodesier gewann verdient dieses fantastische Rennen. Aber wie Werner Spinnler im letzten Rennviertel auf den zweiten Rang vorstieß, riss die Zuschauer von den Plätzen. Da konnte selbst ein Hempleman nichts dagegen tun, der als Dritter durch das Ziel fuhr. Auch Jack Findlay kämpfte noch Ferbrache nieder. Leider fiel der großartig gefahrene Ladislaus Richter am Schluss noch aus. Jim Redman avancierte jetzt zum Publikumsliebling, aber ebenso die anderen aus dem Spitzenquintett, das durch Findlay zum Sextett wurde, bekamen den verdienten Beifall. Was für ein Rennen! Wer nun glaubte, dieser Auftakt am frühen Sonntagvormittag könne nicht überboten werden, sah sich getäuscht.

Totes Rennen zwischen Degner und Taveri – beide auf MZ

Ein großes Aufgebot an MZ-Zweitaktern, darunter die gesamte Werksmannschaft, stand einer Armada von zwölf privaten Viertaktern gegenüber. Aber mit Ernst Degner, Walter Brehme, Werner Musiol, Hans Fischer, Dieter Krumpholz und erstmals Luigi Taveri sollten Sieg und vordere Plätze gebongt sein. Der kleine drahtige, immer lustige Schweizer Weltklassepilot brachte eine Riesenerfahrung an die Strecke aus bislang zwei Vize-WM-Titeln und zwei dritten WM-Platzierungen. Damit hatte sich Walter Kaaden ein absolutes Ass ins Zschopauer Werksteam geholt. Und der Schweizer, der bisher nur Viertakter gewöhnt war, brannte natürlich darauf, zu zeigen, dass er es auch mit dem Zweitakter kann. Das hatte er schon überzeugend drei Wochen vorher beim WM-Lauf auf der berühmten britischen Tourist Trophy (Isle of Man) mit seinem hervorragenden zweiten Platz für MZ getan. „Dieser Erfolg motivierte mich, mit einem weiteren Sieg vor allem die Herzen des Schleizer Publikums zu gewinnen", verriet mir Luigi Taveri 2008 bei einem Zusammentreffen in Zschorlau.

Vom Start weg brannten Degner und Taveri, die auch die beiden besten Startplätze im Training herausgeholt hatten, ein Feuerwerk ab, dass es die Zuschauer von den Plätzen riss. Allerdings preschte Hans Pesl aus München mit seiner Ducati als Erster in die Buchhübel-Kurven, dicht gefolgt von Degner und Taveri. Bereits am Schauerschacht lag Degner vorn und Taveri kaufte sich den Münchener an der Waldkurve. Jetzt begann die Aufholjagd des Schweizers auf Degner, und in einer der nächsten Runden fuhren beide schon ein Windschattenrennen. Einer aus dem erzgebirgischen Zschorlau führte ab der sechsten Runde den Verfolgerpulk an. Dietmar Zimpel, der schon auf anderen Rennstrecken hin und wieder Hecht im Karpfen-Teich spielte, überholte ebenfalls Hans Pesl und lag immer in Sichtweite zu den beiden Spitzenreitern. „Ich war so schnell, dass ich einigermaßen den Abstand zu Degner und Taveri halten konnte", erzählte mir vor einigen Jahren Dietmar Zimpel und ergänzte: „Ich sah sie vor mir, wie sie teilweise fast nebeneinander fuhren, dabei aber ihre Werks-MZ nicht überforderten. Deshalb konnte ich eben immer in Sichtweite bleiben und den internen Zweikampf beobachten. Die beiden Ducati von Pesl und Kronmüller lagen schon so weit hinter mir, dass ich von denen nichts zu befürchten hatte." So wurde natürlich der Zschorlauer als Privatfahrer ebenfalls zum Helden dieses Rennens. Seine MZ war die dritte Zweitaktmaschine, die in diesem starken Feld dem Ansturm der Viertakter von Pesl, Kronmüller und Spinnler standhielt. Weder Brehme, noch Musiol, Fischer oder Krumpholz konnten in das Geschehen eingreifen und fielen aus. Einzig Werner Köhler aus Bad Schandau fuhr einen sehr guten sechsten Platz als zweitbester MZ-Privatfahrer heraus.

Aber an der Spitze tobte das Duell zwischen Taveri und Degner. Nachdem der Schweizer zumeist zwischen Luginsland und Waldkurve vorn lag, war es Degner, der in Oberböhmsdorf die Spitzenposition hielt. Dazu Zimpel: „Wenn die mal nicht dieses Duell für die Zuschauer spielten. Denn ich wunderte mich immer mehr, dass ich den Abstand so einigermaßen gering halten konnte." In den letzten beiden Runden führte Degner bis zur Waldkurve. Dann zog Taveri in Oberböhmsdorf daneben. Eingangs der Zielgeraden lagen sie gleichauf und fuhren nebeneinander über die Ziellinie. Totes Rennen! Beide waren Erster! Zimpel kam als Dritter, Pesl, Kronmüller und Köhler danach. Die Zuschauer jubelten nicht nur am Start und Ziel, wo sie es ja hautnah aus bester Perspektive sahen, nein auch rings um den Kurs, weil Martin Walther als Start- und-Ziel-Sprecher diesen spannenden Zieleinlauf mit viel Emotion über die Lautsprecher weiter vermittelte.

Als Dietmar Zimpel im Ehrenrunden-Cabrio neben Ernst Degner und Luigi Taveri Platz genommen hatte, fragte er den Ernst: „Ihr hattet euch wohl dieses

Der dreifache 125er-Weltmeister, Luigi Taveri (Schweiz, re.), im Gespräch mit mir 2009 beim Jahrestreffen des MV-Agusta-Clubs in Oberhundem.

den Parallel-Zweizylindermotor. Aber bereits im Training zeigte sich Helmut Weber in einer guten Form und platzierte sich in der Startaufstellung weit vor Weinert und knapp hinter den vier Werks-MZ von Fügner, Taveri, Brehme und Musiol. Eine fünfte MZ fuhr der Gelenauer Nachwuchsfahrer Hans Fischer. Der Rennverlauf begann kurios: Horst Fügner als amtierender Vizeweltmeister führte standesgemäß das Feld an. Ihm folgte Luigi Taveri wie ein Schatten, aber dann donnerte schon das große Fahrtalent Heiner Butz aus Aspisheim mit der NSU-Sportmax hinterher, gefolgt von den beiden Renn-Adler-RS unter Siegfried Lohmann und Hubert Luttenberger. Andreas Klaus (Augsburg) und die beiden Ingelheimer Ludwig Malchus sowie Walter Reichert dahinter. Musiol und Brehme kamen schlecht vom Start weg und mussten sich genau wie Helmut Weber durch das Feld nach vorn kämpfen. In Runde neun gab es eine neue Reihenfolge: Fügner weiter klar in Führung, aber Brehme und Taveri, der mit 3:29,5 Minuten die schnellste Runde gedreht hatte, waren ausgefallen.

Nur Weber konnte erstaunlicherweise mit Fügner ganz gut mithalten. Nun hatte Schleiz als älteste Naturrennstrecke Deutschlands fahrerisch einige sehr schwierige Passagen (Buchübel, Sommerbank, Seng, die Mutkurve Schauerschacht und Oberböhmsdorfer Kurve). Im Gegensatz zur Spitzkehre in der Stadt, zur Heinrichsruher oder zur Waldkurve, wo es relativ langsam durchging, wurden die erstgenannten Streckenabschnitte mit zum Teil sehr hohen Geschwindigkeiten durchfahren. Dort gewann oder verlor man wertvolle Sekunden. Nur die Besten „machten dort ordentlich Meter". Und zu denen gehörte eben dieser verdammt talentierte Helmut Weber. Und auf einmal sahen die Zuschauer diesen immer schneller fahrenden Simson-Mann an der zweiten Position! In seinem Schlepptau, aber mit immer größer werdendem Abstand, zogen nun Michel Schneider, Heiner Butz und Walter Reichert, alle auf NSU, ihre Bahn. Doch auch Werner Musiol wurde schneller, kam an der Dreiergruppe vorbei und verfolgte nunmehr Helmut Weber. Der aber übernahm bravourös in Runde 13 die Spitze! Nachdem er immer näher an den Vizeweltmeister herangekommen war, wurde dessen MZ zusehends langsamer und Fügner fiel eine Runde später aus. Nun war der Weg für den Radefelder und seine Werks-Doppelnocke frei. Auch kein Werner Musiol mit der normalerweise schnelleren MZ konnte ihn einholen.

Duell vorher ausgemacht, um den Zuschauern eine tolle Show zu bieten?" Degner hätte wohl nur gelächelt, ohne ein Wort zu sagen, wie mir vor einiger Zeit Dietmar Zimpel erzählte.

Exakt 50 Jahre später verriet Luigi Taveri mir lauthals ins Mikrofon, vor etwa 5 000 Zuschauern beim großen Jahrestreffen des MV-Agusta-Clubs Deutschland im sauerländischen Oberhundem, wie das damals wirklich war. Auf meine Frage, ob er sich mit Ernst Degner vorher abgesprochen hätte, antwortete der trotz 80 Lenzen jung gebliebene Schweizer nach einigem Zögern lächelnd: „... eigentlich nicht."

Sensation: Weber mit der Simson schlägt MZ-Werksteam

Er war für mich und viele andere Fans der absolute Held des Tages: Helmut Weber aus Radefeld mit der Einzylinder-Doppelnocken-Werks-Simson. Vor dem Rennen wettete niemand auf die Simsons, denn bislang unterlagen sie stets den schnellen Sportmäxen sowie den Adler- und MZ-Zweitaktern. Außerdem fuhr Hans Weinert als Werksfahrer Nummer Eins die normalerweise schnellere Simson mit dem toll tönen-

So jagte Weber ausgangs der Oberböhmsdorfer Kurve unter dem tosenden Beifall der Zuschauer als großartiger Sieger über die Ziellinie. Die im Rennen ausgefallenen MZ-Werkspiloten Walter Brehme und Luigi Taveri lobten in späteren Gesprächen mit mir diese hervorragende Fahrkunst des Helmut Weber in höchsten Tönen.

Über jedes von mir erlebte Rennen 1959 und 1960 hier zu berichten, würde zu viele Seiten ausfüllen, ist auch nicht unbedingt Sinn dieser Erlebnis-Aufzeichnungen. Deshalb komme ich jetzt zum Hauptthema, der Streckensprecherei, die wesentlich meine motorsportliche Zukunft prägen sollte.

Helmut Weber auf der Simson vor seinem großen Sieg in Schleiz 1959. Das Vorderrad wird von einer Kurzschwinge geführt.

Über 50 Jahre nach seinem Sieg in Schleiz sitzt Helmut Weber wieder auf der Simson und beantwortet mir Fragen.

Immer mehr reifte in mir der Entschluss, nicht nur als Zuschauer den Motor-Rennsport zu erleben, sondern dort auch etwas – im wahrsten Sinne des Wortes – „zu sagen zu haben". Also schrieb ich einen Brief an Hubert Schmidt-Gigo mit der Bitte, mir doch bei einem Rennen eine Streckensprecher-Probe zu ermöglichen. In Erwartungshaltung besuchte ich weiterhin die Halle-Saale-Schleife, die Dresdener Autobahnspinne, das Schleizer Dreieck und den Sachsenring. Außer diesen Strecken und den neu hinzu gekommenen, wie dem Frohburger Dreieck und dem Bautzener Autobahnring, gab es ja keine anderen mehr. Das Leipziger Stadtparkrennen erlebten die Zuschauermassen 1959 zum letzten Mal, und in Dessau war schon 1956 Schluss.

Immer wieder ertappte ich mich selbst bei der Beurteilung der Streckensprecher: Klare Einsen bekamen von mir Gigo und Martin Walther. Bei Jochen Eisold gefiel mir seine sonore mikrogene Stimme und sein hervorragendes, grammatisch richtiges Hochdeutsch. Auch Eddie Fast sprach sehr gut und mit viel Herzblut für den Motorsport. Dagegen konnte Horst Kaczmarek sein Sächseln nie verbergen, hatte aber einen großen Wortschatz und verstand es, die Massen zu begeistern. Allerdings fehlte mir bei diesen drei Sprechern etwas die Fachkompetenz. Die aber hatten ohne Zweifel Gigo und Martin Walther. Beide kannten jeden Fahrer, jede Maschine oder jeden Rennwagen, wodurch die Zuschauer bestens mit Hintergrundwissen versorgt wurden. So etwa stellte ich mir auch

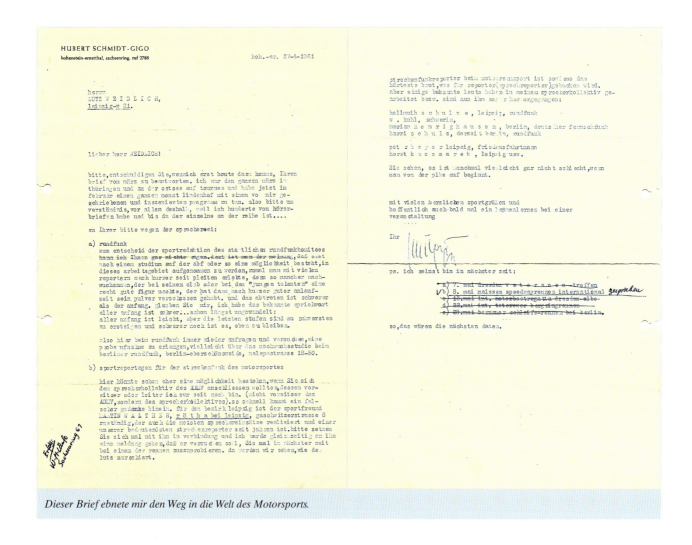

Dieser Brief ebnete mir den Weg in die Welt des Motorsports.

meine künftige Sprecherei vor. Nur musste ich endlich auch eine Chance dazu bekommen. Ich konnte ja nicht einfach zu Herrn Walther gehen und sagen: „Hee, hier bin ich, wo ist mein Mikro?" Soviel Mut besaß ich nicht, dafür umso mehr Respekt vor diesen Motorsportgrößen. Im Stillen hoffte ich jeden Tag, dass der Briefträger mir endlich eine positive Antwort von Gigo bringt. Vergeblich. Die Rennsaison 1960 war vorbei, der Winter kam, aber kein Gigo-Brief.

Dann, kurz vor Beginn der Rennsaison 1961, kam am 27. April der lang ersehnte Brief von Gigo. Zwei Seiten DIN A4 mit Schreibmaschine! Beim Lesen schon herrschte große Freude, denn Gigo verwies mich an den Rundfunkreporter Martin Walther, der die meisten Sprechereinsätze realisierte. Gigo wörtlich: „Ich werde an ihn eine Meldung senden, dass er versuchen soll, Sie mal in nächster Zeit bei einem der Rennen auszuprobieren, da werden wir sehen, wie der Lutz marschiert." Seine Warnung kam im nächsten Satz: „Streckenreporter beim Motor-Rennsport ist sowieso das härteste Brot, das für Streckenreporter gebacken wird, aber einige ehemalige Streckensprecher haben es bis zu Rundfunk und Fernsehen geschafft, weil es eine gute und harte Schule ist." Dann führte er als erfolgreiche Beispiele Helmut Schulze, Harry Schulz, Peter Beyer und Horst Kaczmarek auf.

Soooo, nun erstmal tief durchatmen und sich freuen! Dann auf in die Leipziger Springerstraße zum Rundfunkhaus nach telefonischer Anmeldung bei Martin Walther.

13 Die ersten Einsätze an der Rennstrecke und beim Radio

Im Funkhaus des Senders Leipzig erwartete mich schon ein freundlicher Martin Walther und begrüßte mich mit den Worten: „Du willst also in unserem Sprecherkollektiv an der Rennstrecke für die Zuschauer kommentieren, Gigo hat mich darüber informiert. Das trifft sich gut, da kannst Du mit hinfahren zum Speedwayrennen nach Brieske." Aber schon in zwei Wochen sollte es in die „Braunkohle" gehen. Doch ich hatte ja kaum Ahnung vom Reglement des Speedwaysports, war ab und zu mal in Panitsch beim Sandbahnrennen gewesen, hatte dort Arthur Flemming, Hans Zierk, Max Byczkowski, Kurt Noack und andere Allround-Rennfahrer, dazu die Gespanne mit Knorr/Thalheim, Gusinde/Perduß, Schael/Oldenburg und die Seriensieger Suhrbier/Pöschel gesehen. Aber das waren Langbahnrennen, die hatten nichts mit den gnadenlosen Kurzbahn-Fights der Speedwayasse in den Stadien zu tun.

Zum Glück fand am 1. Mai 1961 in Meißen ein internationales Speedwayrennen statt, welches von Gigo kommentiert wurde. Ich erklomm seine Sprecherkabine, nachdem ich alle Sperren der Ordnungshüter durchbrochen hatte, und meldete mich bei ihm. Er freute sich, mich nun endlich persönlich kennenzulernen, war unheimlich nett und sympathisch. Gigo empfahl mir, die einzelnen Läufe und seine Kommentierung aufmerksam zu verfolgen, um nicht nur einen ersten Eindruck vom Speedway zu bekommen, sondern mir für Brieske in einer Woche schon ein wenig Rüstzeug zur Probereportage mitzunehmen. So lernte ich, dass hier jeder gegen jeden in mehreren Läufen (je nach Teilnehmerzahl) zu je vier Fahrern antreten musste, ehe der endgültige Sieger feststand.

Das Reglement war ganz einfach: In jedem einzelnen Lauf bekam der Sieger drei Punkte, der Zweite zwei und der Dritte einen Punkt, während der Vierte leer ausging. Wer am Ende die meisten Punkte hatte, war Sieger. Bei Punktgleichheit gab es zumeist einen Entscheidungslauf. Ich erinnere mich noch an das damalige Rennen, das Josef (genannt Wagg) Hofmeister vor seinem Onkel Karl Kiendl, beide aus Abensberg in Bayern, gewann. Inzwischen wusste ich auch, dass die Streckenlänge des Stadionovals 391 Meter betrug, gemessen im Abstand zur Innenkante von 91,5 Zentimetern. So schrieb es jedenfalls das aus England stammende Reglement 1961 vor. Ob das heute noch gilt, weiß ich nicht, weil ich mich mit Speedway nicht mehr befasse.

Nun kam Brieske an die Reihe. Den Ort in der Niederlausitz kannte ich nur von der Fußball-Oberligamannschaft aus den 50er-Jahren, als Lemanczyk und Wachtel bei Aktivist Brieske-Ost, später Brieske-Senftenberg, als Spitzenspieler auftrumpften.

Inzwischen besaß ich eine neue Simson-Sport mit 15,5 PS, auf die ich mächtig stolz war. Ich konnte sie mir aber nur kaufen, weil es diese für damalige Begriffe sehr schöne Maschine auf Teilzahlung für 3.200 Mark gab. So lieh ich mir von einem Arbeitskollegen acht große blaue Scheine für die Anzahlung und fuhr stolz und glücklich mit diesem Viertakter nach Leipzig Kleinzschocher, wo ich noch bei meinen Eltern wohnte.

Nun, noch nicht ganz eingefahren, ging's mit dem „Suhler Hammerwerk" (wir sagten immer noch AWO) nach Brieske. Mit 21 Lenzen wollte ich natürlich auch äußerlich Eindruck schinden. Deshalb befand sich in meinem Gepäck eine schicke weiße Hose, die ich 1960 in Neukölln für elf Westmark gekauft hatte. Für das Rennen zog ich sie an, das passende helle Hemd dazu, Sonnenbrille auf und in der „was-kost'-die-Welt-Stimmung" marschierte ich ins Stadion. Martin Walther rief die Fahrer auf, das Rennen begann, er kommentierte. Verdammt, dachte ich, hier fährt ja eine Menge Ausländer mit, hoffentlich kann ich die Namen richtig aussprechen. Fred Hamberger aus Straubing und Kurt Pieper aus Mühlheim an der Ruhr dominierten die ersten Läufe. Plötzlich drückte mir der gute Martin ein Mikro in die Hand: „So, jetzt mach Du mal weiter, hast ja gehört, wie das läuft, ich gehe jetzt Kaffee trinken." Dann drehte er sich noch mal um und rief: „Du musst aber ganz nahe an den Fahrbahnrand gehen, damit Du auch die Feinheiten siehst, von hier oben ist das ungünstig!", wonach er in der Kantine verschwand und ich unten an der Strecke loslegte. Als aber das Startseil zum nächsten Lauf nach oben schnellte und die wilde Hatz mit durchdrehenden Rädern an mir vorbeidonnerte, bekam ich einen Schwall schwarzen Kohlendrecks ab, und Hemd sowie Hose unterschieden sich jetzt in der Farbe nicht mehr von der Fahrbahn. Natürlich bekamen das die Zuschauer mit und grölten sich vor Schadenfreude die Seele aus dem Leib.

Aber ich blieb ganz cool und schilderte, was sich auf der Piste abspielte, sprach aber die belgischen und holländischen Namen fast durch die Bank weg falsch aus. Aus Piet Verbrugge (Verbrügg gesprochen) wurde Verbrutsch, aus van der Lodewijkes (Lodweik) und van Leuwwe (Leu) wurden Lodewichs und Löwe, aber das Publikum hatte es wohl nicht bemerkt. Dafür aber Martin Walther, der dann meinte: „Das war scha e Mist, den De erzählt hast, und wie siehst Du denn aus, mit der dreggschen Hose kannste nich de Siegerehrung machen." Worauf er das Mikrofon nahm und im feinsten Hochdeutsch wieder die nächsten Läufe kommentierte.

Naja, dachte ich, fürs Erste ging's schon. Das nächste Mal weiß ich alles schon viel besser. Außerdem wollte ich ja bei Rundstrecken-Straßenrennen sprechen. Dort wusste ich meine Stärken.

Martin Walther hatte mich inzwischen in den Radio-Jugendclub aufgenommen, der von ihm, Werner Wuttke und Werner Lindner geleitet wurde. Dort lernte ich auch die Star-Sportreporter Harry Schulz und Helmut Schulze näher kennen. Ein gutes Verhältnis konn-te ich auch zu Herbert Küttner, einem der besten und beliebtesten Rundfunksprecher der DDR, aufbauen, der besonders beim Nachtprogramm von Radio DDR, Sender Leipzig, auf dem „Dampfer" (das war der Spitzname für die Sprecher-Hauptstelle im Funkhaus, von der aus alles live über den Sender ging) saß. Und während dieser Nachtprogramme bekam ich Gelegenheit, draußen in Leipzig mit dem Reportermikrofon Ereignisse und Interviews zu bestimmten Themen einzufangen. Mal war es eine Verkehrskontrolle der Polizei zur Tempo-Überwachung oder auch zur Alkoholkontrolle von Verkehrsteilnehmern oder auch eine Reportage vom Hochbetrieb in einer Nachtschicht eines Leipziger Werkes. Ich fuhr dann immer im fahrenden Übertragungswagen, gelenkt und technisch beherrscht von Heinz Jahn (der auch stets bei der Friedensfahrt zusammen mit Helmut Schulze diesen bekannten „Fahrenden Ü-Wagen" über den Course de la Paix steuerte). Dieser Nebenjob unter Anleitung der Rundfunk-Profis beim Sender war für mich die beste Schule für meinen späteren Journalistenberuf und besonders auch für die noch im gleichen Jahr richtig beginnende Streckensprecher-Tätigkeit. Selbst heute, nach über 50 Jahren, bin ich diesen Männern von damals noch dankbar für die hervorragende Ausbildung und die manchmal sehr deprimierenden, aber helfenden Korrekturen an meinen Reportagen.

Meine erste Reportage 1961 am Ü-Wagen. Dieser HORCH-Sachsenring wurde auch bei der Friedensfahrt mit Tonmeister Heinz Jahn eingesetzt.

14 Max Byczkowskis „Attentat" auf den Sprecherturm

Martin Walther empfahl mir, noch vor dem Sachsenring-WM-Lauf, dem ersten auf DDR-Boden, als sein Assistent mit zum Bautzener Autobahnring-Rennen zu kommen. Dort sollte ich auch einige Läufe kommentieren. Sozusagen als Generalprobe für den Sachsenring, wo ich als zweiter Sprecher für die MTS-Kurve eingeplant worden sei. Voller Vorfreude auf das Bautzener Rennen „sattelte" ich meine nagelneue Sport-AWO und donnerte in Richtung Lausitz über Dresden los. Dabei bin ich höflichkeitshalber immer hinter Martin Walthers DKW F8 geblieben, der allerdings nur langweilige 80 Sachen lief. Mit der 15,5-PS-Sport-AWO waren ja 120 km/h locker drin. Aber wer traut sich schon, seinen „Chef" abzuhängen?

In Bautzen fuhren auch die Formel-Junior-Rennwagen. Tolle Besetzung mit Kurt Ahrens sen. und jun., Kurt Kuhnke, dazu die schnellsten DDR-Rennwagen mit Willy Lehmann, Heinz Melkus, Frieder Rädlein, Max Byczkowski, Siegmar Bunk, um nur einige zu nennen, am Lenkrad. Während die beiden Ahrens knapp vornweg ein höllisches Tempo vorlegten, entspann sich zwischen Melkus, Rädlein, Lehmann und Byczkowski ein spannender Positionskampf, wobei der Brandiser Max Byczkowski immer schneller wurde. Schließlich endete diese ungestüme Fahrt mit einem Dreher eingangs zur Start- und Zielgeraden. Mit dem Heck voran knallte der Formel III an und leicht unter den auf dem Autobahngrünstreifen stehenden Zeitnahmebus, wobei er während der Drehung noch einen der vier Metallstützen des Sprecherturms erwischte. Martin Walther, eine weitere sehr hübsche weibliche Person und ich hielten uns am Geländer in luftiger Höhe von gut drei Metern schlagartig fest. Ich sprang geistesgegenwärtig von oben herunter und versuchte mit aller Kraft diese nun schräg in der Luft hängende vierte Stütze wieder einigermaßen so zurück zu biegen, dass sie dem Turm den nötigen Halt bot. Max war inzwischen schon seinem Melkus-Wartburg entstiegen und kam mir zu Hilfe. Mit vereinten Kräften verankerten wir die Stütze wieder im Erdboden. „Meine Fresse, das warn Ding", rief Byczkowski zu Martin Walther hoch und war erleichtert, „ich weiß auch nicht, wieso der Abflug passierte. Gott sei Dank ist Euch nichts passiert." Dafür war sein Rennwagen jetzt ziemlich krumm. Das Ganze hätte natürlich auch sehr schlimm ausgehen können, wenn der Turm in größere Schieflage gekommen wäre. Dann hätte Martin Walther mit seiner Beinprothese nicht schnell genug reagieren können. Nach dem Rennen war dieser Vorfall in aller Munde, nicht nur im Fahrerlager, sondern auch an den Stammtischen der Bautzener Kneipen. Rennleiter Werner Bitterlich gestand mir später, dass er heilfroh war, dass niemand dabei verletzt wurde. Denn auch Byczkowski hätte es erwischen können. Immerhin schob sich das Heck seines Formel Junior ein ganzes Stück unter den Zeitnahmebus, der dabei etwa drei Meter zur Seite geschoben wurde.

Max Byczkowski (Brandis) war neben Heinz Melkus und Frieder Rädlein einer der besten ostdeutschen Formel-III-Piloten.

P lötzlich war es soweit: Martin Walther verkündete mir erneut, dass ich als zweiter Sprecher in der MTS-Kurve beim WM-Lauf auf dem Sachsenring erstmals bei einem Straßenrennen zum Einsatz kommen sollte. Mein Herz hüpfte vor Freude! Endlich konnte ich meine Stimme über die vielen rings um den Sachsenring postierten Lautsprecher für die etwa 300 000 Zuschauer ertönen lassen. Am Start und Ziel kommentierte Martin Walther, in der MTS-Kurve Horst Kaczmarek und am Heiteren Blick sprach Joachim Eisold. Dort sollte auch Egon Winter als Nachwuchssprecher zum Einsatz kommen. Martin Walther nahm mich zum Training mit in das Fahrerlager und in den Start- und Ziel-Turm. Das war für mich eine besondere Ehre, denn noch nie hatte ich offiziell mit einem richtigen Ausweis Zutritt zum Fahrerlager eines WM-Laufes oder zum Start- und-Ziel-Bereich. Letz-

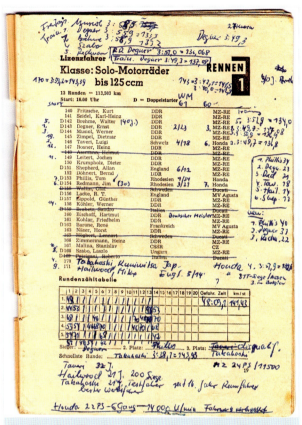

Mein allererstes Sprecher-Rennprogramm mit von mir aufgeschriebenen Daten.

Martin Walther (li.) erklärt mir 1961 am Sachsenring, was ich bei der Streckenreportage besonders beachten muss.

terer wurde von Sicherheitsordnern besonders streng kontrolliert. Dort lernte ich die ganze Prozedur für den Start- und-Ziel-Streckensprecher, also dem Chef-Kommentator, kennen. Der nämlich musste gut und exakt mit den Zeitnehmern, dem Rennleiter und nicht zuletzt auch mit den Aufnahmeleitern der dort anwesenden Fernsehsender zusammenarbeiten.

Das alles war schon verdammt interessant und sicher nicht ganz einfach zu bewerkstelligen. Im Turm gingen auch noch die Rundfunkreporter ein und aus. So hautnah hatte ich noch nie Werner Eberhard und Heinz-Florian Oertel gesehen.

Aber am meisten begeisterten mich natürlich die Honda-Maschinen, die MV-Agustas und die Bianchis. Wenn die Vierzylinder-Hondas der 250er-Klasse mit den berühmten Piloten Mike Hailwood, Jim Redman oder Luigi Taveri vorbeiheulten, bekam man eine Gänsehaut. Begeisterung auf den Zuschauerrängen erzeugte auch der kleine drahtige Japaner Kunimitsu Takahashi, der neben Degner, Taveri und Redman zum Publikumsliebling avancierte. Der junge Mike Hailwood, der erfahrene Weltklassemann Bob McIntyre und der einzige MV-Agusta-Werksfahrer Gary Hocking sorgten allein schon durch den Klang ihrer Namen für stehene Ovationen auf den Tribünen. Was für eine fahrerische Klasse hatte sich hier in Hohenstein-Ernstthal, Gastgeberstadt des ersten in der DDR stattfindenden Motorrad-Grand-Prix, versammelt. Man muss sich das vorstellen: Die gesamte Weltelite drehte hier auf dem sächsischen Traditionskurs ihre Runden, um Weltmeisterschaftspunkte zu holen. Ganz vorn dabei umkurvten die fahrerisch ebenso hervorragenden Werkspiloten der superschnellen Rennzweitakter aus Zschopau den Sachsenring. Ernst Degner stellte seine 125er MZ nach Trainingsbestzeit auf den besten Startplatz. Neben ihm postierten sich die Honda-Fahrer Tom Phillis, Luigi Taveri und MZ-Mann Alan Shepherd aus England.

In der Viertelliterklasse brachte der bereits über 40-jährige Walter Brehme auf der MZ das Kunststück fertig, mit der zweitbesten Trainingszeit in die Phalanx der Vierzylinder-Hondas einzubrechen. Sein Lohn: Startreihe eins neben Mike Hailwood, Jim Redman und Kunimitsu Takahashi! Für mich ergab das alles eine Riesenaufregung, weil ich diese Motorsportszenerie inmitten des Geschehens erleben und genießen durfte.

Unerwartete freudige Begegnung mit Ewald Kluge

Fred Gigo, der offiziell beim Motorsport Hubert Schmidt-Gigo hieß, kommentierte für das Fernsehen, freute sich, dass er mich sah, lud Martin und mich für den Samstagabend zu sich nach Hause ein. Dort kam die große Überraschung: Ich trat ins Wohnzimmer ein und wer saß dort am Tisch? Ich dachte, ich träume! Hier lächelte mich Ewald Kluge, der ehemalige DKW-Werksfahrer und Ex-Europameister, freundlich an. Fragen und Antworten schwirrten über den Tisch, die Plauderei über die Rennen der Vergangenheit, die großen Erfolge Ewald Kluges, die Gespräche über die Technik der damaligen Maschinen der 30er-Jahre und der Nachkriegszeit nahmen kein Ende. Nicht zuletzt diskutierten wir auch über die rasante Entwicklung der Renntechnik bis zum damals gegenwärtigen Jahr 1961.

Große Freude am Rennsonntag: Ich durfte kommentieren!

Zunächst machte ich mich näher mit Horst Kaczmarek, einem äußerst sympathischen Lehrer aus Leipzig, bekannt. In Sprecherkreisen bekam er irgendwann den Spitznamen „Katzendreck". „Das ist einfacher auszusprechen", spottete Martin Walther. Horst war hier auf dem Holzturm an der MTS-Kurve der Chef und erklärte mir, dass er die wichtigsten beiden Rennen, nämlich die mit den MZ gegen Honda, also die Klassen bis 125 und 250 Kubikzentimeter, kommentieren wird. Die beiden Klassen mit den hubraumgroßen Viertaktern könne ich dann übernehmen, da kenne er sich nicht so gut aus.

Das war mir sehr lieb, denn ich hatte mich ja schon immer mit MV Agusta, Bianchi, den schnellen Zweizylinder-Viertakt-Jawas sowie den Einzylinder „Dampfhämmern" von Norton, AJS und Matchless beschäftigt. So konnte ich hier mein Fachwissen den rund 300 000 Zuschauern mit einfachen, verständlichen Worten nahebringen.

Nach dem Rennen der 350er, das Gary Hocking auf der MV überlegen vor Frantisek Stastny auf der Jawa und Bob McIntyres Zweizylinder-Bianchi gewann, klingelte das auf dem Sprecherturm befindliche Feldtelefon. „Hier Martin Walther, Gratulation, auch von Gigo", schnarrte es im Hörer, „Mensch super, Junge, das war fantastisch! Du machst dann noch die 500er und gehörst ab sofort zum Stamm der Sprechertruppe, klar?"

Erstes Kurzinterview mit Alan Shepherd

Aber zurück zum Beginn des Rennsonntags mit dem Start der 125er-Klasse: Schon von Weitem hörte man die kreischenden MZ-Zweitakter und die brüllenden Hondas von der Lutherhöhe herunterkommen. In Führung lagen zwei MZ mit Degner und Sheperd (GB). Plötzlich verlangsamte der Engländer sein Tempo, bremste stark ab und rollte neben der MTS-Kurve in Richtung unseres Sprecherturms. Ich schnappte mir schnell das zweite Mikrofon, sprang hinunter auf die Wiese und hoffte, dass das Mikrofonkabel lang genug sei. Es reichte. Schon stand ich neben Alan Sheperds MZ. Ich nahm meine geringen Englischkenntnisse zusammen und fragte: „What's with your Bike?". Spontan antwortete er mir in das hingehaltene Mikro: „I have a problem with the engine." Dabei machte er ein Kratz-Geräusch mit dem Mund und zeigte mit der rechten Hand auf den Motor. Also klar, Kolbenklemmer und Feierabend! Ins Mikro rief ich: „Das ist jammerschade. Sheperds MZ ist festgegangen, liebe Zuschauer. So ein Pech für den sympathischen Engländer, der heute vielleicht das Rennen hätte gewinnen können."

Dafür allerdings sorgte mit großer Souveränität Ernst Degner. Denn bereits nach der zweiten Runde legte er ein solches Tempo vor, dass Tom Phillis nur mit äußerster Konzentration einigermaßen mithalten konnte und schon mehrere 100 Meter weit zurück auf der zweiten Position lag. Am Ende siegte Degner auf der Werks-MZ mit satten 30 Sekunden Vorsprung vor den beiden Honda-Piloten Phillis und Takahashi. Den großen MZ-Erfolg ergänzten Laszlo Szabo (Ungarn) und Walter Brehme, die als Vierter und Fünfter die Ziellinie überquerten, noch vor Jim Redmans Honda. Allerdings muss zur Ehrenrettung des kleinen Schweizers Luigi Taveri gesagt werden, dass er leider seinen sicheren dritten Platz durch ein Missgeschick verlor: Ihm brach der Lenker (!). So musste er in der letzten Runde kurz vor dem Ziel an der Queckenbergkurve geradeaus fahren, bog dann über den Vorstartplatz wieder auf die Start- und Zielgerade ein und war immer noch Dritter! Aber er hatte die Strecke verlassen und wurde deshalb disqualifiziert.

Dagegen war das Glück auf meiner Seite: Schon in den ersten Minuten des ersten WM-Laufes auf dem Sachsenring bekam ich durch Shepherds Pech mein erstes Interview mit einem Weltklassefahrer.

Gleich noch einmal am Sachsenring kommentiert: Das Rennen der Formel Junior!

Nach dem letzten Rennen des Tages offerierte mir Streckensprecher-Chef Martin Walther, dass ich Anfang September beim internationalen Autorennen erneut auf dem Sachsenring, dann an der Sprechstelle Heiterer Blick, kommentieren dürfe. Darauf freute ich mich schon sehr, weil ich den Zuschauern mit Sachverstand, besonders zu Rennwagen und Fahrern der Formel Junior, vieles erklären würde.

Ich erlebte dann ein fantastisches Rennen mit einem großartigen britischen Sieger, Brian Whitehouse im Lotus. Aber auch die deutschen Fahrer zeigten tolle fahrerische Leistungen, allen voran Kurt Ahrens sen. (2., Lotus), Kurt Kuhnke (6., Cooper) sowie Siegmar Bunk (7.) und Frieder Rädlein (8., beide Melkus-Wartburg).

Mit dem Formel-Junior begann 1960 die große Karriere des Heinz Melkus.

Mir blieb kaum Zeit zum Durchatmen, denn schon hieß es: „Du kommentierst Ende September am Frohburger Dreieck auf der Sprechstelle „Grauer Wolf", also außen an der Wolfskurve." Insider kennen diese enge Linkskurve, die einer sehr langen, leicht bergab führenden Geraden folgt. Deshalb stellt ihre Bremszone eine ideale Stelle zum Überholen dar. Aus dem Windschatten des Vordermanns kurz vor der Bremszone herausziehen und ganz spät in die Eisen steigen, heißt hier die Devise, dabei dem Konkurrenten möglichst keinen Raum bieten, den er zum erneuten Vorbeiziehen nutzen könnte. Für den Streckensprecher bietet sich hier eine tolle Möglichkeit, spannende Positionskämpfe zu schildern. Erstmals durften 1961 beim 2. Frohburger Dreieckrennen der schnelle Privatfahrer Günter Lippold aus Tannenbergstal und der erfolgreiche Geländepilot Werner Salevsky MZ-Werksmaschinen probieren. MZ-Rennchef, Oberingenieur Walter Kaaden, testete damit talentierte Piloten, ob sie auch mit den leistungsstärkeren Werksmaschinen zurechtkommen. Bei Salevsky war es interessant zu sehen, ob er sich auf einer Straßenrennmaschine genauso wohl fühlt, wie auf der GS. Während sich das Zschopauer Enduro-Ass noch an die völlig andere Körperhaltung auf der schnellen Straßenrennmaschine gewöhnen musste, kam Günter Lippold auf Anhieb gut zurecht. Wie die Ergebnisse am Ende im einzelnen aussahen, weiß ich heute ein halbes Jahrhundert später nicht mehr.

Aber einige außerordentliche Szenen sehe ich noch vor mir: In der Viertelliterklasse stand Walter Brehme (Leuna) auf Pole Position, neben ihm Werner Musiol (Potsdam), beide auf Werks-MZ. Aber auch Günter Lippold und Werner Salevsky zeigten im Training recht ansprechende Leistungen. Das Rennen begann recht turbulent. Gleich nach dem Start entbrannte ein Zweikampf zwischen Musiol und Brehme. Letzterer kam in Führung liegend zum Grauen Wolf gebrettert, bremste viel zu spät und knallte fast geradeaus samt seiner MZ in die Strohballen und danach noch in den Straßengraben. Während das halbe Feld vorbeirauschte, mühte sich Altmeister Brehme mit Leibeskräften, seine Maschine wieder auf die Straße zu bugsieren. Unter dem Beifall der Zuschauer schaffte er das endlich, schob wütend die 250er an und schoss in Richtung Albert-Richter-Kurve davon. Musiol führte jetzt. Brehme fuhr aber wie entfesselt, überholte mit dickem Hals Fahrer um Fahrer. Nach einigen Rekordrunden war er schon wieder an Musi (wie wir Musiol nannten) dran. Als dann der Leunaer sogar erneut die Spitze erkämpfte, gab der „erschöpfte" und gequälte Zweizylindermotor den Geist auf. Das war zuviel des Guten, zeigte aber auch, mit welchem Speed ein damals bereits 40-jähriger Walter Brehme noch unterwegs war.

Die Rennsaison 1961 ging damit zu Ende, für mich insofern sehr erfolgreich, weil ich dreimal als Sprecher zum Einsatz kam und von Martin Walther die Gewissheit erhielt, auch im folgenden Jahr an mehreren Rennstrecken zu kommentieren.

Als Honorar bekamen die Streckensprecher am Start und Ziel 60 Mark und an einer Kurven-Sprechstelle 50 Ostmärker. Für die Trainingssprecherei gab's die Hälfte. Aber es gab auch noch Benzinmarken (wer kennt die noch?) und manchmal konnte man sich den Tank an der Fahrerlagertankstelle (sofern es eine gab) kostenlos füllen lassen. Für meine Simson-Sport (noch im Originalzustand) brauchte ich nicht viel Sprit.

Kurz bevor die 1962er-Rennsaison begann, erfuhr ich, dass Walter Brehme für sportlich-interessierte Motorradfahrer – Mitglieder des ADMV – einen kostenlosen Fahrerlehrgang auf der kleinen Halle-Saale-Schleife durchführen wollte. Die Teilnehmer sollten unter seiner Anleitung auf der abgesperrten Rennstrecke die richtigen Bremspunkte in Kombination von Vorder- und Hinterradbremse finden sowie das Befahren der Ideallinie in Kurven erlernen.

Ich war sofort Feuer und Flamme, fuhr mit meiner Maschine zur Halle-Salle-Schleife. Brehme schrieb sich die Namen der Teilnehmer auf – es mögen so an die 20 gewesen sein – und fragte in die Runde hinein, ob auch ein Lutz Weidlich dabei wäre. Ich meldete mich, worauf er sagte: „Du bist mir schon von Gigo und Martin Walter angekündigt worden, als der jüngste Streckensprecher bei unseren Rennen. Du fährst bitte als Erster direkt hinter mir her, so lernst Du am besten die richtige Fahrtechnik und erlebst gleich aktiv, wie auf der Rennpiste gefahren wird." Dann, nach etwa halbstündiger theoretischer Einweisung für alle, warfen wir die Motoren an und folgten in langer Reihe dem international erfolgreichen MZ-Werksfahrer. Die erste Runde diente dem Kennenlernen der kleinen Schleife mit den beiden Spitzkehren, einer langen Geraden und der berühmten „Sambakurve", nach der wir uns dann Start und Ziel näherten. Walter Brehme saß auf einer 250er MZ-ES mit Langschwinge und beschleunigte aus den Kehren so vehement, dass wir anderen kaum hinterher kamen. Dann ließ er uns wieder herankommen und gab ein Zeichen, wo der nächste Bremspunkt liegt, ab dem wir richtig hart in die Eisen steigen mussten. Dann rief er uns zu: „Bremsen loslassen, einlenken, ganz innen zum Scheitelpunkt, Euer Blick geht dorthin, wohin Ihr fahren wollt, nicht aufs Vorderrad, nun Vollgas und die ganze Fahrbahnbreite bis zum Kurvenaußenrand für die Beschleunigung auf die Gerade nutzen!"

So ging es mehrere Runden lang. Brehme zog wieder an uns vorbei, hielt vor den Spitzkehren an und rief uns die Anweisungen zu. Dann gab es erst einmal eine Pause zur Auswertung. Dabei schilderte er bildhaft unsere Fehler und erklärte, wie wir es besser machen müssten. Danach drehten wir noch viele Runden, wobei der Meister uns immer wieder einhämmerte, dass es nicht darauf ankommt, wie schnell in eine Kurve hinein gefahren wird, sondern wie schnell man wieder herauskommt. „Fährst Du zu schnell hinein, verpasst Du die Ideallinie und bist garantiert zu langsam am Kurvenausgang", warnte uns Brehme vor Übermut und fügte hinzu: „Wenn es ganz dumm kommt, liegst du sogar auf der Fresse!"

Jedenfalls war das für mich ein ganz bedeutsamer Tag. So konnte ich nun in Leipzig meinen Motorradkumpels voller Stolz vorschwärmen, was ich auf der kleinen Halle-Saale-Schleife von solch einem Renn-Ass wie Walter Brehme gelernt hatte. Zum Abschied wies uns der Meister noch auf die am Jahresende an gleicher Stelle stattfindenden Rennen mit Serienmaschinen hin. „Da solltest Du unbedingt starten," rief er mir zu, „damit Du aus praktischer Erfahrung heraus weißt, was Rennenfahren heißt und worüber Du zu den Zuschauern sprichst."

Bei Walter Brehme richtig Motorradfahren gelernt, Fahrspaß mit der AWO.

18 *Nur zwei geplante und ein zufälliger Sprechereinsatz 1962*

Für zwei Rennen 1962 war ich jeweils als zweiter Streckensprecher eingeplant. Neben der Halle-Saale-Schleife sollte ich auch am Saisonende auf dem Frohburger Dreieck, wie schon ein Jahr zuvor, an der Kurve „Grauer Wolf" die Rennen kommentieren.

Das erste Rennen startete auf der 5,256 Kilometer langen Halle-Saale-Schleife. Es gab zwei Sprechstellen: Die übliche am Start und Ziel sowie die zweite an der schnellen Weinbergkurve auf dem mittleren Grünstreifen. Ältere Insider wissen sicher noch die Streckenführung: Von der Weinbergkurve ging es rechts ab zur Nordkurve, dort 90 Grad links und nach einer kurzen Geraden im leichten Rechtsknick zur Hubertuskehre, die auch Friedensring genannt wurde. Das war eine weit geschwungene 180-Grad-Kehre. Von dort führte die Strecke in einem Links-Rechts-Zickzack auf die fast endlose, knapp zwei Kilometer lange Gegengerade. Und die schrie förmlich nach Motorleistung und richtiger Getriebe-Übersetzung! Am Ende dieser Geraden folgte eine enge Links-Spitzkehre, die im ersten Gang genommen wurde, danach kam eine 400 Meter lange Gerade, die in eine Rechtsbiegung mündete und zum Eingang der stark überhöhten langen links herum verlaufenden Jugendkurve (im Fachjargon „Sambakurve") führte.

Während Martin Walther am Start und Ziel kommentierte, saß ich auf einem Holzgerüst und hatte nicht nur die Übersicht zur Weinbergkurve, sondern konnte auch die Zielgerade und die hinter mir verlaufende Gegengerade einsehen. Das war natürlich ideal, weil ich zweimal pro Runde über die Positionskämpfe und -wechsel informieren konnte – ich musste mich nur kurz umdrehen. Meine damalige Freundin und heutige Ehefrau Renate assistierte mir gekonnt, weil sie in eine große Rundenzähltabelle exakt und zuverlässig die Startnummern in der Reihenfolge der Vorbeifahrenden notierte. Diese sogenannte Rundenzähltabelle diente dazu, stets den Überblick über die richtige Reihenfolge der Fahrer zu behalten, denn bei den meisten Rennen gab es schon nach einigen Umläufen überrundete Piloten, und die hätte man in der Hektik

schnell mit den tatsächlich in Führung liegenden verwechseln können. Natürlich sind damit nicht die tatsächlich Langsameren gemeint, die konnte man schon von den Schnellen unterscheiden. Aber auch Spitzenfahrer mussten hin und wieder einen Boxenhalt einlegen. Plötzlich kamen jene im Vorderfeld vorbei. Ein Blick auf die Rundentabelle verriet, aha, der war ja in der vorigen Runde gar nicht vorbeigekommen. Somit spielten die Rundenzähler oder -zählerinnen (meistens die Freundinnen oder Ehefrauen der Sprecher) eine wichtige Rolle. Renate schaffte das mit einer Exaktheit, die ich heute noch, nach 40 Jahren bewundere. Wir kannten ja noch keine Streckenkameras und Zeiten-Monitore, wie sie jetzt in den Sprecherkabinen der Rennpisten selbstverständlich sind.

Schnapsglasklasse ohne Streckensprecher in der MTS-Kurve?

Offiziell war ich zum WM-Lauf auf dem Sachsenring 1962 nur für die Kommentierung des Trainings vorgesehen. So begab ich mich danach am Samstagnachmittag zur MTS-Kurve, um mir das Rennen der 50-ccm-Maschinen anzuschauen. Es war das erste Rennen dieser sogenannten Schnapsglasklasse bei einem Weltmeisterschaftslauf auf dem Sachsenring überhaupt. Als ich an der schnellen S-Kurve ankam, sah ich keinen Sprecher auf dem Turm – es sollte der Gleiche wie 1961 bei meinem Sprecher-Debüt sein. Wo ist Horst Kaczmarek abgeblieben? Über die Lautsprecher hörte ich Martin Walther, wie er bereits die Startaufstellung bekannt gab. Also musste das Rennen – es war das einzige am Samstag, alle anderen Läufe starteten am Sonntag – gleich beginnen. Ich rannte über die Strecke, bat den dort anwesenden Verantwortlichen für die Beschallungstechnik um ein Mikrofon. „Das liegt schon oben auf dem Pult bereit", rief mir „Ossie" zu. Er hieß sicher Oscar oder Oswald, genau habe ich das nie erfahren. Für uns Sprecher war es eben der Ur-Berliner Ossie. Und der wunderte sich plötzlich: „Ich denke, das soll heute der Katzendreck (gemeint war Horst Kaczmarek) machen, der hat wohl was Besseres vor?" Ich enthielt mich einer Antwort, die eventuell zweideutig ausgefallen wäre.

Also nahm ich das Mikro in die Hand und wartete. Am Start und Ziel hieß es: Yellow Light, twenty seconds to go" und nach 20 Sekunden brüllte es aus den Lautsprechern: „Und ab geht die Post! Den besten Start erwischte der kleine Japaner Tanaka mit der Honda vor Luigi Taveri aus der Schweiz, ebenfalls Honda, und dem Holländer Jan Huberts auf Kreidler. Hallo, MTS-Kurve, bitte melden!" Kein Problem, dachte ich, jetzt werdet Ihr Euch aber wundern:

„Zum erstenmal meldet sich die MTS-Kurve an der Autobahn mit Jan Huberts an der Spitze, der auf der schnellen Abfahrt von der Lutherhöhe herunter die beiden Hondas schon überholt hat und in voller Fahrt aus der MTS-Kurve hinaus auf die lange Gerade in Richtung Nötzoldkurve beschleunigt." Nach der Schilderung des weiteren Verlaufs gab ich ab an die Sprechstelle Heiterer Blick zu Joachim Eisold. Plötzlich klingelt das Feldtelefon: „Hier Martin. Wo ist denn Kacze? Wieso bist Du denn dort?" Meine Antwort: „Weil ich im richtigen Moment am richtigen Ort bin, sonst hättet Ihr heute alt ausgesehen." Dann krächzte es im Hörer: „Mensch prima, mach weiter."

So geriet ich hier nicht gleich in Vergessenheit und konnte mich erneut bewähren. Schließlich feierten die 50er ihre Premiere am Sachsenring mit einem strahlenden Sieger aus den Niederlanden. Jan Huberts gewann mit seiner Kreidler vor dem Japaner Mitsui Itoh auf Suzuki und dessen Teamkollegen Hugh Anderson (Neuseeland).

Rosners Gabelbruch – reaktionsschnell gemeistert

Am Rennsonntag verfolgte ich die Rennen aus der Zuschauerperspektive im Innenraum an der Queckenbergkurve. Das erste Rennen war den 125er-Maschinen vorbehalten. Gleich in den ersten Runden setzte sich ein Trio mit den beiden Honda-Piloten Luigi Taveri und Jim Redmann sowie MZ-Mann Hans Fischer etwas vom großen Feld ab. Dann kam der Verfolgerpulk. Und jetzt geschah – noch in der Anfangsphase des Rennens – etwas ganz Schlimmes, das aber zum Glück noch recht harmlos endete: Der junge Heinz Rosner, der sich bereits 1960 als schneller Nachwuchsfahrer in der Lizenzklasse etabliert hat-

te, bremste innen die Queckenbergkurve aus hoher Geschwindigkeit an, was eine enorme Belastung der Vorderradgabel bedeutet. Und die hielt das nicht aus, brach am Lenkkopf ab! Doch Rosner blieb cool, hatte schon genügend Tempo verringert und meisterte die kreuzgefährliche Situation bravourös. Er hielt den Lenker mit der nun losen Vordergaben fest, die MZ kratzte mit dem doppelten Rahmenunterzug auf dem Asphalt, dann legte er die Maschine um, ohne sich dabei ernsthaft zu verletzen. In Anbetracht der Gefährlichkeit dieser Situation reagierte Rosner blitzartig genau richtig!

Also Rosner war schon aus dem Rennen, das aber ging weiter – und wie! Die drei Spitzenreiter lieferten sich einen beinharten Kampf, der die gut 250 000 Zuschauer von den Plätzen riss: Ständig wechselte die Führung, mal war Taveri vorn, dann Fischer, aber schon eine Runde später wieder Redman. Die beiden Honda-Piloten schienen sich einig zu sein, ließen den schnellen MZ-Mann, Hans Fischer, nicht aus den Augen. Der versuchte in der letzten Runde, eingangs der Queckenbergkurve, den Schweizer und den Rhodesier zu überrumpeln, wollt innen vorbeiziehen. Doch Redman warf die Tür zu, zog scharf nach innen, ließ Fischer dort keinen Platz und Taveri konnte außen voll aufdrehen und mit knappem Vorsprung gewinnen. Für MZ blieb nur der dritte Rang. Taveris minimaler Vorsprung auf den Dritten, Hans Fischer, betrug nur 0,7 Sekunden!

Heinz Rosner 1962 am Sachsenring beim Training. Hier war die Vorderrad-Kurzschwinge noch in Ordnung.

19 *Deutsche Privatfahrer stets im Vorderfeld dabei*

Ende der 50er-, Anfang der 60er-Jahre spielten auch die deutschen Privatfahrer aus Ost und West eine immer stärkere Rolle im nationalen und internationalen Rennsport. Aus dem Westen unserer Heimat kommend, donnerten in der Klasse bis 250 ccm – wie an anderer Stelle teilweise bereits erwähnt – die Fritz Kläger, Heiner Butz, Roland Heck, Michael Schneider, Walter Reichert, Andreas Klaus oder Ludwig Malchus mit ihren NSU-Sportmäxen über die Rennpisten der DDR. Auf ebensolchen Einzylinder-Viertaktern mit dem berühmten Schubstangen-Antrieb für die obenliegende Nockenwelle versuchten auch schnelle DDR-Fahrer wie Gottfried Aehlig, Werner Butthoff, Karl Wohlleben, Günter Nerlich, Roland Brendel oder Dieter Lange mitzuhalten. Doch immer mehr dominierten auch in der Viertelliterklasse die MZ-Zweitakter.

Interessant in diesem Zusammenhang ist der Blick auf das Ergebnis der 250er-Klasse beim Frohburger Dreieckrennen 1963: Hier siegten tatsächlich noch die Viertakter. Das Rennen gewann Han Leenher aus Holland auf Aermacchi vor Gottfried Aehlig (Radebeul) und Dieter Lange (Affalter), beide auf NSU-Max. Auch auf den weiteren Plätzen folgten mit drei Simsons weitere Viertakter unter Eberhard Hellwig (Lommatsch), Frank Hausmann (Oschersleben) und Werner Daubitz (Großenhain). Bei jenen Rennen, in denen MZ-Werksfahrer oder vom Werk unterstützte Piloten an den Start gingen, hatten die Viertakter natürlich keine Chancen.

Zweitakter bei den 250ern immer stärker

Die Zweitakter von MZ (von den Zweizylinder-Werksmaschinen abgesehen), zumeist sehr gekonnt getunte Einzylindermotoren, verdrängten bis Mitte der 60er-Jahre fast vollständig die NSU- und Simson-Viertakter. Damit standen in dieser Kategorie jene MZ-Privatfahrer im Mittelpunkt wie Eckhard Finke, Hartmut Bischoff, Jürgen Megel, Gerhard Nischke, Eberhard Hellwig, Rainer Kliemann, oder auch die schnellen Rieser Eckehard Aurich, Hartmut Gläss und ganz besonders an vorderer Stelle Wolfgang Gast.

Die einst so schnellen Zweizylinder-Zweitakt-Adler wurden immer seltener gesehen und nach 1963 auf den DDR-Strecken überhaupt nicht mehr.

Ähnliches passierte natürlich auch auf den deutschen Rennstrecken jenseits des „Eisernen Vorhangs". Doch hier gab es die Möglichkeit, auch an bislang noch schnellere Viertakter aus Italien heranzukommen. Mit den Rennmaschinen von MV Agusta, Morini, Benelli und Bianchi war man schon noch bei der Musik. Zwar beherrschten recht schnell die japanischen Zweitakter von Suzuki (stark abgekupfert von MZ, aber mit besserem Material) das Geschehen, doch bei den 250ern setzten sie sich noch nicht gleich durch. Viertaktfreund Heiner Butz zum Beispiel stieg von der nicht mehr konkurrenzfähigen NSU-Max auf eine Zweizylinder Bianchi um, wechselte dabei gleich in den doppelten Hubraum – mit Erfolg – und blieb den Viertaktern treu.

Mein guter Freund Lothar John, den wir Fans immer noch auf seiner 500er Boxer-BMW in Erinnerung haben, stieg auch um: Im Gegensatz zu Butz halbierte er den Hubraum und startete Mitte der 60er-Jahre mit ei-

Lothar John (Schriesheim/Bergstraße) auf der BMW RS54, mit der er in den 50er- und 60er-Jahren Rennen fuhr. Bis 2012, mit 79 Lenzen, zeigte er auch in Zschorlau, wie man mit diesem Boxer umgeht. (Berger)

Klaus Pellert, der schon in den 50er-Jahren mit dem Rennsport begann, hier auf einer MZ am Sachsenring 1973. (motorrenn-sportarchiv.de)

Schnelle DDR-Privatfahrer 1963 in Bautzen: Nr. 148 Helmut Assmann, Nr. 161 Friedhelm Kohlar, Nr. 149 Jochen Leitert. (motorrennsportarchiv.de)

ner 250er Suzuki erfolgreich in die Zweitaktwelt. Dieser blieb Lothar lange Jahre treu. Bis zum Ende seiner Rennfahrer-Karriere umkurvte er die internationalen Rennpisten mit 125er und 250er Suzukis und MZ's. Stets freuten wir uns – die große Rennsportgemeinde –wenn Lothar John alljährlich beim großen Event der Rennhistorie im erzgebirgischen Zschorlau auf dem Dreieck als fast 80-Jähriger (!) seine Runden drehte – mal wieder auf einer 500er BMW RS 54 mit Boxermotor oder auf einer italienischen Aermacchi oder sogar auf der toll laufenden Acht-Gang-MZ 125 von Wolfgang Weigel.

Bei den 125ern ergab sich ein völlig anderes Bild. Hier spielten schon seit Jahren die MZ-Maschinen die erste Rolle. Außer bei Läufen um die Weltmeisterschaft war es völlig egal, ob Werks- oder Privatfahrer am Gasgriff zogen, sie gewannen mit ihren MZ-Drehschieber-Maschinen. Dabei errangen zahlreiche DDR-Privat-Rennfahrer in kurzer Zeit klingende Namen. Stellvertretend auch für einige andere seien hier genannt: Dietmar Zimpel, Heinz Rosner (erst später Werksfahrer), Hartmut Bischoff, Wolfgang Moses, Dieter Krumpholz (auch erst später Werksfahrer), Jochen Leitert, Helmut Assmann, Bernd Döhnert, Günter Lippold. In der zweiten Hälfte der 60er-Jahre glänzten neben den bereits Genannten besonders Thomas Heuschkel, Friedhelm Kohlar, Jürgen Lenk, Eberhard Mahler, Roland Rentzsch, Wolfgang Rösch, Peter Weiß, Günther Bartusch (ab 1969 Werksfahrer) und Klaus Enderlein.

Neben den MZ-Werksfahrern durften auch einige der besten Privatfahrer an einigen WM-Läufen teilnehmen. Leider fand diese hervorragende Möglichkeit, sich als Privatfahrer bei den bedeutenden Rennen in Europa zu präsentieren, ein abruptes Ende durch den unseligen Mauerbau inklusive Grenzzaun zwischen DDR

und BRD nach dem 13. August 1961. Doch allmählich wurde diese Regelung etwas gelockert, so dass die Werksfahrer wieder überall starten und auch die Privatpiloten auf MZ in einigen europäischen Ländern an WM-Läufen teilnehmen durften. Für sie hieß das: Startmöglichkeiten bei WM-Läufen auf dem Sachsenring und auf dem Hockenheimring, in Finnland, Österreich, der CSSR und Jugoslawien sowie 1971 auch in Belgien und Schweden. Dort, wo sie starten durften,

Gerhard Thümmel hinter Derek Woodmann und vor Jürgen Lenk am Sachsenring 1965. (motorrennsportarchiv.de)

Jürgen Lenk gehörte zu den schnellsten Privatfahrern der 60er-Jahre in der 125er-Klasse. (motorrennsportarchiv.de)

Eberhard Mahler schiebt 1970 seine MZ zum Startplatz des 125er-WM-Laufes. (motorrennsportarchiv.de)

Alfons Hoffmann (Nr. 34), hier etwas verdeckt hinter Rinaudi (Italien) und Sheene (GB), am Start zum WM-Lauf am Sachsenring 1971. (motorrennsportarchiv.de)

holten sie das Letzte aus sich selbst und ihren Maschinen heraus. Wenn die Motoren keinen Defekt erlitten, waren zumeist WM-Punkte der Lohn für die harte Arbeit von Fahrern und Mechanikern. Sind 1964 und 1965 zumeist Klaus Enderlein, Dieter Krumpholz, Heinz Rosner, Jochen Leitert, Roland Rentzsch und Friedhelm Kohlar die erfolgreichen Punktejäger gewesen, so gesellten sich bis 1972 – trotz aller politischen und materiellen Schwierigkeiten – Hartmut Bischoff, Thomas Heuschkel, Jürgen Lenk, Günther Bartusch, Eberhard Mahler, Bernd Köhler, Ingo Köppe und Wolfgang Rösch hinzu. Die meisten Punkte erkämpften sich die DDR-Privatfahrer naturgemäß auf ihrer Heimstrecke, dem Sachsenring.

Ab 1973 für DDR-Rennfahrer nur noch Starts im Ostblock

Mit Saisonbeginn 1973 stand es fest: Schluss für die DDR-Privatfahrer mit den Starts im – so wie es damals hieß – nichtsozialistischen Wirtschaftsgebiet. Das galt für Auto- und Motorradrennfahrer gleichermaßen.

Selbst MZ-Werksfahrer wie Jürgen Lenk, Bernd Köhler oder Bernd Thüngetal, später auch Frank Wendler und Rainer Richter, brauchten Sondergenehmigungen selbst für den Start im Freundesland CSSR! So war MZ-Rennleiter Walter Kaaden immer wieder gezwungen, ausländische Rennfahrer zu verpflichten, die überall in der Welt starten durften. Solche Asse wie früher Mike Hailwood, Gary Hocking, Allan Sheperd, Luigi Taveri, John Hempleman, die reihenweise Siege und vordere Plätze für Zschopau einfuhren, gab es nicht mehr. Nach Heinz Rosners Rücktritt vom aktiven Rennsport 1969, dem tödlichen Unfall Günter Bartuschs 1971 und nach den strengen Einschränkungen von Auslandsstarts für die Werkfahrer nach 1972 angelte sich Kaaden „preiswerte" ausländische Fahrer, um auf möglichst vielen WM-Rennstrecken mit MZ präsent zu sein. Virtanen (Finnland), Rainup (Estland), Pfirter (Schweiz), aber auch die Ungarn Drapal und Reisz sowie zwei Kubaner versuchten mit ihren fahrerischen Mitteln für das Zschopauer Werk Punkte zu ergattern.

Einer der treuesten ausländischen MZ-Fahrer war der Ungar Laszlo Szabo. Ich erinnere mich an ihn sehr gut, weil er auch auf nahezu allen Schleifen, Spinnen, Dreiecken und Ringen der ehemaligen DDR am Start war. Er gehörte zu denjenigen Motorrad-Profis, die überall in der Welt im Vorderfeld das Ziel erreichten, auch wenn kein WM-Sieg dabei herauskam. Satte 101 WM-Punkte sammelte der stets lustige und talentierte Laszlo Szabo für MZ von 1961 bis 1972. Dabei stand er acht Mal auf dem Siegertreppchen. (drei mal Zweiter und fünf mal Dritter) bei Weltmeisterschaftsläufen.

Laszlo Szabo (Ungarn) in der Queckenbergkurve des Sachsenrings 1963 hinter Taveri (Honda), der mit dem rechten Fuß seinen Boxenhalt anzeigt.

Auch Einschränkungen für westdeutsche Rennfahrer

Sehr guter Motorsport wurde von den Privatfahrern auch auf den anderen Rennstrecken der ehemaligen DDR geboten. Dazu gehörten zum Glück noch die Autobahnspinne Dresden-Hellerau, das Frohburger Dreieck, der Bautzener Autobahnring und die Lieblingsstrecke der meisten Rennfahrer, das Schleizer Dreieck.

Den westdeutschen Rennfahrern, die sehr gern auf den ostdeutschen Rennstrecken fuhren, bedeutete der Mauerbau auch Einschränkungen für einen Start bei Rennen in der DDR.

Andere Privatfahrer aus den übrigen europäischen Ländern durften ohne Probleme in Ostdeutschland starten. So waren die Motorrad-Startfelder in den Klassen bis 125 ccm und 250 ccm dennoch international besetzt. Die nach wie vor vielen Zuschauer lernten Namen wie Paolo Campanelli (Italien), Han Leenherr (Holland), Bob Coulter (Irland), Ivar Sauter und Herbert Denzler (beide Schweiz) kennen, um nur einige zu nennen, aber auch spätere Weltklassepiloten wie Ginger Molloy (Neuseeland), Kent Andersson, Börje Jansson (beide Schweden) oder Seppo Kangasniemi (Finnland).

des historischen Motorsports in den Fahrerlagern immer wieder sehen, uns glücklich die Hände schütteln. Das „Hallo, wie geht's" macht die Runde, bei mir dauert sie meistens eine ganze Stunde. Aber auch zahlreiche junge Teilnehmer am historischen Motorsport – Motorrad- und Autofahrer gleichermaßen – sind genauso begeistert und mit Eifer dabei. Diese ganze Szene habe ich nach der Wende ab Mitte der 90er-Jahre kennen- und liebengelernt. Deshalb wird dieses Thema im Buch – der Chronologie folgend – an späterer Stelle den ihm gebührenden Platz bekommen.

MZ-Privatfahrer Wolfgang Gast (Nr. 114) und Bernd Döhnert im Positionskampf auf der Dresdener Autobahnspinne 1964. (motorrennsportarchiv.de)

Ekkehard Aurich (Nr. 267) springt als Erster auf seine MZ beim 250er-Rennen auf der Spinne in Dresden-Hellerau 1964. (motorrennsportarchiv.de)

Ivar Sauter (Schweiz) auf der Aermacchi 1969 in Schleiz. Sogar heute noch fährt der jetzt 77-Jährige mit dieser Maschine im ADMV Classic Cup. (motorrennsportarchiv.de)

Zahlreiche ehemalige Rennfahrer aus Ost und West heute wieder aktiv

Wer Motorrad- oder Autorennen gefahren hat, scheint jung zu bleiben. Denn, wer heute, wie ich, viele Veranstaltungen – also Gleichmäßigkeitsfahrten, Präsentationen, Oldtimer-Rallyes oder richtige Rennen mit historischen Rennfahrzeugen moderiert oder kommentiert, bemerkt das recht schnell. Deshalb ist es auch eine große Freude für mich, wenn wir alten, in Ehren ergrauten Motorsportler uns bei vielen Veranstaltungen

Eine junge Dame sorgt für Aufsehen und wird Publikumsliebling

In den Programmheften der Straßenrennen lasen wir es mit Erstaunen: Hinter der Startnummer 112 in der 125er-Ausweisklasse verbarg sich der Name Helga Steudel. Da war ich natürlich als junger und neuer Streckensprecher besonders gespannt, wie sich das mutige Mädel aus dem Vogtland inmitten einer Männerdomäne durchsetzt. Als ich sie zum ersten Mal im Fahrerlager sah, dachte ich: „Mann, ist die hübsch! Wenn sie annähernd so gut fährt wie sie aussieht, dann ist in der Motorradrennszene aber richtig was los." Und genauso kam es: Sie demonstrierte gleich in den ersten Jahren ihrer Karriere, was sie drauf hatte. Respektlos drehte Helga den Gasgriff auf, bremste später, zog vehementer als manche ihrer Konkurrenten durch die Kurven, eroberte recht schnell die Plätze auf den Podien und zeigte dem starken Geschlecht wo der Hammer hängt. Ihren größten Sieg feierte die schnelle Rennamazone 1965 auf dem Sachsenring. An jenem Rennsamstag durften erstmals während der WM-Läufe auch die Ausweisfahrer der Klasse bis 125 ccm vor 100 000 Zuschauern ihr Können demonstrieren. Aber weil es sich auch im Fahrerlager schon herumgesprochen hatte, dass die attraktive und außerdem schon sehr erfolgreiche Helga Steudel an den Start geht, wollten sich die absoluten Größen des Motorradsports, wie Mike Hailwood, Jim Redman, oder Phil Read dieses Rennen nicht entgehen lassen.

Schon im Training bewies Helga ihr großes Können, drehte mit der 125er MZ, die diesmal von Andreas Reißig technisch betreut wurde, die schnellste Trainingsrunde und sicherte sich damit den besten Startplatz. „Diese Zeit von 3:56,3 Minuten für eine Runde hätte sogar für einen Platz im hinteren Mittelfeld beim 125er-WM-Lauf gereicht", erzählt die gestandene Rennfahrerin auch heute noch voller Stolz gern den jüngeren Fans, die damals noch gar nicht gelebt haben. Immerhin verwies sie im Training Thomas Heuschkel,

Siegesgewiss: Helga Steudel 1966 am Schleizer Dreieck. (motor-rennsportarchiv.de)

der in den folgenden Jahren ganz groß als Privatfahrer auftrumpfte, mit über sechs Sekunden auf den zweiten Platz in der ersten Reihe.

Für das Rennen bekam Helga Steudel außerdem einige wertvolle Tipps von Altmeister Walter Brehme. Als ich nach dem Training mit ihm zusammentraf, verriet mir der ehemalige erfolgreiche MZ-Werksfahrer: „Klar, Mensch, die Helga ist ein Supertalent, der habe ich vor allem geraten, in den schnellen Kurven, wie der MTS, ganz sauber auf der Ideallinie zu bleiben, um viel Schwung auf die lange Gerade zur Nötzoldkurve mitzunehmen. Dort machst du die Meter!"

Doch es sollte für die Aktiven am Start und während des gesamten Rennens ganz schlimm kommen: Nicht nur, dass es regnete und die Fahrbahn an manchen Stellen zur Rutschbahn wurde, es kam auch noch Nebel hinzu.

Zu allem Unglück sprang der Motor von Helgas Maschine nicht an, obwohl sie mit größter Anstrengung die MZ viele Meter nach der Startlinie anschob. Als der Motor dann endlich lief und sie dem davongeeilten Feld hinterjagen musste, war auch noch ihre „Avus-Winter-Rennsportbrille" (die gab's nur im Westen für harte Währung) beschlagen. Mit diesem Handicap machte sich die schnelle Dame an die Verfolgung. In ihrem Buch schreibt sie über jenes Rennen von einem „Renn-Krimi". Bis zur letzten der fünf zu fahrenden Runden hatte sie nacheinander die meisten ihrer Konkurrenten überholt, ging im vierten Umlauf auch an Günter Blodig und Bernd Malsch vorbei, um sich nun noch auf den allerletzten Metern den Spitzenreiter, Klaus Langfritz, zu kaufen. Obwohl durch den starken Nebel nur recht wenig vom Geschehen zu sehen war, jubelten die Zuschauer, als Helga mit knappstem Vorsprung von sieben Zehntelsekunden vor Langfritz gewann. Erst nach der Zieldurchfahrt erfuhr sie von ihrem Sieg und freut sich heute, 48 Jahre später, immer noch darüber, wobei sie uns verrät: „Ich habe ja kaum was gesehen, merkte nur, dass ich einen nach dem anderen überholen konnte. Toll, dass es zum Sieg gereicht hat."

Als einer der ersten Gratulanten umarmte sie Mike Hailwood! Nicht nur ich, sondern viele andere Rennsportbegeisterte bekamen dabei feuchte Augen.

Weil sie gemäß des damaligen FIM-Reglements keine Lizenz bekommen konnte, sie aber auch nicht länger in der Ausweisklasse bleiben wollte, stieg sie einige Jahre später, nun als verheiratete Helga Heinrich, auf vier Rädern um. Bei den Rennen der 70er-Jahre sahen wir sie erst

Helga Heinrich-Steudel lenkt immer noch gern verschiedene Rennwagen. (Archiv Heinrich)

im Melkus RS 1000, dann im Spider und zuletzt bis in die 80er-Jahre hinein im Rennwagen der Formel Easter. Obwohl nun schon über 70 Lenze zählend, geht Helga Heinrich bei zahlreichen Veranstaltungen des historischen Motorsports weiter an den Start. Manchmal sogar mit der 125er MZ, (die ihr stets der Weixdorfer Egon Trepte leiht, selbstverständlich mit ihrer Startnummer 112), aber am liebsten mit einem Monoposto, egal ob sie im MT 77, Estonia oder Renault Gas gibt.

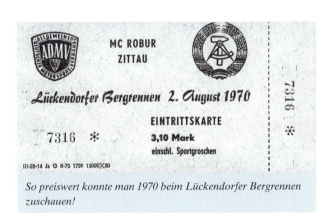

So preiswert konnte man 1970 beim Lückendorfer Bergrennen zuschauen!

So sahen Rundenzähltabellen aus, die meine Frau in Assistenz für mich exakt führte.

Auf diese Autogramme war ich als 17-Jähriger mächtig stolz.

-- 30 --

GROSSER PREIS DER DEUTSCHEN DEMOKRATISCHEN REPUBLIK

Weltmeisterschaftslauf für Motorräder auf dem Sachsenring
1968

Klasse 4 / 125 ccm   Sonntag, den 14.7.1968

12 Runden = 103,368 km

Am Start: 177, 178, 143, 151, 140, 148, 175, 180, 142, 170, 161, 160, 152, 174, 162, 168, 164, 158, 169, 153, 179, 145, 166, 150, 176, 141, 173, 165, 159, 146, 156, 154

Am Ziel: 177, 178, 170, 148, 160, 180, 162, 151 1 Rd. z., 158, 169, 153, 168, 166, 165 150, 173, 141, 179, 3 Rd. z., 156, 146

Schnellste Runde: 178, Ivy, England, 3:12,2 = 161,344 km/h neuer Rundenrekord

Stnr.	Name	Land	Fabr.	Zeit	km/h
177	Read	England	Yamaha	39:35,6	156,645
178	Ivy	England	Yamaha	40:50,1	151,881
170	3. Bartusch	DDR	MZ	42:31,6	145,840
148	Szabo	Ungarn	MZ	42:37,8	145,486
160	5. Bischoff	DDR	MZ	42:38,5	145,446
180	6. Heuschkel	DDR	MZ	42:38,8	145,429
162	7. Mahler	DDR	MZ	42:50,8	144,751
151	8. Lenk	DDR	MZ	43:09,2	143,722
158	9. Köppe	DDR	MZ	1 Runde zurück	
169	Huberts	Niederl.	MZ	"	"
153	11. Weiß	DDR	MZ	"	"
168	12. Lange	DDR	MZ	"	"
166	Dick	DDR	MZ	"	"
165	Wrensch	DDR	MZ	"	"
150	Reisz	Ungarn	MZ	"	"
173	Friedrich	DDR	MZ	"	"
141	Franke	DDR	MZ	"	"
179	Sigora	Ungarn	MZ	"	"
159	Pellert	DDR	MZ	"	"
156	Rösch	DDR	MZ	3	"
146	Wagner	DDR	MZ	"	"

-- 31 --

Die offizielle Ergebnisliste der 125er-Klasse zeigt, dass 1968 nach den beiden Werks-Yamahas nur noch MZ-Privatfahrer das Ziel erreichten.

Für die große Zahl der an Autorennen interessierten Motorsportfans blieb nach 1956 nicht mehr viel übrig. Wie schon an früherer Stelle im Buch beschrieben, gab es ab 1955 keine Formel II mehr, nach 1956 auch keine Sportwagenrennen in Ostdeutschland. In Eisenach musste die Rennsportabteilung auf „Befehl von oben" dicht machen. Das war besonders enttäuschend, weil die 1.500er-Silberpfeile aus Eisenach zu den schnellsten 1,5-Liter-Sportwagen der Welt gehörten. Somit blieb uns Rennsportverrückten nur noch die Formel III, Kleinstrennwagen bis 500 ccm.

Auch wenn ich mich hier wiederhole, muss es noch einmal betont werden: Natürlich boten die kleinen Boliden guten und spannenden Motorsport, doch die damaligen DDR-Fahrer hatten mit ihren Eigenbauten kaum Chancen, den aus Westdeutschland oder West- und Nordeuropa angereisten Piloten mit den schnellen Cooper-Rennwagen Paroli zu bieten. Die einzige Ausnahme bildete Willy Lehmann mit dem von Kurt Ahrens erworbenen Scampolo-BMW. Allerdings sprang für ihn zum Beispiel 1958 auf dem Sachsenring nur ein sechster Platz hinter fünf (!) Cooper-Rennwagen heraus. Bei allem Können in fahrerischer und konstruktiv-technischer Hinsicht, das Männer wie Heinz Melkus, Siegfried Seifert, Gerhard Zschoche, Horst Mansfeld oder Günter Lenssen aufboten, reichte es nicht für vordere Plätze bei den stets international besetzten Formel-III-Rennen.

Das änderte sich erst mit der Einführung der neuen 1.100-ccm-Formel Junior 1959. Sofort wurden in Dresden bei Melkus, Siegfried Seifert und Joachim Hadamus sowie bei Willy Lehmann in Bitterfeld solche Rennwagen gebaut, vorwiegend in moderner Mittelmotor-Bauweise. Als Antriebsaggregate wurden die bereits im Straßenverkehr bewährten, recht zuverläs-

Siegfried Seifert im 1.100er-Sportwagen der 50er-Jahre. (Archiv Seifert)

Vom Kleinstrennwagen erfolgreich in die Formel-Junior gewechselt: Siegfried Seifert aus Dresden. (Archiv Seifert)

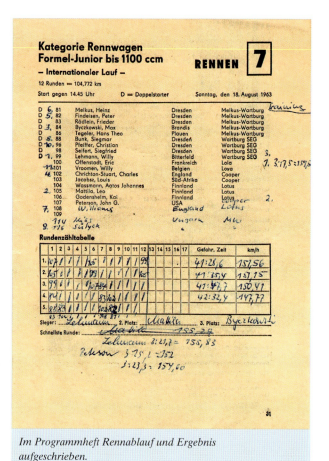

Im Programmheft Rennablauf und Ergebnis aufgeschrieben.

sigen, damals noch 900er, Dreizylinder-Wartburgmotoren verwendet, natürlich entsprechend für den Renneinsatz getunt und nach Möglichkeit in die Nähe des zulässigen Hubraums aufgebohrt. Somit hielten in der Formel Junior erstmals Zweitakter ihren Einzug. Dazu gehörten auch die von DKW-Dreizylinder-Zweitaktmotoren angetriebenen Sauter Formel Junior und der Mitter-DKW mit 1.000 ccm Hubraum.

Bevor man im Osten Deutschlands in diese neue Formel einstieg, hatten bereits italienische Konstrukteure Formel-Junior-Wagen gefertigt. Die Ersten und Bekanntesten baute Vittorio Stanguellini. Diese Monoposti kamen noch in konventioneller Bauweise auf die Rennstrecken, also den Motor vorn und Antrieb zur Hinterachse über Kardanwelle. Obwohl diese schnellen italienischen Flitzer von Vierzylinder-Viertaktmotoren angetrieben wurden, außerdem noch durch 100 ccm mehr Hubraum als die DDR-Zweitakter mit stärkerer Leistung aufwarteten, konnten vor allem Heinz Melkus und Willy Lehmann mit ihren Eigenbauten hervorragend mithalten. Dabei schufen die Wartburgmotoren mit ihrem hellen Sington eine ganz neue Renn-Atmosphäre.

Monoposti nur noch in Mittelmotor-Bauweise

Als dann aber auch Lotus und Brabham in die neue Formel einstiegen, sahen wir jetzt ganz andere Sieger. Mit der Erfahrung aus zahlreichen Formel-1-Konstruktionen hatten besonders Brabham und Lotus erkannt, dass die Zukunft auch in den kleineren Klassen dem Mittelmotor gehört. Für mich als Streckensprecher hieß es nun, diese Materie zu studieren, zu begreifen und die ganze neue Technik allgemeinverständlich den Zuschauern zu vermitteln. Es machte mir unheimlich Spaß, wenn ich bemerkte, dass die Fans neben der Strecke dieses „Aha, interessant" durch Kopfnicken oder Mienenspiel zum Ausdruck brachten. Das ist, nebenbei bemerkt, auch heute noch so, wenn ich über die nicht jedermann bekannten Dinge des historischen Motorsports erzähle. Bereits in den 30er-Jahren des vorigen Jahrhunderts nutzte die Auto Union an ihren Grand-Prix-Boliden den Vorteil der Mittelmotor-Bauweise, also Motor hinter dem Fahrer, aber vor dem Getriebe, welches mit der Hinterachse durch die Antriebswellen verbunden war.

1961 auf dem Sachsenring bestätigte sich – nach dem großartigen Sieg von Brian Whithouse (GB) im Lotus vor Kurt Ahrens sen. (D), der inzwischen vom Stangu-

ellini auf Lotus gewechselt hatte – wie durch Spannung, Tempo und tollen Sound diese Kategorie die Herzen der Zuschauer erobert hatte.

Als beste DDR-Fahrer auf Melkus-Wartburg empfahlen sich in jenem Rennen Siegmar Bunk als Sechster und Frieder Rädlein als Siebenter für weitere internationale Einsätze. Immerhin konnten beide die europaweit bekannten Piloten Axel Johansson (Schweden), Ralph Laforest (Frankreich), Edy Moesch (Schweiz) und Gianfranco Padoan (Italien) hinter sich lassen.

Das vorhergehende Rennen um die DDR-Meisterschaft am gleichen Tag gewann vor 10 000 Zuschauern Willy Lehmann vor Heinz Melkus und Siegmar Bunk. Letzterer lieferte dem Chef des Hauses Melkus einen beinharten Kampf und unterlag ihm nur um 0,8 Sekunden! Für mich, der damals erst zum zweiten Mal ans Mikrofon durfte, war das bester Reportagestoff an der Strecke. Wenn ich in jetziger Zeit in Fahrerlagern oder beim zweimal im Jahr stattfindenden Dresdener Boxenstopp mit Siegmar Bunk, Frieder Rädlein, Kurt Ahrens, Peter Findeisen oder Siegfried Seifert über diese und andere Rennen plaudere, bemerke ich immer noch ihre Freude über die damaligen Rennen.

Melkus- und SEG-Wartburg immer schneller

1962 und 1963 trafen sich die Formel-Junior-Renner erneut auf den verschiedensten Rennstrecken Europas. Inzwischen konnten die DDR-Spitzenpiloten durch ständige Verbesserungen an ihren Fahrzeugen immer stärker in das internationale Geschehen eingreifen. Zwar siegte auf dem Sachsenring 1962 der Südafrikaner Dave Riley (auch auf dem Schleizer Dreieck im gleichen Jahr), aber dahinter mit nur sieben Sekunden Rückstand schoss der Bitterfelder Willy Lehmann mit seinem SEG (Sozialistische Entwicklungs Gemeinschaft)-Wartburg vor dem starken Finnen Leo Mattila durch das Ziel. Das ebenfalls sehr stark fahrende Melkus-Wartburg-Trio mit Max Byczkowski, Frieder Rädlein und Heinz Melkus machte die Plätze vier, fünf und sechs unter sich aus.

1963, wiederum auf dem Sachsenring, war es dann soweit: Willy Lehmann gewann den internationalen Formel-Junior-Lauf als krönenden Abschluss des so ereignisreichen Rennsonntags! Sieben Sekunden dahinter schaffte Leo Mattila den zweiten Platz, zwölf Sekunden vor Max Byczkowski aus Brandis. Hochinteressant: Erst mit knapp einer Minute Rückstand auf den Brandiser kam der ursprüngliche Favorit, Charles Chrichton Stuart (GB), mit seinem Cooper über die Linie. Die schnellste Runde mit neuem Rekord für die Formel Junior drehte Sieger Willy Lehmann mit einem Durchschnitt von knapp 156 km/h.

Im Rennen um den Pokal der sozialistischen Länder, das bereits am Samstag lief und von mir am Start und Ziel kommentiert wurde, siegte Frieder Rädlein vor Max Byczkowski und Hans-Theo Tegeler. Alle

Max Byczkowski (Brandis, Melkus-Wartburg) – hier noch im F-Junior – gewann 1964 das internationale Formel-III-Rennen am Sachsenring vor Crichton-Stewart.

Charles Chrichton-Stewart (GB, Cooper) gehörte zu Europas Spitzenfahrern der Formeln Junior und III.

Noch einmal zum Vergleich die alte Formel III: Kurt Ahrens jun. im Drift zur Einfahrt Richtung Hubertuskehre auf der Halle-Saale-Schleife 1959. (Archiv Ahrens)

Willy Lehmann gewann mit seinem SEG-Wartburg das Formel-Junior-Rennen 1963 auf dem Sachsenring.

auf Melkus-Wartburg. Mit dieser Leistung setzte das Sieger-Trio ein Achtungszeichen gegenüber der Konkurrenz aus Polen, der CSSR und Ungarn. Peter Findeisen, Siegfried Seifert und Christian Pfeiffer vervollständigten mit ihren Plätzen sechs, sieben und neun das gute Mannschaftsergebnis.

Cooper und skurrile Eigenbauten dominierten in der alten 500er-FIII. Kurt Ahrens jun. (Nr. 96), der das Rennen gewann, am Start zum Leipziger Stadtparkrennen 1958. (Archiv Ahrens).

Interessant dürfte auch einmal ein optischer Vergleich sein zwischen den nunmehr recht formschönen Formel-Junior-Rennwagen und den früheren Formel-III-Rennern von 1958. Die Bilder auf diesen Seiten verdeutlichen das.

Auferstehung der Formel III

Ab 1964 wurde die recht populäre Formel Junior in Formel III umgewandelt, allerdings mit einer Hubraumreduzierung um 100 auf nur noch 1.000 ccm. Für die ostdeutsche Zweitaktfront gar nicht so schlecht, denn nun konnte man den inzwischen auch serienmäßig auf einen Liter Hubraum vergrößerten Wartburg-Dreizylinder-Motor weiter verwenden und hatte keinen Hubraum-Nachteil mehr. Mit drei Vergasern bestückt und entsprechender Auspuffoptimierung leisteten jetzt die besten Melkus- und SEG-Rennmotoren nahezu 90 PS. Die Rennfahrer dieser Boliden, Willy Lehmann, Heinz Melkus, Frieder Rädlein, Max Byczkowski, Siegfried Seifert, später auch Wolfgang Krug, Manfred Berger und Ulli Melkus, konnten mit den nunmehr wesentlich moderneren und stark verbesserten Rennwagen des sogenannten westlichen Auslands zwei bis drei Jahre noch ganz ordentlich mithalten. Aber spätestens ab 1969 gab es keine Chancen mehr gegen diese Viertakter mit einer inzwischen auf 115 bis 120 PS gesteigerten Leistung sowie bedeutend besseren Fahrwerken und Bremsen. Diese neue Formel III hatte inzwischen höchstes technisches und fahrerisches Niveau erreicht und war bei Weitem keine Einstiegsformel mehr. Die besten Piloten kämpften vor allem in der englischen F3-Meisterschaft um die Gunst der Formel-1-Teamchefs und fanden sich tatsächlich ein oder zwei Jahre später in der Königsklasse wieder. Beste Beispiele dafür waren Jochen Rindt, Emerson Fittipaldi, Ronny Peterson, Patrick Depailler, Tim Schenken, Reine Wisell oder Niki Lauda.

Aber auch Piloten wie Kurt Ahrens junior schafften sich in der Formel III die Grundlagen für Rennen der Formel II und wesentlich schwierigere Einsätze bei Langstreckenrennen wie Le Mans, Sebring oder Daytona. Am Lenkrad des legendären Porsche 917 erzielte er im Wechsel mit Jo Siffert und Vic Elford viele Siege und Podestplätze in Europa und Übersee.

Wie ich diese neue Formel-III-Zeit bis 1972 am Reportermikrofon erlebt habe, folgt in einem späteren Kapitel.

Kurt Ahrens auf Siegesfahrt im Formel-III-Rennen am Sachsenring. (Archiv Ahrens)

21

Mein Versuch, selbst Rennen zu fahren (Teil 1)

Eine gute Gelegenheit, selbst auszuprobieren, ob man das Zeug zum Rennfahrer hat, waren die in den 60er-Jahren ausgeschriebenen Rennen für Serienmaschinen. Nun hatte ich eine Simson Sport, die sich vom Fahrwerk her ganz gut für rasante Kurvenfahrt eignete. Nur der serienmäßige Motor mit 15,5 PS konnte den 250er MZ-ES Maschinen mit den leistungsstärkeren Zweitaktmotoren kaum das Wasser reichen. Die meisten Teilnehmer dieser Rennen starteten auf solchen MZ ES. Besonders favorisiert waren die Zschopauer Versuchsfahrer, allen voran Heinz Weber. Überhaupt beherrschten die Erzgebirger mit Klaus Ramelow, Rudi Postrach, Norbert Kaaden, Alfons Hoffmann oder Brigitte Walther auch noch hervorragend ihre Vollschwingen-Maschinen. Aber auch andere Talente wie Hartmut Thaßler (Leipzig) oder Lothar Geisendorf (Potsdam) standen den Südsachsen in nichts nach.

Also was tun? Zunächst lernen, wie man den Simson-Viertaktmotor zerlegt und mit den wichtigsten Teilen der Leistungssteigerung versehen wieder zusammenbaut. Ich schrieb einen Brief an die Sportabteilung von Simson Suhl und bekam ein kleines Paket mit einer Rechnung über weniger als 20 Mark! Inhalt: Eine Nockenwelle (sie kostete allein lächerliche 10,85 M) mit höherem Ventilhub und veränderten Steuerzeiten, zwei leichtere Stößel, stärkere Ventilfedern und entsprechende schriftliche Hinweise für Einbau, Zünd- und Vergasereinstellung. Das Begleitschreiben enthielt die Unterschriften von Ing. Strauch und vom kaufmännischen Direktor Werner Saft.

Nach ersten Probefahrten war ich mehr als zufrieden, die Maschine beschleunigte viel schneller und brachte auch wesentlich mehr Höchstgeschwindigkeit mit der normalen Serienübersetzung von Getriebe und Kardan. Nun mussten noch die beiden gut gepolsterten Einzelsitze einer „rennmäßigeren" Sitzbank und der breite, hohe „Hirschgeweih"-Lenker einem schmaleren, tieferen weichen. Im September 1962 fieberte ich dem ersten Start auf der kleinen Halle-Saale-Schleife entgegen. Doch meine Freude auf das Rennen trübte ein gewisser Horst Görlitz bei der Maschinenabnahme. In schroffem Ton auf meinen Lenker zeigend sagte er: „Der ist nicht serienmäßig und wird nicht zuge-

lassen. Mach einen anderen Lenker drauf und komm noch mal her!" Das ähnliche Schicksal erlitten die Zschopauer Starter. „Nee, den Zirkus machen wir nicht mit, wir laden auf und fahren heim", verkündete Heinz Weber. Dann kam er zu meiner AWO und raunte mir zu: „Mach den Serienlenker wieder drauf und hol Dir den Stempel von der Maschinenabnahme." Erstaunt fragte ich: „Und mit dem Geweih soll ich wohl aufgerichtet das Rennen fahren, ich kann mich doch damit gar nicht lang machen auf den Geraden?" Darauf der gute Heinz: „Quatsch, Du kommst, wenn Du den Stempel hast, zu uns, und wir montieren wieder den kurzen Lenker an die AWO. Begriffen?" Das hatte dann gut geklappt, dank der Mithilfe der sympathischen, hilfsbereiten Zschopauer Truppe. So ging ich optimistisch in den ersten Trainingslauf und war Schnellster, also bester Startplatz in der ersten Reihe. Voller Freude überprüfte mein Mechaniker noch einmal die Zündung und schraubte den vorderen Gehäusedeckel wieder fest. Beim Start zum Rennen mussten die Motoren per Kickstarter angeworfen werden. Das Kommando kam und mein Motor sprang nicht an. Ich konnte den Kickstarter hundertmal durchtreten, es regte sich nichts. Auch nicht beim Anschieben im zweiten Gang. Ich stellte die Maschine an den Boxen ab. Mein Helfer hatte irgendein Kabel eingeklemmt, sodass kein Funke an der Zündkerze übersprang. Als wir den Fehler in fieberhafter Arbeit gefunden hatten, donnerten die Maschinen schon zum zweiten Mal vorüber. Damit war ein weiterer Start sinnlos geworden. Kurios: Mein Freund Rainer Jaksch (Spitzname Hugo) war mit einer weiteren Sport-AWO an den Start gegangen und aus der zweiten Reihe, direkt hinter Hartmut Thaßler, losgefahren. Als „Hugo" im Training merkte, dass die Übersetzung seiner Maschine zu kurz war, er dadurch zu wenig Höchstgeschwindigkeit erzielte, wechselte er im Fahrerlager kurzerhand das Original 18-Zoll-Hinterrad gegen ein 19-Zöller von einer Touren-AWO aus. Wir, die nun zwangsläufig an den Boxen dem Rennen zuschauen mussten, kamen aus dem Staunen nicht mehr heraus. Hugos AWO rannte wie verrückt! An der Spitze jagten sich Geisendorf und Thaßler, dahinter Bernd Hallbauer, in dessen Windschatten unser Hugo förmlich klebte. Bernd Leonhardt, der neben mir stand, auch zu den bereits Ausgefallenen ge-hörend, rief mir begeistert zu: „Schau Dir das an, der Hugo kann hier guter Dritter werden!" Doch in der letzten Phase des Rennens klaffte plötzlich eine grö-ßere Lücke zur Spitzengruppe. Rainer Jaksch kam jetzt immer leicht schlingernd aus der Samba-Kurve her-aus. Nachdem er als Vierter das Rennen beendet hat-te, klärte er uns auf: „Gegen Rennende gab es hinten einen Schlag. Da ist im linken hinteren Federbein die Kolbenstange des Stoßdämpfers gebrochen, ich bin nur noch durch die Kurven geeiert." Dennoch war das eine Meisterleistung in seinem allerersten Rennen!

Start beim Bergrennen Klingenthal – schnellste AWO

Zwei Wochen später fand das Bergrennen Klin-genthal-Zwota im Vogtland statt. Meine AWO lief wieder zufriedenstellend. Mit viel Optimismus startete ich auf der mir unbekannten Strecke. Bei Bergrennen fährt jeder einzeln in zwei Läufen gegen die Uhr. Wer die kürzeste Zeit in der Addition der beiden Läufe er-zielt hat, kann sich als Sieger feiern lassen. Nach dem Training kam die Enttäuschung: Allein sechs MZ-ES-

Fahrer, fast alle Versuchspiloten des MZ-Werks, wür-den Sieg und vordere Platzierungen unter sich ausma-chen. Das zeigten schon die Trainingsergebnisse. Es herrschte bei den beiden Wertungsläufen nasskaltes und leicht nebliges Oktoberwetter. Ich donnerte den Berg hinauf, eine Kurve nach der anderen auf der Ide-allinie gemeistert. In einer weiteren schnellen, langen Links kam ich durch die Nässe auf der Fahrbahn zu weit nach rechts, wurde bis auf den Sandstreifen hin-aus getragen, blieb aber sicher im „Sattel". Doch am Ende der Kurve türmte sich ein etwa zwei Meter lan-ger und ungefähr 50 Zentimeter hoher Streusandhau-fen vor mir auf. Meine Gedanken: Lenker ganz fest halten, Vorderrad leicht entlasten und nichts wie drü-ber, dabei hart auf dem Gas bleiben. „Gott sei Dank, das ging noch mal gut", schoss es mir durch den Kopf. Die Zeit bis hierher war sicher recht gut, nun hieß es, bis zum Ziel keinen Fehler mehr machen.

Im zweiten Durchgang kam ich noch besser mit der Strecke zurecht und glaubte, es könnte diesmal zu ei-nem vorderen Platz reichen. Leider platzierten sich die Erzgebirger alle Sechs vor mir! Ich weiß heu-te nicht mehr die genaue Reihenfolge, denke aber,

Lutz Weidlich mit seiner Sport-AWO am Start zum Bergrennen Zwota 1962.

Rudi Postrach hatte vor Heinz Weber, Norbert Kaaden, Klaus Ramelow, Bernd Kuhnert und Dieter Dietz (Spitzname: „der Tod im Sattel") gewonnen. Mir blieb als Trost, auf Platz sieben, schnellster AWO-Fahrer gewesen zu sein. Manfred Siegel aus Schwarzenberg folgte als Achter mit der nächsten AWO.

1963 wieder auf der Rundstrecke

Der erste Start der Serienmaschinen fand 1963 im Rahmen des internationalen Rennens auf der Halle-Saale-Schleife statt. Neue Namen, neue Gesichter: Gleich drei schnelle Männer aus dem Berlin-Potsdamer-Raum und eine neue, schnelle Dame aus Zschopau. Diese Brigitte Walther trumpfte im Training schon groß auf und fuhr mit 3:14,4 Minuten gleich mal soeben die zweitschnellste Zeit! Nur sechs Zehntel schneller schaffte Armin Hank aus Staaken, ebenfalls auf MZ-ES die Pole Position. Aber hinter den beiden folgten fünf AWO-Maschinen. Herbert Eckholz (Lichtenberg, 3:18,8), Heinz Flader (Köpenick, 3:20,7) und ich (3:20,8) besetzten die Startplätze drei bis fünf. Nach dem für mich erfolgreich verlaufenen Training wechselte ich – für mich heute völlig unverständlich – den Vergaser aus. Ich dachte, der etwas größere Durchlass bringt noch mehr Leistung. Das war Unsinn, denn bereits beim Grün der Start-ampel sprang der Motor nicht an. Hatten wir das nicht ein halbes Jahr zuvor auch schon hier in Halle? Nach gewaltiger Schiebearbeit zündete die Kerze und ich schwang mich auf die Karre um dem enteilten Feld hinterher zu jagen. Schon nach der Hubertuskehre stand Heinz Flader neben seiner AWO, die mit Motorschaden ausgefallen war. Er gab mir Zeichen, ordentlich Dampf zu machen, um wieder an die anderen heranzukommen. Mit meinem überlegenen Höchsttempo schnupfte ich schon auf der mehr als zwei Kilometer langen Gegengeraden in Richtung Südkehre zwei Konkurrenten auf. Auch in Runde zwei überholte ich drei Fahrer und war schon Sechster. Auch in der dritten Runde lief mein Motor fantastisch, erreichte erneut ein hohes Spitzentempo bei 8 000 Touren, schon mit nahezu weiß glühendem Auspuffkrümmer, wie man mir nach dem Rennen verriet. Doch der Vergaser war wohl zu mager eingestellt, denn in den verbleibenden drei Runden – sechs mussten absolviert werden – ging mir jedesmal kurz vor der Südkehre, also nach über zwei Kilometern langer Vollgasfahrt, der Motor fest. So musste ich durch die Südkehre mit gezogener Kupplung rollen und erst am Kurvenausgang den Motor wieder „kommen lassen". Das funktionierte zwar noch bis zum Schluss, verdarb mir aber die weitere Aufholjagd, sodass ich nur als Vierter die Ziellinie überquerte. Gewonnen hatte Hank (MZ) vor Eckholz (AWO) und Brigitte Walther (MZ).

So schnell meine Simson lief, so oft ging sie aber auch kaputt. Das setzte sich auch beim vorletzten Rundstreckenrennen 1963 auf dem Frohburger Dreieck fort. Ein Mammutfeld von 33 Maschinen stellte sich am Vorstart zum Training auf. An der Maschinenabnahme bekam ich wegen meines Lenkers wieder einige Ermahnungen, diesmal von Vorstarter Hans Richter, genannt Bläkrichter (weil er schwerhörig, dafür aber umso stimmgewaltiger seine Anweisungen brüllte, oder wie der Sachse sagt, bläkte). Das große Feld der Serienmaschinen bis 250 ccm donnerte vom Vorstart nun auf die Rennstrecke hinaus. Ich hatte an meinem Lenker natürlich nichts verändert und glaubte, mich an Bläkrichter vorbeimogeln zu können, da er mir den Rücken zuwande. Doch kaum war ich fast an ihm vorbei, krachte ein harter Schlag vom Stiel seiner Warnflagge in meinen Rücken mit dem Ruf: „Du denkst wohl, ich sehe das nicht? Nach dem Training reden wir noch mal!" Fast wäre ich gestrauchelt, gab aber sofort Vollgas und war weg. Nach der ersten Trainingsrunde fing es an zu regnen und ich landete auf Platz elf. Damit war ich zunächst zufrieden. Leider brach bei meiner AWO im zweiten Training das Antriebsritzel am Kardanhals ab, so dass ich keine Kraftübertragung mehr hatte. Feierabend und einpacken! Damit hatte ich auch von Bläkrichter nichts mehr zu befürchten.

Nachdem wir, das waren meine Rennkumpels Bernd Leonhardt und „Hugo" Reinhard Jaksch, alles wieder repariert hatten, starteten wir Anfang Oktober noch zum letzten Lauf auf der Kleinen Halle-Saale-Schleife. Ich hatte wieder den leicht veränderten Original-AWO-Vergaser montiert – der Rennvergaser war ja für die Serienmaschinen verboten – und freute mich über die guten Werte bei den Probefahrten, ging also mit viel Zuversicht auf einen vorderen Rang ins Training. Die Zschopauer waren auch wieder dabei, so dass die Siegerpodestplätze theoretisch schon vergeben waren. Ich wusste, dass Klaus Ramelow (Gelenau) zu den Allerschnellsten gehörte, weil er zur leistungsstarken MZ ES auch noch ein hervorragendes Fahrkönnen mitbrachte. So versuchte ich im Training das Hinterrad des Gelenauers zu erwischen. Einmal, um zu sehen, was er an kritischen Stellen der Strecke besser macht als ich, und zum anderen, weil ich den Windschatten auf der Geraden ausnutzen wollte, um zu wissen, wie schnell meine AWO tatsächlich sein kann. Als ich auf der langen Gegengeraden mit Tempoüberschuss aus Ramelows Windschatten heraus vorbeiziehen wollte und schon neben ihm war, knallte und schepperte es im Motor. Wieder vorzeitig Feierabend! Diesmal riss das Auslassventil ab und bohrte ein ordentliches Loch in den Kolben. Klaus wunderte

sich, fragte mich später im Fahrerlager, was denn los war: „Du kamst sauschnell aus meinem Windschatten. Die AWO ging ja teuflisch gut. Aber das war wohl für das Material zu viel des Guten."

Damit hatte er den Nagel auf den Kopf getroffen und ich anschließend die richtige Entscheidung: Schluss mit der Rennerei auf der AWO.

Nach zwei schweren Stürzen bei Probefahrten auf einer stark getunten 250er MZ ES gab ich 1964 das Motorradrennenfahren endgültig auf. Ich konzentrierte mich fortan voll auf meine Stärke als Streckensprecher.

Das Loch im Kolben meines AWO-Motors 1963 auf der Halle-Saale-Schleife. (Gunkel)

22 *Die Superrennen um WM-Punkte in Deutschland West und Ost*

Wie schon beschrieben, fand der erste in der DDR veranstaltete WM-Lauf im Motorrad-Straßenrennsport 1961 auf dem Sachsenring statt. Im Gegensatz dazu liefen im damaligen Westdeutschland seit Jahren die Rennen um Weltmeisterschaftspunkte abwechselnd auf den Grand-Prix-Strecken Hockenheimring, Schottenring, Nürburgring und Solitude bei Stuttgart ab. Unter diesen Rennstrecken war der alte Hockenheimring die einzige reine Vollgaspiste.

Dort stellte 1957 der „fliegende Schotte" Bob McIntyre mit einer Vierzylinder-Werks-Gilera einen neuen absoluten Rundenrekord mit einer Durchschnittsgeschwindigkeit von über 208 km/h auf.

In jenem Jahr krönte sich ein letztes Mal für eine Vierzylinder-Gilera der Italiener Libero Liberati mit dem Weltmeistertitel. Ein Jahr zuvor hatte John Surtees auf MV Agusta, ebenfalls mit Vierzylindermotor, die Erfolgskette der Gileras durchbrochen und wurde erstmals Weltmeister der Halbliterklasse. Vorher gewann bereits sein britischer Konkurrent Geoffrey Duke dreimal das Championat als Gilera-Werksfahrer. Aber nicht nur in der Königsklasse beherrschten die italienischen Rennmaschinen in den 50er-Jahren das WM-Geschehen, auch in der Klasse bis 350 ccm waren besonders die Moto-Guzzi-Piloten Fergus Anderson und Bill Lomas erfolgreich. In den Jahren von 1953 bis 56 bescherten sie dem italienischen Werk allein vier WM-Titel in der Konstrukteursweltmeisterschaft. Anderson wurde zweimal, 1953 und 1954, Weltmeister und Bill Lomas schaffte das 1955 und 1956. Seinen ersten Titel, damit den fünften für Moto Guzzi in dieser Klasse, erkämpfte sich 1957 der Australier Keith Campbell.

Das absolute Aha-Erlebnis auf der Solitude 1960

Gut, dass ich nach Stuttgart gefahren bin, um mir den WM-Lauf der Motorräder auf der Solitude-Rennstrecke 1960 anzuschauen. Nach dem Mauerbau 1961 gab es dafür keine Möglichkeit mehr. An den für die „Westreise" notwendigen Interzonenpass zu kommen, war damals recht einfach. Ich beantragte eine Besuchsfahrt mit der Eisenbahn zu meiner Oma nach Frankfurt am Main. Von dort aus ging's mit einem geliehenen Fahrrad zur Solitude. Übernachtet wurde an der Rennstrecke im Freien. Decken und einen warmen Trainingsanzug hatte ich zusammen mit Verpflegung neben und über dem Hinterrad in entsprechenden Gepäcktaschen mitgenommen. Den Renntag werde ich nie vergessen, sah und hörte ich doch zum ersten Mal die neuen Vierzylinder Hondas und die ebenfalls von Vierzylindermotoren angetriebenen MV Agustas.

Da ich nur eine Stehplatzkarte für den Trainingssamstag und den Rennsonntag hatte (das Westgeld dafür hatte mir die gute Oma in die Tasche gesteckt), konnte ich an verschiedene für Zuschauer zugängliche Streckenabschnitte laufen. Glemseck, Hedersbachkurve und Mahdental waren begehrte Zuschauerplätze. Wer diese Atmoshpäre dort einmal erlebt hat, wird

Der fünfmalige Weltmeister Geoff Duke (GB) mit der Vierzylinder-Gilera in der Halbliterklasse beim WM-Lauf auf der Solitude 1956. (Wagner)

Der Weltmeister der Viertelliterklasse von 1952, Enrico Lorenzetti (I), mit der Einzylinder-Moto-Guzzi auf der Solitude 1956. (Wagner)

immer wieder davon schwärmen. Jedesmal, wenn die Vierzylinder-Hondas um das Glemseck heulten, hatte ich eine Gänsehaut. Zwar konnten sie das Tempo der Zweizylinder MV Agustas unter dem neunfachen Weltmeister Carlo Ubbiali und dem späteren Sieger, Gary Hocking, noch nicht ganz mitgehen, aber der Sound dieser Hondas war für uns alle neu und irrsinnig toll. Das, was die Honda-Werksfahrer Jim Redman, Tom Phillis, Taisuke Tanaka und Kunimitsu Takahashi boten, gehörte zur absoluten Weltklasse. Traurig: Der auch in der DDR oftmals gestartete Weltklassefahrer Bob Brown (Australien) war mit einer weiteren Werks-Honda im Training tödlich verunglückt.

In der Halbliterklasse ging der Italiener Remo Venturi im Training aufs Ganze: Er traute sich tatsächlich, mit der 500er MV Agusta dem großen – bis dahin bereits fünffachen Weltmeister – John Surtees im Training die Show zu stehlen. Mit hoher Fahrkunst brannte Venturi eine Fabelzeit in den Asphalt und stellte seine MV auf den besten Startplatz. Surtees war nur Zweiter. Aller guten Dinge sind drei, und so startete Emilio Mendogni mit der dritten MV neben Surtees ebenfalls aus der ersten Startreihe.

Als ich 2011 beim Jahrestreffen des MV-Agusta-Clubs Deutschland in St. Goar am Rhein mit Remo Venturi über jene Pole Position von damals sprach, leuchteten seine Augen. Aber er verriet mir auch, dass er sich an die Stallorder zu halten hatte und im Rennen nur Zweiter werden durfte. Dennoch wurde er im gleichen Jahr hinter John Surtees Vizeweltmeister, wie schon 1959.

Der in St. Goar ebenfalls anwesende Gianfranco Bonera bestätigte mir, dass es ihm im MV-Rennstall in den 70er-Jahren ebenso ergangen ist: „Agostini und 1974 Phil Read waren die unumstrittenen Nummern Eins im Rennstall, daran hatte ich mich zu halten, sollte sie vor den übrigen Gegnern abschirmen." Immerhin sprang für Bonera 1974 hinter Read der Vizetitel in der Halbliterklasse heraus. Heutzutage darf er die einzige jemals bei MV gebaute Sechszylindermaschine bei Demo- oder Präsentationsläufen fahren. Die in Fachkreisen Genannte „die Sei", sollte 1971 als scharfe Waffe gegen die inzwischen superschnellen 350er-Zweitakter von Yamaha eingesetzt werden. Doch das neue Reglement erlaubte nur noch höchstens Vierzylindermotoren. Ich habe Bonera mit dieser Maschine auf künstlich abgesteckten Rundkursen in Oberhundem (Sauerland), Neuburg an der Donau und in St. Goar erlebt. Obwohl er die mögliche Höchstdrehzahl

und damit die Leistung auf solchen Demostrecken keinesfalls richtig abrufen konnte, reichte das, was er an Schräglage in den Kurven und Motorensound bot, um absolutes Gänsehaut-Feeling bei den Zuschauern und natürlich auch bei mir zu verursachen.

Auch der Bürgermeister dieses idyllischen Touristenmagneten St. Goar zeigte ganz offen seine Begeisterung für Motorsport: Er lud die Italiener von MV Agusta und sogar mich ins Rathaus ein, damit wir uns im Goldenen Buch von St. Goar verewigen sollten.

Der zweifache Ex-Vizeweltmeister Remo Venturi 2011 im Gespräch mit mir über seine große Zeit bei MV Agusta.

Imposanter Blick von hinten auf die einzige existierende Sechszylinder MV Agusta mit 350 ccm Hubraum.

So sieht die berühmte MV Agusta „Sei" seitlich von vorn aus.

Ab 1961 endlich auch WM-Läufe auf dem Sachsenring

Über mein Sprecherdebut am Sachsenring schrieb ich ja schon. Doch die seit 1961 weiter enorm gestiegene emotionale Stimmung der unentwegt jährlich an den Traditionskurs pilgernden 250 000 Zuschauer hatte mich ebenso erfasst. Man kann mit Fug und Recht behaupten, dass es von Jahr zu Jahr immer noch eine Steigerung in der Qualität bei Fahrern und ihrem Maschinenmaterial gab. Die an der Weltmeisterschaft teilnehmenden Werke, Teams und Privatfahrer folgten dem Reiz dieser schwierigen, mit schnellen und langsamen Kurven sowie Geraden gespickten Berg- und Talbahn am Fuß des Erzgebirges.

Nun kreischten, heulten, sangen und brummten neben MZ ständig auch die besten ausländischen Rennmaschinen der Welt um den Sachsenring. Und wie meisterhaft die MV Agusta, Honda, Jawa, Suzuki, Kreidler, später auch die Yamaha, Benelli, Bultaco, Kawasaki, König, Linto, Ossa, Derbi oder Seeley und URS (habe ich welche vergessen?) von absoluten Weltklassepiloten bewegt wurden!

Ja, seit jenem Auftaktjahr 1961 pochten die Herzen auf den Zuschauerrängen lauter, schlug der Puls schneller, stieg die Begeisterung in noch nicht gekannte Höhen. Wer das nicht selbst erlebt hat, wird es kaum nachvollziehen können. Aber für mich, als einer der ebenso Rennverrückten wie die Scharen auf den Tribünen und Stehplätzen, war das der Höhepunkt des Jahres. Ich bin heute noch glücklich, dass ich das alles live erlebt habe. Die Erwartungshaltung stieg auch: „Hoffentlich kommen die alle wieder, auch mit den neuen Motoren, wenn es doch schon so weit wäre", so in etwa schwirrten die Gedanken im Kopf herum. Man freute sich schon wieder auf den Ohrenschmaus. Ich höre sie heute noch: Das gewohnte Kreischen der MZ-Zweitakter, später auch der anderen im Zweitakt laufenden Fabrikate, das Bollern der englischen Ein-Zylinder-„Dampfhämmer", der sonore Wohlklang der tschechischen Jawa-Twins und der italienischen Bianchi-Zweizylinder. Das aber war gar nichts gegen den Sound der hochdrehenden japanischen Vierzylinder-Viertakter von Honda, die 1966 und 67 dann sogar mit Sechszylindermaschinen antraten. Ihr Klang faszinierte alle schon von Weitem: Wenn sie den Badberg hinauf beschleunigten, von der Lutherhöhe herab in die MTS-Kurve hineinrasten, dann flach hinter der Verkleidung liegend entlang der Autobahn die Gerade zur Nötzoldkurve jagten und von dort Dauervollgas gaben über die lange sich leicht schlängelnde Abfahrt bis zum Bremspunkt vor der Queckenbergkurve. Nach drei-, vier- oder fünfmaligem Zurückschalten ging's schließlich durch die Bergauf-Linkskurve in Richtung Zielgerade. Mit leuchtenden Augen verfolgten die Zuschauer dieses fantastische Geschehen. Mike Hailwood, Jim Redman, Luigi Taveri, Kunimitsu Takahashi, Tommy Robb, Moto Kitano und Ralph Bryans boten damit Motorsport vom Allerfeinsten.

Doch das war noch lange nicht alles: 1962 wechselte Mike Hailwood von Honda zu MV Agusta. Mit seiner bravourösen Fahrweise und eleganten Haltung auf den schnellen italienischen Vierzylinder-Maschinen der 350er- und der 500er-Klasse avancierte er schnell zum Publikumsliebling am Sachsenring. Dazu trug noch ein anderer, wesentlicher Faktor bei: Hailwood bekam das Angebot von Walter Kaaden, eine Viertelliter-MZ zu steuern. Der Engländer nahm diese Herausforderung sofort mit Freude an. Übrigens ohne finanzielle Forderungen!

*I*n den ersten Jahren meiner Streckensprechertätigkeit durfte ich am Sachsenring noch nicht vom Start- und Zielturm aus kommentieren. Das machte nach wie vor Martin Walther in bekannter guter Qualität. Aber an den beiden Trainingstagen kam ich am Start und Ziel zum Einsatz. Das war für mich die beste Gelegenheit, den Zuschauern viel Hintergrundwissen über die gesamte WM-Szene zu vermitteln. Das verfolgten etwas argwöhnisch auch meine Sprecherkollegen Joachim Eisold, Eddie Fast und Horst Kaczmarek, wie mir Martin Walther hinter vorgehaltener Hand lächelnd mitteilte und hinzufügte: „Die merken jetzt, dass man sich besser, so wie Du, im Fahrerlager informiert, die Technik anguckt und mit den Fahrern redet, anstatt im Bierzelt zu sitzen". Das war mir äußerst peinlich, denn ich, als Neuling im Team, wollte ja mit allen gut klarkommen.

Dennoch war die Freude auf meiner Seite, als Mike Hailwood mit der Viertelliter-Zweizylinder-MZ auf Anhieb die schnellste Trainingszeit fuhr und sich damit Startplatz Eins sicherte. Als ich das den Zuschauern bekannt gab, klatschten sie Beifall, freuten sich, dass eine MZ auf Pole Position stand. Danach sah ich im Fahrerlager, wie Jim Redman die MZ beäugte, auf der Hailwood noch saß und den Daumen nach oben streckte. Walter Kaaden schlug ihm mit einem anerkennenden „Well done" auf die Schulter. Darauf Redman ganz cool: „Just you wait, tomorrow is racing!"

Ob Sie es glauben oder nicht: Ich hatte Jim Redman schon in vielen Rennen fahren sehen, immer großartig mit ästhetisch feinem Fahrstil. Aber was er im Sonntagsrennen bei den 250ern zeigte, war der beste Redman bisher! Runde um Runde jagten sich Redman mit der Honda und Hailwood auf der MZ. Im Drei-Meter-Abstand, ständig die Positionen wechselnd preschten die beiden über den Ring. Die MZ lief wie ein Uhrwerk, präzise vom amtierenden Weltmeister gesteuert. Aber Redmans Vierzylinder-Honda beschleunigte einen Deut besser.

Dafür hatte Hailwood Vorteile in der Spitzengeschwindigkeit. Als beide in der letzten der 14 zu fahrenden Runden die Queckenbergkurve anbremsten, lagen sie fast nebeneinander. Hailwood hatte noch versucht, Redman aus dem Windschatten heraus zu überholen, aber der Honda-Pilot bremste ebenfall einen Tick später als üblich, und infolge der etwas besser beschleunigenden Honda siegte er mit dem hauchdünnen Vorsprung von zwei Zehntelsekunden! Was für ein Rennen, die Zuschauer waren aus dem Häuschen!

Werner Musiol, als weiterer MZ-Werksfahrer, rollte als Dritter ins Ziel, während Alan Shepherd, ebenfalls auf MZ, in führender Position nach der vierten Runde ausgefallen war.

Mit diesem Erfolg schlug Redman an jenem Tag den guten Mike schon zum zweiten Mal, nachdem der Honda-Pilot schon die Klasse bis 350 ccm vor seinem britischen Widersacher und dessen MV Agusta gewonnen hatte.

Leider gab es 1962 nicht nur freudige Erlebnisse: Nachdem Honda-Werksfahrer Bob Brown schon 1960 im Training zum Solituderennen tödlich verunglückt war, hatte es 1962 Bob McIntyre, ebenfalls Honda-Werksfahrer, bei einem unbedeutenden Rennen im Oulton Park (GB) erwischt. Wir hatten uns so sehr auf ihn gefreut, war er doch einer der weltbesten Motorradrennfahrer seiner Zeit. Dennoch wurde er postum durch die vielen Punkte, die er vor seinem tödlichen Unfall gesammelt hatte, Vizeweltmeister der Viertelliterklasse. Alles was ich über den „fliegenden Schotten" wusste, habe ich während des 250er-Trainings den Zuschauern erzählt.

Alan Shepherds MZ fiel 1962 in der vierten Runde mit Defekt aus.

1963 erstmals die berühmten Vierzylinder-Gileras am Sachsenring

Der frühere fünffache Motorradweltmeister Geoff Duke brachte 1963 als Teamchef der neu gegründeten „Scuderia Gilera" zwei der Vierzylinder-Gileras für die Halbliterklasse zum Sachsenring. Auf diesen Maschinen starteten die Briten John Hartle und Derek Minter, beides Vollblutrennfahrer mit viel Erfahrung ‚auf besonders schwierigen Strecken, wie Tourist Trophy, Spa-Francorchamps, Schottenring, Solitude oder Assen. Bereits beim Training schilderte ich den Zuschauern über die Lautsprecher, wer auf diesen Gileras in den 50er-Jahren welche Erfolge erzielt hatte. Nicht nur Mike Hailwoods MV Agusta stand jetzt im Mittelpunkt, nein nunmehr auch die beiden Gileras. Hinter Hailwood belegten sie im Training die Plätze zwei und drei. Im Rennen selbst konnten sie allerdings den fahrerisch derzeit wohl besten Rennfahrer auf der MV nie gefährden. John Hartle fiel gleich in der ersten Runde durch Sturz aus. Dafür fuhr Derek Minter ein beherztes Rennen und brachte die wundervoll tönende Gilera als Zweiter ins Ziel, allerdings mit dem respektablen Rückstand auf Mike Hailwood von 55 Sekunden. Für uns Streckensprecher und die Zuschauer waren die beiden verschiedenen Vierzylindermaschinen Augen- und Ohrenschmaus!

John Hartle mit der zweiten Gilera fiel leider durch Sturz aus. Hier beim Beschleunigen aus der Queckenbergkurve.

MZ gegen den Rest der Welt (Teil 2)

Mit der großartigen Fahrweise der beiden britischen Piloten Hailwood und Shepherd konnte Walter Kaaden 1962 mehr als zufrieden sein, wurde doch endgültig bewiesen, dass auch die 250er MZ gegen die weltweit immer härter werdende Konkurrenz siegfähig war. Kein Wunder, dass 1963 auf dem Sachsenring erneut beide Engländer je eine 250er Werks-MZ pilotierten. Gelobt werden muss auch der sympathische Werner Musiol, da der Potsdamer stets ein äußerst

zuverlässiger Werksfahrer von MZ gewesen ist. Sein Feingefühl für Motor und Fahrwerk brachte der Rennabteilung in Hohndorf viele wichtige Erkenntnisse zur Verbesserung der Maschinen. Damit legte er auch einen der Grundsteine für die Erfolge Heinz Rosners. Einige Jahre später, als Musiol schon den Rennsport an den berühmten Nagel gehängt hatte, freute ich mich immer wieder, wenn ich ihn auf irgendeiner Rennstrecke traf und mit ihm „Benzingespräche" führte. Ich sah ihn zuletzt in Bernau auf seiner in Eigeninitiative gebauten Dreizylinder-Zweitaktmaschine, die aber nie so richtig in die Gänge kam. Wenn ich mich recht erinnere, wollte er (1970 ?) mit dieser Maschine starten. Aber das comeback ging in die Hose, der Motor lief nicht rund.

Werner Musiol war einer der zuverlässigsten MZ-Werksfahrer.

Musiol zu Fuß. Ganz selten fiel er durch Defekt aus.

Bereits beim Training zeichnete sich 1963 auf dem Sachsenring in der Klasse bis 250 ccm ein neues Kräfteverhältnis zugunsten von MZ gegen die in den letzten beiden Jahren noch überlegenen Hondas ab. Natürlich habe ich den Zuschauern erklärt, dass solche Weltklassepiloten wie Mike Hailwood und Alan Shepherd nur gewinnen können, wenn sie auch eine entsprechend leistungsfähige und zuverlässige Maschine haben. Und mit der neuen MZ, Jahrgang 1963, bekamen sie eine solche. Das Rennen wurde eine klare Angelegenheit für das Zschopauer Werksteam. In der ersten Rennhälfte führte Shepherd vor Hailwood das Feld an, dahinter in dritter Position, aber ohne jegliche Chance auf den Sieg, drehten Redman und Taveri auf den Hondas ihre Runden. Gegen Mitte des Rennens zog Mike Hailwood an Shepherd vorbei, baute seinen Vorsprung auf 15 Sekunden aus und siegte in überlegener Manier. Alan Sheperd sicherte dem MZ-Werk mit einem feinen zweiten Platz den überragenden Doppelsieg! Damit stand der Engländer, nach seinem ebenfalls tollen zweiten Platz in der 125er-Klasse, zum zweiten Mal an diesem Tag auf dem Podest. Erst weit abgeschlagen, eine Minute und fünf Sekunden hinter dem Sieger, erreichte Jim Redman mit der Vierzylinder-Honda als Dritter das Ziel. Der talentierte Ungar Laszlo Szabo vervollständigte den großen Erfolg von MZ mit einem vierten Rang, den er auf den allerletzten Metern gegen den amtierenden 125er-Weltmeister Luigi Taveri und dessen Honda mit knappem Vorsprung von vier Zehntelsekunden verteidigte. Werner Musiol kam mit der vierten Werks-MZ zwar nur als Achter ins Ziel, aber immerhin noch vor Honda-Werksfahrer Kunimitsu Takahashi.

Auch Gottfried Aehlig aus Radebeul überquerte mit seiner privaten NSU-Max noch vor dem Japaner die Ziellinie. Der Vollständigkeit halber muss auch die tapfere Fahrweise der beiden weiteren DDR-Privatfahrer Rainer Kliemann und Werner Daubitz genannt werden, die mit ihren Simson-Einzylinder-Viertaktern als Zwölfter und 14. das Rennen beendeten.

Der Held der beiden Sachsenring-Renntage 1963 aber hieß eindeutig Mike Hailwood. Er brachte das Kunststück fertig, bei drei Starts auch drei Siege einzuheimsen. Damit demonstrierte er seine überlegene Fahrkunst erneut.

Am Samstag hatte ich das Glück, gemeinsam mit Martin Walther am Start und Ziel das Rennen der 350er-Klasse und die beiden Autorennen der Formel Junior zu kommentieren.

Wie schon erwähnt, gewann Hailwood das 350er-Rennen auf der MV Agusta mit rund 43 Sekunden Vorsprung vor Luigi Taveri, der mit der 300er-Productionracer-Zweizylinder-Honda (!!!) in großartiger Manier Zweiter wurde und damit seinen Teamkollegen Jim Redman (350-ccm-Vierzylinder-Honda) auf den dritten Rang verwies.

Mit den beiden Siegen in der Viertelliter- und in der 350er-Klasse hatte Mike Hailwood 1963 den Spieß gegenüber dem Vorjahr umgedreht. 1962 gewann bekanntlich Redman diese beiden Klassen jeweils vor Hailwood.

Mit drei Siegen in drei verschiedenen Klassen auf MZ und MV Agusta krönte sich Mike Hailwood zum König des Sachsenrings 1963. Hier auf der Fahrt zu den Boxen mit der 350-ccm-Vierzylinder-MV Agusta.

Hailwoods Sturz mit der MZ, aber trotzdem Rundenrekord

Auch ein Jahr später wollte der englische MV-Agusta-Werksfahrer am Sachsenring wieder die 250er MZ zum Sieg führen. Bereits im Training zeigte er der Konkurrenz von Honda und Yamaha (neue Zweitaktgefahr aus Japan!!!), wie man mit der superschnellen MZ und eigener Fahrkunst den besten Startplatz erobert. Am Rennsonntag sorgte Hailwood für besonders lautstarke Ovationen der Zuschauer. Kaum hatte er vielbejubelt auf der MV Agusta das Rennen der Halbliterklasse mit nahezu drei Minuten Vorsprung zu Mike Duff (Kanada) und Paddy Driver (Südafrika, beide auf Matchless), gewonnen, musste er schnell in das offene Fahrzeug einsteigen, um die Ehrenrunde zu absolvieren. Gleichzeitig wurde bereits das Feld der 250er-Klasse am Vorstart nach Trainingszeiten sortiert. Hailwood wäre also sofort wieder dran gewesen und hätte seinen Fahrstil ohne richtige Pause der kleineren MZ anpassen müssen. Aber durch einen Umstand, den es so auf dem Sachsenring noch nie gab, bekam er jede Menge Zeit: Seine Ehrenrunde nach dem Sieg bei den 500ern dauerte über eine dreiviertel Stunde! Die Zuschauermassen waren derart von „ihrem" Mike begeistert, dass die Ordnungskräfte alle Hände voll zu tun hatten, um die Massen einigermaßen zurück zu halten. Dennoch, die Beliebtheit des Engländers kannte keine Grenzen. Wir, die Streckensprecher, hatten Pause. Uns hätte bei dem tosenden Beifall für Hailwood sowieso keiner zugehört. Der einzige, der mit seiner Stimme alles noch übertönte, war Bläkrichter, der für eine gewisse Ordnung in der Startaufstellung für den anschließenden Lauf der 250er-Maschinen sorgte.

Als nun das Ehrenrunden-Auto wieder am Sprecherturm ankam, Hailwood ausstieg und sich auf die bereitgestellte MZ – auf Startplatz eins – setzte, brandete neuer tosender Beifall von der großen Start- und Zieltribüne auf.

Dann kam der Start: Etwas unerwartet ging Phil Read sofort mit der neuen Yamaha in Führung. Die jedoch holte sich Hailwood mit der super laufenden MZ in der zweiten Runde zurück. Der Engländer fuhr wie entfesselt und drehte eine Rekordrunde nach der anderen. Die schnellste wurde mit 3:08,8 Minuten gestoppt. Doch plötzlich fehlte Hailwood: Zur großen Enttäuschung der Zuschauer war er ausgangs der Badbergkurve gestürzt. Helle Aufregung auch bei meinem Sprecherkollegen Eddie Fast: „Nein, das darf doch nicht wahr sein, Mike Hailwood ist mit der MZ hier bei uns gestürzt. Schade, schade, schade." Vielleicht hatte Hailwood das Gas zu zeitig und zu vehement aufgerissen, so dass das Hinterrad schlagartig wegrutschte. Man darf ja nicht vergessen, dass die hochfrisierten MZ-Zweitaktmotoren ihre Leistung alles andere als sanft entwickelten, sondern eher schlagartig, weil die Differenz (Drehzahlunterschied) zwischen maximalem Drehmoment und Höchstleistung äußerst gering war. Danach übernahmen Phil Read auf der erstmals am Sachsenring zu bestaunenden Zweitakt-Yamaha und Redman mit der Honda die Spitzenpositionen. Nach 18 langen Runden gewann Phil Read zum ersten Mal auf dem Sachsenring, allerdings mit dem Minimalvorsprung von zwei Zehntelsekunden. Leider

hielt sich die Begeisterung über diesen fantastischen Zweikampf zwischen Read und Redman in Grenzen. Zu groß war für die Zuschauer die Enttäuschung über den Sturz und Ausfall ihres Lieblings Mike Hailwood mit der MZ. Für uns Sprecher war das eine komplizierte Situation: Wir konnten ja nicht nur ständig das Bedauern über Hailwoods Sturz ausdrücken, um die Massen zu trösten. Schließlich zeigten doch Read und Redman ebensolche Weltklasse-Leistungen, die auch gebührend gewürdigt werden mussten.

Erwähnenswert ist noch etwas für mich besonders Interessantes: Erstmals sah ich 1964 im Fahrerlager eine brandneue Zweitakt-Suzuki mit Square-four-Motor! Als ich den Motor bei abmontierter Rennverkleidung betrachtete, staunte ich nicht schlecht: Alle vier Zylinder waren stehend wie ein Quadrat angeordnet, also ohne Neigung zueinander. So etwas hatte ich noch nie gesehen. Walter Brehme stand neben mir und erklärte: „Da staunst Du, was? Die vorderen zwei und die hinteren beiden Zylinder haben je eine Kurbelwelle. Sie sind miteinander durch Zahnräder verbunden. Das ist in der Motorentechnik nichts Neues, aber als Zweitakter schon erstaunlich." Auf meinen fragenden Blick hin, fügte er etwas skeptisch hinzu: „Wer weiß, ob das hier richtig funktioniert." So war es denn auch. Hugh Anderson, Bert Schneider und Frank Perris sollten sie lenken. Ich kann mich nicht mehr erinnern, ob diese drei Suzuki-Werksfahrer das Rennen aufgenommen haben oder wie es für sie verlief. Ich weiß nur, dass keine dieser Square-four-Renner am Ziel angekommen ist.

Das Werksteam von Yamaha, das mit den 125er- und 250er-Maschinen von 1966 bis 1968 die schnellsten Zweitakter der Welt an den Start brachte, wählte lieber die Bauweise des V-Motors für die 125er- und 250er-Maschinen. Gegen diese sowohl von der Leistung, als auch von Fahrwerk und Bremsen her sehr starken Werks-Yamahas war besonders 1968 kein Kraut mehr gewachsen.

Gelungene Überraschung: Die Vierzylinder-Yamaha 250 erstmals in Zschorlau

Es war eine freudige Überraschung für uns Motorsportler: Ferry Brouwer aus den Niederlanden brachte eine dieser Maschinen 2012 – immerhin für viele Fans ein Wiedersehen nach 44 Jahren – zum Zschorlauer Dreieckrennen mit. Heinz Rosner durfte sie einige Runden fahren. Das tat er trotz seiner damals schon 73 Lenze immer noch mit enorm viel Schneid

Mit viel Emotion kommentierte ich 1966 das Renngeschehen in der Jugendkurve des Sachsenrings.

Zu den Schnellsten der Achtelliterklasse gehörte schon seit 1963 der Neuseeländer Hugh Anderson auf der Werks-Suzuki. Mit dieser 125-ccm-Zweizylindermaschine gewann er 1963 und 1964 auf dem Sachsenring.

und Begeisterung! Sein Resümee: „Es ist unfassbar, wie die geht, Fahrwerk, Motor, Bremsen – ein Wahnsinn! Wenn ich damals so eine Rakete unter dem Hintern gehabt hätte, da wäre ich nicht nur WM-Dritter geworden, aber hallo!"

Für mich, der ich bereits zur 85-Jahr-Feier des Sachsenrings mit Ferry Brouwer vor einigen tausend Zuschauern über diese Yamahas plaudern konnte, war es ein Vergnügen, nochmals an die große Zeit der damaligen Werksfahrer Bill Ivy und Phil Read zu erinnern. Weil Read auch anwesend war, sprach er einige lobende Worte über die stets begeisterten sächsischen Rennfans in mein Mikrofon.

Wer Näheres über Funktionsweise, Bauart und Kraftübertragung des 250er-Yamaha-Motors wissen möchte, kann das nachlesen im Buch „Motorradrennen auf dem Sachsenring" meines Motorsportfreundes Jürgen Kießlich auf Scitc 107. Dort crläutert er sehr anschaulich alles zu diesem erfolgreichen Vierzylinder-Zweitakter.

Der allgewaltige Hans Richter („Bläkrichter" mit Spitznamen) war jahrelang Vorstarter und Trainingsleiter auf den verschiedenen Rennstrecken der DDR. Hier übersprang er die Strohballen, um einen Fahrer mit der schwarzen Flagge zu stoppen.

Am Vorstart des Sachsenrings: Mit der Nr. 1 Mike Hailwoods 500er MV Agusta. In Bildmitte: „Bläkrichter" (weiße Mütze) im Gespräch mit ADMV-Präsident Dr. Egbert von Frankenberg.

Immer mit ganz vorn: Der Kanadier Frank Perris auf Suzuki. Er gewann 1965 auf dem Sachsenring das Rennen der Klasse bis 125 ccm.

1966 bekam Hubert Schmidt-Gigo Fernsehverbot, so dass er die Sachsenring-WM-Läufe nicht mehr für die TV-Zuschauer kommentieren durfte. Martin Walther, bis dahin Chef des Sprecherkollektivs (so hieß das damals offiziell) wurde als neuer Fernseh-Motorsportkommentator auserwählt. Nun musste ja auch ein Nachfolger für den bisherigen Streckensprecher-Chef gefunden werden. Eigentlich wäre ich an der Reihe gewesen, weil auch im ADMV-Präsidium – und ganz besonders von den Rennleitern der einzelnen Strecken der DDR – bemerkt worden war, dass ich die größten Kompetenzen in Sachen Motorsport-Fachwissen besaß. Doch, um diese Leitungsaufgabe mit den zahlreichen Koordinierungen für die einzelnen Sprechereinsätze an den verschiedenen Rennstrecken wahrzunehmen, fehlte mir die Zeit, weil ich immer noch meinen Dienst bei der Nationalen Volksarmee (NVA) ableisten musste. Leider gab mir meine Dienststelle in Leipzig nur für zwei bis drei Sprechereinsätze im Jahr frei, weshalb ich mich eben nicht um die anderen wichtigen Dinge kümmern konnte. So übernahm der Leipziger Horst Kaczmarek zunächst die Leitung. Mit ihm begann für mich auf sportlichem Gebiet eine recht enge Zusammenarbeit. Für Großveranstaltungen, die gleichzeitig propagandistischen Charakter für das DDR-System beinhalteten, stellten mich die Regime-Oberen viel lieber frei, als für den Motorsport. Aber ich wollte ja insgesamt gern Sportreporter beim Rundfunk werden, und deshalb nahm ich jede günstige Gelegenheit, mich präsentieren zu können, wahr. So auch 1964 bei der Pionier- und Jugendspartakiade in Magdeburg, wo ich bei Wettkämpfen verschiedener Sportdisziplinen als Stadionsprecher fungierte.

1965 und 1982 auch bei Motorbootrennen gesprochen

Zwischendurch gab es auch einen Hilferuf vom Motorwassersport im ADMV. Es fehlte 1965 für den Europameisterschaftslauf der Rennboote auf der Elbe in Dresden der Regattasprecher. So sprang ich kurzerhand nach Freistellung von der Armee ein. Zum Glück hatte ich als vielseitig interessierter Sportsmann auch den Motorboot-Rennsport verfolgt. So stand ich einigermaßen im Stoff und lernte in Dresden viele interessante Motorbootrennfahrer kennen. Dort gab es auch ein freudiges Wiedersehen mit Ex-Motorradpilot Dietmar Zimpel, der inzwischen mit seinen schnellen selbst entwickelten und gebauten Motoren zur absoluten Spitze gehörte. Bis auf einige Kleinigkeiten, die mir nicht so geläufig waren, konnte ich die zahlreich am Elbufer versammelten Zuschauer recht ordentlich über Fahr- und Bootstechnik informieren. Dabei gab mir Dietmar Zimpel eine Menge Informationen über interessante Konstruktionen, wie Dreipunktboote, in denen der Pilot vor dem Cockpit kniete, und Proprider, in denen die Fahrer auf dem Bauch liegend lenkten und Gashebel betätigten. Außerdem musste ich mich mit den unterschiedlichen Motorvarianten befassen. Bei den kleineren Rennbooten, bis 175- und 250-ccm-Hubraum, wurden Einzylinder und Zweizylinder-Zweitakt-Drehschiebermotoren verwendet. Interessant auch, dass bei den Auspuffanlagen das Mittelstück zwischen Konus und Gegenkonus verschiebbar konstruiert war. So konnten die Fahrer das maximale Drehmoment durch manuelles Verkürzen oder Verlängern der Abgasanlage in die oberen und unteren Drehzahlbereiche verlagern. Dadurch stand bei geschickter Handhabung dieser Verschiebemöglichkeit immer die gewünschte Motorleistung zur Verfügung. Enorme Leistungen entwickelten bereits damals die 500-ccm-Motoren, ebenfalls Zweitakter, aber mit vier Zylindern in Boxer-Bauweise. Diese Motoren, vom Westberliner Dieter König gefertigt, trieben ab 1971 auch Rennmotorräder der Halbliterklasse an. Der Neuseeländer Jim Newcombe errang mit einer solchen König 1972 auf dem Sachsenring einen feinen dritten Platz.

Etwa 20 Jahre später fand auf der Talsperre Pöhl ein Motorbootrennen statt. Dafür engagierte mich Dietmar Zimpel als Regattasprecher. „Du hast das damals in Dresden ganz gut gemacht, kannst Du jetzt in Pöhl noch mal das Mikrofon übernehmen?", fragte mich der Zschorlauer Meister des Sports am Telefon. Ich sagte zu, wollte den sympathischen und immer netten Dietmar keinesfalls enttäuschen. So hatte ich ein zweites Mal ein Motorbootrennen kommentiert.

Meister des Sports Dietmar Zimpel in seinem Dreipunktboot in voller Fahrt zu einem weiteren Sieg. (Archiv Zimpel)

Anforderungen ans Sprecherteam: Sachverstand, Fingerspitzengefühl, Humor

Aber zurück zu den Motorrad- und Autorennen. 1967 beendete ich den Dienst bei der NVA und arbeitete fortan als Journalist für die Leipziger Messe. Jetzt hatte ich auch mehr Zeit für die Tätigkeit als Streckensprecher. Gleichzeitig übernahm ich die Leitung des Teams. Zu Jahresbeginn erfolgte immer die Einteilung der Sprecher für die kommenden Rennen, auch nach Spezialkenntnissen zu den einzelnen Motorsportdisziplinen.

Damals gehörten zu meinem Sprecherteam Joachim Eisold, Horst Kaczmarek und Eddie Fast für die Straßenrennen sowie Hajo Küchler für das Motocross. Ein Spezialist aus Güstrow (den Namen weiß ich nicht mehr) übernahm die Kommentierung für Speedway-, Sand- und Grasbahnrennen.

Somit kommentierte ich nunmehr auf allen Strecken, auf denen ich zum Einsatz kam, von Start und Ziel aus. Das bedeutete auch, dass ich ab 1967 am Sachsenring für die zwei Trainings- und den Renntag mein Domizil im Start- und Zielturm bezog. Hier musste ich im Gegensatz zu den anderen Rennpisten, wie Halle-Saale-Schleife, Frohburger Dreieck, Autobahnspinne Dresden-Hellerau, Bernauer Schleife, Bautzener Autobahnring und – nicht zuletzt auf meiner Lieblingsstrecke – dem Schleizer Dreieck, meine Worte wesentlich gründlicher abwägen. Das gab mir Martin Walther gleich mit auf den Weg: „Hier darfst Du nicht so locker vom Hocker lustige Begebenheiten loslassen. Bitte auch nicht im Spaß Funktionäre verarschen!"

Ich versuchte, mich an die Anweisungen zu halten, konnte mir aber hin und wieder manch kleine Spitze nicht verkneifen. Zum Beispiel, wenn irgendein Wichtigtuer von der SED-Kreisleitung Hohenstein-Ernstthal über die Fahrbahn rannte, obwohl das für Unbefugte streng verboten war. Da kam schon mal über die Lautsprecher von mir: „Etwas schneller als bei der Arbeit bitte die Strecke verlassen." Oder wenn einer dieser Pseudofunktionäre noch schnell über die Piste rannte: „Der rennt ja ganz schön, liebe Zuschauer. Jetzt haben Sie endlich mal einen Funktionär richtig laufen sehen!" Sofort ertönten größere Lachsalven von der vollbesetzten Tribüne herunter. In Halle, Frohburg, Schleiz oder Bautzen passierte das auch schon ab und zu, aber da lachten die Betroffenen gleich mit.

Der alte Start- und Zielturm. Direkt auf der Ecke über dem P-Logo befand sich mein Arbeitsplatz während der WM-Läufe auf dem Sachsenring.

Ein amüsantes „Schwätzchen" im Fahrerlager

Einer meiner ausländischen Lieblings-Rennfahrer war der Schweizer Luigi Taveri. 1962, 64 und 66 holte er sich durch hervorragende Fahrtechnik auf Honda dreimal den Weltmeistertitel in der Achtelliterklasse. So fand ich auch immer bei meinen üblichen Rundgängen durch die Fahrerlager, insbesondere natürlich am Sachsenring, den Weg zu ihm. 1966 fuhr er mit der von allen bestaunten Fünfzylindermaschine die WM-Saison. Man stelle sich vor: 125 geteilt durch fünf. Das heißt, jeder einzelne Zylinder hatte nur 25 Kubikzentimeter Hubraum. In jedem der fünf Zylinderköpfe mussten aber vier Ventile geöffnet und geschlossen werden. Und das bei Drehzahlen jenseits der 20 000 Kurbelwellenumdrehungen pro Minute! Die Ventilteller hatten gerade einmal einen Durchmesser von weniger als Fingernagelgröße einer kleinen Frauenhand. Mit dieser Fünfzylinder- und 20-Ventiltechnik erreichten die Honda-Techniker für die hin und her zu bewegenden Teile absolute Minimalgewichte und eben diese irrsinnig hohen Drehzahlen.

In Begleitung von Altmeister Erhard Krumpholz, einem waschechten Erzgebirger, den ich heute noch sehr schätze, schlenderte ich am Samstagabend nach dem Training durch das Fahrerlager. Plötzlich sahen wir einen japanischen Mechaniker, der Taveris Fünfzylinder-Honda von der Maschinen-Endabnahme zur Honda-Wagenburg schob. Dort stand Luigi gutgelaunt und begrüßte uns. Ich fragte, ob er zufrieden sei mit der Fünfzylinder. Erhard Krumpholz sperrte die Ohren auf, dabei etwas ungläubig dreinschauend. „Ja, die Fünfzylinder macht mir schon Freude", lachte der Schweizer. Ich fragte ihn, welche Maximaldrehzahl er sich auf der Rennstrecke erlauben kann. Darauf Taveri: „Normal etwa 22 000, aber die geht schon mal bis 25 000!" Darauf ich: „Bergab?" Wieder Taveri lachend: „Jaja, ich versuchs morgen auf der Abfahrt vom Heiteren Blick, extra für Dich, hahaha."

Ich wendete meinen Blick wieder dem neben mir stehenden Erhard Krumpholz zu: „Da kann man nur staunen, was die Japaner hier auf die Reifen gestellt haben: 5 Zylinder, 20 Ventile und weit über 20 000 Touren!" Darauf Krumpholz ärgerlich: „Vorarschen kaa ich mich selber!" Der gute Erhard trennte sich dann kopfschüttelnd von mir. Einige Schritte weiter traf er auf Walter Brehme, der als „Rennruheständler" ebenfalls seinen Rundgang machte. Ich blieb in gebührender Entfernung, konnte aber hören, was sich die beiden zu sagen hatten. Krumpholz entrüstete sich über Taveri und mich: „Walter, das glaubt doch kaa Sau, so'ne kleene 125er Honda mit füüümf Zylindern, 20 Ventilen und 25 000 Touren!" Darauf die kurze Antwort von Brehme: „Doch, doch, das stimmt alles." Verärgert schimpfte Krumpholz: „Walter, Du bist genauso bleede wie die zwee Quatschköppe." Dabei zeigte er mit dem Daumen nach rückwärts in meine und Taveris Richtung.

Der wichtige Hinweis von Gigo und Martin Walther

Nun endlich, 1967, konnte ich, wie schon erwähnt, meine notwendigen Unterlagen für alle drei Tage des Sachsenring-WM-Laufs auf den Schreibtisch des mittleren, dreieckigen, verglasten Raumes im Obergeschoss des Start- und Zielturms am Sachsenring legen. Mit den Worten: „Denke daran, jetzt hast Du eine große Verantwortung für den Ablauf der Rennen", gab mir Martin Walther, dessen Nachfolger ich nun war, als Richtschnur mit auf den Weg und fügte hinzu: „Hier am Sachsenring blickt die ganze Motorsportwelt auf uns, das ist nicht die Halle-Saale-Schleife oder das Frohburger Dreieck. Pass auf, dass Du Dich nicht in politische Widersprüche verwickelst, halte Dich da raus, kommentiere neutral, aber erwähne auch unsere Privatfahrer gebührend." Das schrieb ich mir hinter die Ohren, auch weil Gigo mir noch eintrichterte: „Mit dem Streckensprecher an Start und Ziel steht und fällt die Veranstaltung, nimm das nicht auf die leichte Schulter!"

Dazu gehörte neben regelmäßigen Durchsagen für das Fahrerlager auch die Abstimmung der Startzeiten mit den Fernsehleuten. Das DDR- und das CSSR-Fernsehen übertrugen live und hatten damit das Recht, auf die Startzeiten der einzelnen zu übertragenden Klassen Einfluss zu nehmen. Außerdem musste ich kurz vor jedem Start auf den neben der Startampel an den Boxen stehenden Chefzeitnehmer Paul Großherr achten. Durch Zeichengebung verständigten wir uns, wann er den Knopf zur Zündung der roten Ampel drückte. Ehe er den Daumen zu mir hob, wies ich die Helfer an, den Startplatz zu verlassen mit den Worten: „Helpers back please". Dann ließ Paul Großherr die rote Ampel aufleuchten. Das war zeitgleich für mich das Startsignal für die Worte: „Red light, one minute to go! Eine Minute bis zum Start!"

Vorher aber hatte ich mich mit den Aufnahmeleitern der beiden Fernsehsender abgesprochen. Es kam vor, dass sie noch fünf bis zehn Minuten länger brauchten, um auf Sendung zu gehen. Das wiederum sprach ich ganz schnell mit Rennleiter Hans Zacharias ab, der darauf dem Vorstarter die entsprechenden Anweisungen übermitteln ließ.

Zu Heinz Wahl, genannt „Potte", dem Aufnahmeleiter des DDR-Fernsehens, hatte ich immer einen guten Draht. Er war mir schließlich auch vom Radsport her gut bekannt (in jenem Metier hatte ich auch mal „Staub gewischt"), als Vizeweltmeister der Steher von 1960, damals nur von Lotte Meister besiegt. Potte kam zu mir in den Turm und brachte gleich den Tschechischen Aufnahmeleiter mit.

Nach den Absprachen hatte ich immer ein erhebendes Gefühl: Ich war jetzt derjenige, der den genauen Start-Zeitpunkt des bereits am Vorstart stehenden Feldes bestimmte. Die alljährlich mindestens 250 000 Zuschauer wurden darüber von mir informiert und in der Zeit bis zum Aufleuchten der roten Ampel mit vielen Hintergrundinformationen über Fahrer und Maschinen versorgt. Die Pausen zwischen den Rennen ohne Motorenlärm boten ohnehin die besten Möglichkeiten, den Zuschauern dasjenige zu erzählen, das sie offiziell – zumindest weder in DDR-Zeitungen, Zeitschriften oder Funk und Fernsehen – nicht erfuhren. Das waren viele Interna über die internationale Motorsportszene.

Das System der Zuschauerinformation durch die Streckensprecher

Auf den Pisten der Rundstreckenrennen gab es, im Gegensatz zu heute, immer die Sprechstelle an Start und Ziel sowie mindestens eine weitere an einem anderen interessanten Platz. Die zweite Sprechstelle musste aber etwa die Hälfte einer Runde von Start und Ziel entfernt sein. Diese Zweit-Sprechstellen wurden Jahr für Jahr auf der Halle-Saale-Schleife, auf dem Schleizer Dreieck und auf dem Frohburger Dreieck eingerichtet. In Bautzen, Dresden und Bernau kommentierte der Streckenreporter nur an Start und Ziel. Am Sachsenring, der mit 8,731 Kilometern die längste aller Runden aufwies, benötigte man bis etwa 1962 sogar vier Sprechstellen. Sie befanden sich an Start und Ziel, in der Badbergkurve, der MTS-Kurve und abwechselnd in der Nötzoldkurve (offiziell mussten wir Jugendkurve sagen) oder am Heiteren Blick im Wald.

Weil nun mittlerweile die schnellsten Rennmaschinen der Welt von Jahr zu Jahr höhere Geschwindigkeiten erzielten, reduzierten sich ja auch die Rundenzeiten recht beachtlich. Damit lagen auf einmal die einzelnen Sprechstellen zu nah beieinander und die Sprecher hatten nicht mehr genug Zeit, um alles zu kommentieren, was sie sahen und für notwendig erachteten. Die beste Lösung fand man mit drei Sprechstellen. Neben mir an Start und Ziel kommentierten in der Badbergkurve Eddie Fast oder Horst Kaczmarek und Joachim Eisold an der Nötzoldkurve. Nach 1972 fielen dann auch noch die Sprechstellen Badberg- und Nötzoldkurve weg, dafür wurde aber wieder ein Sprecher zur MTS-Kurve beordert.

Die Streckenreporterplätze in Halle und Frohburg habe ich bereits an früherer Stelle erwähnt. Auf dem Schleizer Dreieck befanden sie sich an Start und Ziel sowie am Luginsland vor der Heinrichsruher Kurve. Dort schilderte Joachim Eisold viele Jahre lang die Rennverläufe und Positionskämpfe der internationalen Rennwagen und Motorräder. Weil der Sprecherturm an der Innenseite der Piste in luftiger Höhe stand, konnte Eisold hervorragend bis zur Seng nach rechts hinunter blicken und nach links bis zur Heinrichsruher Kurve. Auch für mich bot sich der beste Blick an Start und Ziel nach links zur Oberböhmsdorfer Kurve und nach rechts die gesamte Zielgerade entlang bis zum Buchhübel.

In Schleiz zu kommentieren, bedeutete die reinste Freude für Jochen Eisold und mich. Natürlich spielten dabei auch die großen Namen der international bestbesetzten Formel-III-Rennen eine Rolle. Es machte einfach Spaß, in Schleiz Sprecher zu sein. Die Zusammenarbeit mit der Rennleitung, den vielen ehrenamtlichen Helfern, Streckenposten, dem Rennarzt Dr. Weidner und anderen war von Freundlichkeit und höflichem Umgang geprägt. Einen Mann von der Rennleitung vergesse ich nie: Heinz Walther nahm mich Jahr für Jahr schon am Fahrerlagereingang freundlich in Empfang, fragte, wie er mir zur Hand gehen könne, besorgte mir alle wichtigen Unterlagen, Zeittabellen, Trainingsergebnisse, brachte auch Kaffee und etwas zu essen zu mir auf die große Plattform über dem Zeitnahmegebäude, ohne, dass ich ihn darum gebeten hatte. Das half mir bei meiner Sprechertätigkeit am Schleizer Dreieck ungemein. Auch heute noch gibt es diese gute, motorsportlich-kameradschaftliche Zusammenarbeit mit der Rennleitung.

Die Schleizer wussten und wissen ganz genau, dass kompetente Streckensprecher einen Renntag ganz groß herausbringen, Ahnungslose dieser Gilde aber auch die Rennen total versemmeln können. Am schlimmsten für einen Motorsportreporter dürfte das Pfeifkonzert der Zuschauer sein. Ich habe es einmal 1966 am Sachsenring erlebt, als Horst Kaczmarek ersatzweise am Start- und- Zielmikrofon saß. Er behauptete, Stastny hätte zu Recht gewonnen, weil Agostini in der letzten Runde gestürzt war. Das stimmte natürlich nicht, weil Ago schon eine Runde Vorsprung vor dem gesamten Feld herausgefahren hatte. Das übrige Fahrerfeld mit Stastny und Findlay an der Spitze hätte also noch eine Runde länger fahren müssen. Rennleiter Hans Zacharias aber winkte sie bereits im 19. Umlauf ab. Die sächsischen Motorportfans merkten das natürlich und begannen zu pfeifen. Sie meinten damit aber den Rennleiter, der sich in der Hektik der Situation vertan hatte. Anstatt seinen Mund zu halten, provozierte Kaczmarek die Zuschauer mit: „Ich weiß gar nicht, was es hier zu pfeifen gibt!" Nun noch mehr angeheizt, buhten und pfiffen sie den Start- und Ziel-Sprecher lauthals aus.

Heinz Quermann als „Tribünen-Sicherheits-Prüfer"

Der in der ehemaligen DDR wohl bekannteste und bei vielen Menschen auch beliebteste Conferencier, Spielmeister, Moderator, Humorist und Mentor zahlreicher junger Talente war Heinz Quermann. Er hat-

Heinz Quermann mit seiner Frau beim Besuch des Sachsenringrennens 1963.

te aber auch ein Faible für den Motorsport. Ab und zu sahen wir ihn als Besucher am Sachsenring und auch am Schleizer Dreieck. Wegen seiner üppigen Beleibtheit – er wog wohl mehr als zweieinhalb Zentner – luden ihn die Rennleitungen scherzhafterweise zur Überprüfung der Tribünen ein. Das heißt, wenn die ihn aushielten, dürfte auch bei vollbesetzten Tribünen nichts schief gehen. Quermann plauderte gern im Fahrerlager mit den Aktiven, aber auch an Start und Ziel mit Rennleiter, Funktionären und Streckensprecher. Dabei merkte man, dass der „Dicke" tatsächlich viel über den Motorsport wusste. Schon wegen seiner lustigen und freundlichen Art standen ihm alle gern Rede und Antwort.

Hochinteressante Informationen gegen ein Frühstück

Bereits 1964, als ich in Apolda an der Motocross-Strecke den Weltmeisterschaftslauf der Viertelliterklasse für die Zuschauer kommentierte, drangen erste Wünsche eines der bekanntesten DDR-Fußballreporter von Radio DDR, Werner Eberhardt, an mein Ohr. „Hallo Kumpel", rief er schon von Weitem, „Ich brauche eine DIN-A4-Seite Infos über die Fahrer, Wertung, Stand der WM und etwas zum Reglement". Ich blickte ihn offenbar etwas verdutzt an, worauf er lachend meinte: „Ich spendiere dafür Dir und Deiner Frau morgen im Hotel ein opulentes Frühstück." Damit war ich einverstanden und entgegnete, ebenso freundlich: „Du bekommst Deine Infos noch heute Abend, dann kannst Du sie sogar noch auswendig lernen."

Zu Werner Eberhardt und ein Jahr später auch zu Wolfgang Hempel entwickelten sich recht freundschaftliche Kontakte für gegenseitige Hilfe. Die beiden Fußballreporter verhalfen mir zu Probereportagen bei Oberligaspielen, weil ich damit die steilen Stufen zum künftigen Rundfunk-Sportreporter erklimmen wollte. Leider scheiterte das an Reporterchef Wolfhard Kupfer, der meinte, sowohl Stimme, als auch meine Sprechweise genügten nicht den Anforderungen eines sozialistischen Rundfunksenders. Im Gegensatz dazu lobten mich Hempel und Eberhard wegen meines reichhaltigen Wortschatzes und der hervorragenden Artikulierung beim Kommentieren. Heute muss ich über die damalige Absage durch Kupfer und meine daraus resultierende Enttäuschung lachen und freue mich immer noch über einen Ausspruch von Hans-Georg Stengel in einer Kabarettsendung: „Reden ist Silber, aber Schweigen ist Gold, doch Stammeln ist Kupfer!"

Stets, wenn Werner Eberhard, Wolfgang Hempel oder Harri Schulz am Sachsenring live über die WM-Läufe im Rundfunk berichteten, bekamen sie von mir die gewünschten Infos schriftlich in Stichworten mit dem Hinweis: „Nun macht was Vernünftiges draus!"

Manne Hinz, bis zum Ende der DDR bekannt als Ringsprecher beim Boxen sowie Sprecher-Idol der Zuschauer auf der Berliner Radsport-Winterbahn, und auch Hubert Knobloch als hervorragender Fußballreporter, kamen zum Schleizer Dreieck. Es hatte sich gegen Ende der 60er-Jahre bis Berlin herumgesprochen, dass in Schleiz hochkarätige Formel-III-Rennen mit europäischer Bestbesetzung stattfanden, von denen mehrere Minuten im Rundfunk gesendet werden sollten.

Ich drückte den Rundfunkreportern, einmal war es Hinz, ein Jahr später Knobloch, vorsichtshalber schon ein von mir allgemeinverständlich formuliertes DIN-A4-Blatt mit notwendigen Infos für das Rennen in die Hand. Mit geringschätzigem Blick auf mich nahmen sie desinteressiert das Papier entgegen. Ich musste im Stillen lächeln, waren sie doch letzten Endes froh, diese Informationen nutzen zu können.

Ein schlimmer „Versprecher" bei der Friedensfahrt blieb zum Glück ohne Folgen

1968 bat mich der DDR-Radsportverband, zur Friedensfahrt Warschau – Berlin – Prag, die Kommentierung für die Zuschauer an der Strecke oder im Stadion zu übernehmen. Mit Freude sagte ich zu, da mir auch der Radsport schon immer am Herzen lag. Und nun auch noch Friedensfahrt, vor -zigtausend begeistert mitgehenden Zuschauern! Aus Poznan kommend, wo der große Peleton gestartet war, radelten die besten Pedal-Amateure der Welt zu ihrem Etappenziel, dem ersten 1968 in der DDR, nach Frankfurt an der Oder. Die Zielankunft fand im dortigen Fußball- und Leichtathletik-Stadion statt.

Ich hatte mich gut vorbereitet, und etwa eine Stunde bevor die Fahrer eintrafen, die Zuschauer im Stadionrund schon mit vielen interessanten Informationen und lustigen Episoden aus der Friedensfahrt-Historie unterhalten. Ständige neue Meldungen sprach ich in das Mikrofon: vom jeweils gegenwärtigen Stand der Etappe, also welche Gruppen mit wieviel Vorsprung sich gebildet hatten, ob DDR-Fahrer mit an der Spitze

kämpften und wie lange es noch dauern würde, bis die Ersten einträfen. Irgendwann passierten sie in Frankfurt die Staatsgrenze an der Oderbrücke, was ich natürlich stimmungsvoll bekannt gab: „ Liebe Radsportfreunde, ich kann Ihnen mit Freude mitteilen, dass eine Spitzengruppe von etwa 15 Fahrern jetzt Frankfurt am Main erreicht hat." Erst lähmende Stille, dann tosendes Gelächter im Stadion. „Verdammt, bieg das jetzt sofort gerade", raunte mir mit einem Rippenstoß der neben mir stehende Generalsekretär des DDR-Radsportverbandes Heinz Dietrich zu. Ich reagierte umgehend: „Entschuldigung für den Versprecher, liebe Zuschauer, dass war prognostisch gedacht, natürlich sind wir hier in Frankfurt an der Oder, aber vielleicht endet eine Etappe der Friedensfahrt auch in nicht allzu ferner Zukunft in Frankfurt am Main. Schließlich blicken wir doch als sozialistische Bürger der DDR immer optimistisch in die Zukunft." Da hatte ich wohl noch einmal die Kurve gekriegt, denn Heinz Dietrich meinte: „Gott sei Dank gut reagiert, so bekommen wir keinen Ärger."

Ich bekam zwar keinen Ärger, dafür aber genügend Spott und Hohn von Rundfunk- und Fernsehkollegen, auch von Täve Schur und einigen die Friedensfahrt begleitenden Helfern. Jedesmal, wenn mir einer begegnete, zogen sie mich auf mit: „Na, was macht Frankfurt am Main, hahaha?"

Selbst rund mehr als 40 Jahre danach witzelte Täve Schur, der als Ehrengast beim Schleizer Sparkassen Classic Grand Prix weilte, bei der Begrüßung in meiner Sprecherkabine: „Du wirst auch nicht älter, quatschst die Leute immer noch dusslig, was macht Frankfurt am Main?" Ich konterte sofort: „Hast Du immer noch so verrückte Spitznamen für die Reporter auf Lager, wie damals ‚Schlappmaul' für Helmut Schulze?" Darauf lachten wir alle herzlich: Das waren neben Täve und mir auch Stromhardt Kraft, Ex-Generaldirektor vom DDR-Automobilbau, Dr. Winfried Sonntag, Rad- und Motorsport-Urgestein, Helmut Tschernoster, und Wolfgang Grimm, Vorsitzender des AMC Schleizer Dreieck.

Natürlich rutschen mir auch heute hin und wieder Versprecher von der Zunge. So passierte es 2012 beim Zschorlauer Dreieckrennen, als ich versehentlich Peter Kehrer sagte, als der Hohndorfer Johannes Kehrer mit seiner Rennmaschine sehr schnelle Runden drehte. Wichtig ist, dass man es noch merkt und den Fehler berichtigt.

Wie ich die grandiose, aber nur kurze Zeit der neuen Viertakter erlebte

Obwohl die neuen, fantastisch tönenden Sechszylinder-Maschinen von Honda bereits 1965 mit Jim Redman in der Klasse bis 250 ccm für Begeisterung sorgten, hatte aber noch keiner der Streckensprecher die filigrane Technik dieser Rennboliden beschrieben, geschweige denn erklärt. Weder damals, als Trainingssprecher an Start und Ziel, noch 1966 als zweiter Kommentator an der Nötzoldkurve bekam ich die Möglichkeit, mich näher über Redmans, Hailwoods und Grahams „Wunderwaffen" auszulassen. Nun brannte ich 1967 regelrecht darauf, endlich vom Reportermikrofon an Start und Ziel den 250 000 Zuschauern die technischen Finessen der Sechszylinder-Hondas zu beschreiben und deren wichtigste Funktionen zu erklären. Sicher gab es unter den zuschauenden Massen zahlreiche Experten, die das alles schon wussten, dennoch erreichte ich ganz bestimmt sehr, sehr viele, die dankbar für die interessanten, allgemeinverständlichen Informationen waren. Und den rennverrückten Schlachtenbummlern wollte ich noch eine Überraschung bieten für die morgendlichen Stunden vor dem Rennen, um sie schon in die richtige Stimmung zu versetzen.

Ich stellte mich zu diesem Zweck mit einem Reporter-Aufnahmegerät, das ich mir vom Sender Leipzig ausgeliehen hatte, in die Nähe der Eisenbahnbrücke an der schnellen Abfahrt vom Heiteren Blick zur Queckenbergkurve. Dort hielt ich das Mikrofon in Richtung der vorbeifahrenden Maschinen und zog es mit ihnen mit. So hatte ich den Ton beim Annähern, Vorbeifahren und Anbremsen sowie Zurückschalten der Gänge vor der Queckenbergkurve auf dem Band.

Am faszinierendsten war immer wieder der Sound der Honda-Six, besonders wenn Hailwood und Ralph Bryans windschattenfahrend kurz nach der Senke am Wasserwerk zurückschalteten, dabei die Bremswirkung der ohne zusätzliche Schwungmassen bestückten Motoren nutzend. Dabei wurden die jeweils sechs Kolben in schwindelerregende Drehzahlen gejagt, was einen Schreiton (Screamer nannten die Engländer diese Motoren) verursachte, der die Ohren schmerzen ließ. Doch dem nicht genug: Auch die unheimlich schnellen Yamaha-Werkspiloten Phil Read und Bill Ivy, die auf den Vierzylinder-Zweitaktern saßen, ließen während des Anbremsens der Queckenbergkurve beim Zurückschalten ihre Motoren fast genauso auflaufen, wobei sie nur einen ganz kurzen Zwischengasstoß gaben, und nutzten den abtourenden Vierzylindermotor, ebenso wie die Honda-Fahrer, zum Bremsen. Ich hatte bis dahin immer geglaubt, bei solch einem hohen schlagartigen Drehzahlschub müsse so ein Zweitakter festgehen, da er ja kaum noch Innenkühlung bekommt. Keine Spur davon bei den Yamahas. Einige Experten, die neben mir standen, meinten staunend: „Absolut beeindruckend, wie das bei den Japsern funktioniert!"

Im Gegensatz dazu hörte man bei Heinz Rosners und Derek Woodmans MZ, wenn sie an gleicher Stelle bremsten, wie beim Zurückschalten durch einen kräftigen, vollen Gasstoß die Drehzahl für den nächst niedrigeren Gang angeglichen wurde. Damit brachten beide Fahrer genügend Frischgas in die Zylinder zur Innenkühlung. „Ohne Innenkühlung und ohne notwendigen Schmierfilm im Zylinder wäre der Motor blockiert, deshalb das Zwischengas", bestätigte Rosner meine akustische Feststellung.

Am Rennsonntag saß ich wieder mit gutem Blick im Turm, hatte bereits zur Freude der Besucher zwei Stunden vorher die Tonbandaufnahmen über den Streckenfunk erklingen lassen, zusätzlich die Trainingsverläufe geschildert und die Ergebnisse bekanntgemacht.

Das 350er-Rennen wurde 1967 eine klare Beute von Weltmeister Mike Hailwood. Er deklassierte mit seiner Honda-Six den jungen Giacomo Agostini und dessen Vierzylinder-MV-Agusta um Lichtjahre: Der Vorsprung zum Italiener betrug satte zweieinhalb Minuten!

Mit Rundenrückstand kamen die MZ's von Woodman (3.) und Rosner (5.) ins Ziel.

Am Rennsonntag musste ich zum ersten Mal am Sachsenring die Zuschauer zu einer Gedenkminute bewegen. Im Training der 250er-Klasse verunglückte der DDR-Privatfahrer Werner Daubitz mit seiner MZ so schwer, dass er seinen Verletzungen erlag. Etwas mehr Glück im Unglück hatte mein ab den 70er-Jahren guter Motorsportfreund Stromhardt Kraft, der an gleicher Stelle im 125er-Training stürzte. Er verletzte sich so schwer, dass seine Genesung einen fast einjährigen Krankenhausaufenthalt bedingte.

Vor dem Start zum Rennen der Viertelliterklasse sprach der Präsident des ADMV, Dr. Egbert von Frankenberg, bewegende Worte zum Gedenken an Werner Daubitz. Danach bat ich die Zuschauer, sich für eine

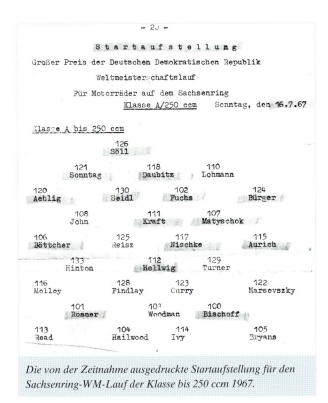

S t a r t a u f s t e l l u n g

Großer Preis der Deutschen Demokratischen Republik

Weltmeisterschaftslauf

Für Motorräder auf dem Sachsenring

Klasse A/250 ccm   Sonntag, den 16.7.67

Klasse A bis 250 ccm

```
                        126
                        Söll

        121           118              110
        Sonntag       Daubitz          Lohmann

120           130           102                124
Aehlig        Seidl         Fuchs              Bürger

        108           111           107
        John          Kraft         Matyschok

106           125           117              115
Böttcher      Reisz         Nischke          Aurich

        133           112           129
        Hinton        Hellwig       Turner

116           128           123              122
Molloy        Findlay       Curry            Marsovszky

        101           103           100
        Rosner        Woodman       Bischoff

113           104           114              105
Read          Hailwood      Ivy              Bryans
```

Die von der Zeitnahme ausgedruckte Startaufstellung für den Sachsenring-WM-Lauf der Klasse bis 250 ccm 1967.

Schweigeminute von den Plätzen zu erheben. Solche traurigen Ereignisse waren damals und sind auch heute noch für mich als Streckensprecher unangenehme Momente. Man kämpft dann innerlich mit seinen Gefühlen. Wenn ich einem tödlich verunglückten Menschen des Motorsports besonders nahe stand, fiel es mir ganz schwer, die richtigen Worte zu finden. Leider wiederholten sich diese schrecklichen Trainingsunfälle auf dem Sachsenring 1969 und 1971 durch die tödlich verlaufenen Stürze von Bill Ivy und Günter Bartusch.

MV Agusta wird mit Agostini zur Legende

Bis 1967 saß Mike Hailwood nicht nur auf den schnellsten Rennmaschinen der Welt, er erklomm auch durch beste fahrerische Klasse verdient den höchsten Gipfel des Motorrad-Rennsports. Mit neun WM-Titeln in drei verschiedenen Klassen zog der Brite mit dem Italiener Carlo Ubbiali gleich. Nur einer konnte ihn später noch mit sagenhaften 15 errungenen Weltmeisterschaften übertrumpfen: Giacomo Agostini.

Ich hatte 1967 einerseits das große Glück, die Siegerfeier nach dem Sachsenring-Grand- Prix im Karl-Marx-Städer Hotel „Chemnitzer Hof" zu moderieren. Das war andererseits aber auch eine schwere Bürde, vor solchen, ein hohes Niveau gewöhnten Motorsportexperten diese Moderation – zwar in gutem Deutsch, dafür in umso schlechterem Englisch – gekonnt hinzu-

kriegen. Es war ein tolles Gefühl, auf der Bühne neben Mike Hailwood, Phil Read, Bill Ivy, Giacomo Agostini und meinem Lieblings-Rennfahrer, Heinz Rosner, zu stehen. Irgendwie habe ich auch das Englisch „geradebrecht" und die Moderation war gelungen. Damit hatte ich Ludwig Woitina und Helmut Brose vom ADMV-Präsidium nicht enttäuscht. Beide hatten darauf bestanden, dass ich diese Siegerfeier moderiere. Überhaupt hielten sie immer zu mir, wenn es Probleme irgendwelcher Art am Sachsenring gab. Nur 1972 nicht mehr. Zu diesem Zeitpunkt war Helmut Brose bereits tödlich mit dem Auto verunglückt (seltsamerweise eine Woche vor dem Sachsenring-WM-Lauf in einer Kurve der B 95 bei Frohburg), und Woitina hatte auch nichts mehr zu sagen. Aber dazu komme ich in einem späteren Kapitel.

Leider kam es nach der Siegerfeier im „Chemnitzer Hof" durch zu hohen Alkoholgenuss einiger Rennfahrer und deren Anhang zu Ausschreitungen, bei denen so manches Mobiliar die „Nachfeier" nicht überstand.

Mit den WM-Läufen der Saison 1967 gab Mike Hailwood zum Bedauern aller Fans seine Abschiedsvorstellung vom Motorrad-Rennsport. Für mich war er und bleibt er für immer der größte Motorrad-Artist seiner Zeit.

Danach kam aber ganz schnell und überzeugend mit Giacomo Agostini ein neuer Hero. Nachdem er zunächst bei MV Agusta als Stallgefährte von Hailwood dessen fahrerische Überlegenheit anerkennen musste, dabei vom Engländer viel lernte, eroberte er sich nach Hailwoods Rücktritt alsbald dessen Position auf den internationalen Rennstrecken.

Nun lag es auch an uns Streckensprechern, der Begeisterung der Zuschauer Rechnung zu tragen und viel über Agostinis Erfolge der laufenden Saison (besser gesagt: Siege am laufenden Band) zu berichten. Dabei bemühte ich mich, die technischen Neuheiten an seinen MV-Agusta-Maschinen zu erläutern und zu erklären. Deshalb befasste ich mich besonders mit der technischen Entwicklung der nahezu alljährlich neu auf die Rennpisten gebrachten Motorräder. Um aber den Zuschauern dieses auch fachgerecht zu übermitteln, standen für mich als Start- und-Ziel-Kommentator die Fahrerlager-Gespräche mit den entsprechenden Experten an erster Stelle. Das bedeutete viel Fleißarbeit in den Trainingspausen bei strikter Umgehung des Bierzeltes!

Ab 1966 lenkte Ago, wie er nun überall genannt wurde, die beiden Werks-MV-Agusta, allein. Es war eine Klasse für sich, ihn auf den inzwischen in beiden Kategorien mit Dreizylinder-Reihenmotoren versehenen Rennbikes aus Gallarate zu beobachten. Das konnte ich von meiner Position im Start- und Zielturm ganz vortrefflich. Schon wenn er von der Warmlaufstrecke in Richtung Boxen lief, dann seine MV bestieg, brandete tosender Beifall auf. Jetzt war Giacomo der neue absolute Publikumsliebling. Er gewann schneller als jeder andere Fahrer vor ihm die Herzen der Rennsportfans, nicht zuletzt bei den Zuschauerinnen wegen seines attraktiven Aussehens. Natürlich half dabei auch der Mythos, der in Jahrzehnten aus dem Markennamen MV Agusta hervorwuchs.

Obwohl die Honda-Sechszylinder mit ihrem Screamer-Sound ständig bei mir eine Gänsehaut verursachten, bekam aber Ago vorzugsweise von den Zuschauern stehende Ovationen und lauthals Beifall. Besonders wenn er den Gasgriff beim Beschleunigen aus der Queckenbergkurve aufriss und den MV-Motor aufbrüllen ließ. Auch auf mich als Streckensprecher wirkten diese Emotionen, und ich musste mich öfter etwas zurücknehmen, um meine Stimme nicht zu sehr zu strapazieren.

Selbst die ebenfalls auf dem Sachsenring super laufenden und fantastisch klingenden Vierzylinder-Benellis unter Provini, Pasolini und Carruthers konnten den MV Agusta niemals den Schneid abkaufen. Das konnte auch der damals beste MZ-Werksfahrer Heinz Rosner nicht. Dabei lag es sicher weniger an der Fahrkunst, die eben auch der Erzgebirger aus Hundshübel hervorragend beherrschte. Aber mit der 300er MZ-Zweizylinder hatte er nur geringe Chancen. Trotz-

Agostini auf der Dreizylinder-MV-Agusta bei seiner Rekordfahrt 1968 auf dem Sachsenring. (motorrennsportarchiv.de)

dem erinnere ich mich gern an die damaligen 350er-Rennen, als Rosner mit Superstart gleich in der ersten Runde in Führung lag. Wenn er nach dem Rennen neben Ago – beide freudestrahlend – auf dem Stockerl stand, nahm der Jubel der Massen auf der riesigen Start- und Zieltribüne kein Ende.

Die schwierige Balance zwischen Dichtung und Wahrheit

Einen wichtigen Kontakt zu MZ-Rennchef Walter Kaaden hatte mir Martin Walther geknüpft. In Gesprächen mit ihm erfuhr ich die technischen Neuerungen an den MZ-Werksmaschinen, die sehr erfolgreich von den Weltklassepiloten Heinz Rosner und Derek Woodman gefahren wurden. Leider hatten die MZ-Leute nur begrenzte finanzielle Möglichkeiten, um im gnadenlosen Wettbewerb der Weiterentwicklung von Renn-Zweitaktern mitzuhalten. Während bei den japanischen Rennställen 500 bis 1 000 Leute in Entwicklung, Fertigung und beim Einsatz auf den Rennpisten arbeiteten, bestand die MZ-Rennabteilung unter Walter Kaaden meiner Erinnerung nach aus 15 bis 20 Fachleuten. Und genau diese Tatsache bildete ein Problem für mich an Start und Ziel. Ich konnte doch nicht einfach die Wahrheit hinausposaunen, dass MZ zu wenig Mittel zur Verfügung stehen, aber die Japaner und Italiener aus dem Vollen schöpfen. Das hätte ja bedeutet, dass im Kapitalismus gegenüber dem sozialistischen Staatsgebilde wesentlich mehr technische Fortschritte erzielt werden. Also musste ich auch hier wieder die Kurve kriegen, um nicht von den Oberen der Sozialistischen Einheitspartei Deutschlands (SED) mit Sprechverbot belegt zu werden. Die „Bannbulle" bekam ich erst 1972!

Also habe ich erklärt: „Die Leistungen der MZ-Werksfahrer sind nicht hoch genug zu bewerten, wenn sie mit acht bis zehn PS weniger gegenüber den ausländischen Werksfahrern antreten müssen und trotzdem oftmals einen Platz auf dem Siegerpodest herausholen. MZ bleibt doch der Bauweise mit dem Zweizylindermotor treu, verirrt sich nicht zu sehr auf ein spezielles, weit weg von der Serienproduktion befindliches Terrain."

Das war natürlich eine sehr vage Behauptung, die eigentlich in sich nicht schlüssig sein konnte. Aber zur Beruhigung der anwesenden ADMV- und SED-Funktionäre, die viel zu wenig oder gar nichts von Motorsport verstanden, passte das einigermaßen.

MZ-Achtungserfolge am Sachsenring

Nachdem noch 1965 Woodman in der 350er-Klasse nach bravouröser Fahrt einen feinen zweiten Platz mit der aufgebohrten MZ errang und in den beiden kleinen Klassen, 125 und 250 ccm, jeweils ein dritter Rang für ihn sowie ein zweiter für MZ-Werksfahrer Dieter Krumpholz (Sohn von Erhard Krumpholz) heraussprangen, wurde in den folgenden zwei Jahren der Weg auf das „Stockerl" immer steiniger. Vervollständigte Privatfahrer Jochen Leitert aus Schneeberg noch mit dem vierten Platz in der Achtelliterkonkurrenz den MZ-Erfolg, belegten ein Jahr später, trotz hervorragender Fahrweise, die privaten DDR-Piloten in dieser Kategorie nur noch die Ränge sieben bis 16. Als Bester zeichnete sich hier wiederum Jochen Leitert als Siebenter vor Hartmut Bischoff (8.) aus. In diesem Pulk kam Gerhard Thümmel, der heute noch im historischen Rennsport mitmischt, als 13. ins Ziel, vor Weltklassefahrern wie Laszlo Szabo, Thomas Heuschkel und dem damals amtierenden Weltmeister Hugh Anderson (Suzuki).

Der tapfere Heinz Rosner legte sich 1966 auf der 250er MZ mächtig ins Zeug. So führte er zum Beispiel am Sachsenring über 14 von 15 zu fahrenden Runden hinter Hailwood auf der Sechszylinder-Honda und Read auf der Vierzylinder-Yamaha gegen den zweiten Yamaha-Werksfahrer, Mike Duff, einen beinharten Kampf. Ein tadellos herausgefahrener dritter Platz war in greifbarer Nähe. Jochen Eisold und ich, die Streckenreporter in der Nötzoldkurve, erwarteten unseren Heinz in der letzten Runde vor Mike Duff, doch er kam nicht. Als er dann doch hinter Duff und Honda-Mann Stuart Graham heranpreschte, sahen wir an seiner zersplitterten Kanzel, warum er auf die fünfte Position zurückgefallen war: Ein Sturz in der Badbergkurve war schuld! Rosner verriet mir nach dem Rennen, warum der Verlust des möglichen Podestplatzes besonders ärgerlich war: „Da lief nun meine MZ endlich mal ohne Macken und ich versaue mir den dritten Platz durch den blöden Sturz. Den Duff hatte ich doch locker im Griff, so ein elender Mist!"

1967 wurde alles für die MZ-Werksfahrer noch schwieriger: Wieder standen zwei Vierzylinder-Yamahas unter Read und Ivy sowie zwei Sechszylinder-Hondas mit Hailwood und Bryans als haushohe Favoriten am Start. So waren die Messen für die beiden MZ-Werksfahrer Heinz Rosner und Derek Woodman schon gesungen. Sie konnten nur auf Ausfälle von Honda und Yamaha hoffen. Diese Hoffnung erfüllte sich am Sachsenring mit dem Motorschaden an Hailwoods Honda. Dennoch blieb für Rosner in der Viertelliterklasse nur als Trostpreis der vierte Rang hinter den beiden Yamahas mit Read und Ivy sowie Bryans mit der Honda. Damit war Rosner als Vierter der letzte nicht überrundete Starter dieser Klasse. Weder die Bultaco-Spezialisten Ginger Molloy und Gyula Marsovszky, noch Hartmut Bischoff auf MZ-RE oder der Schriesheimer Lothar John mit der Suzuki konnten Überrundungen verhindern.

Der WM-Dritte 1968, Heinz Rosner, demonstrierte stets einen großartigen Fahrstil, hier auf der 250er MZ. (motorrennsport-archiv.de)

Phil Read freut sich über seinen Sachsenringsieg 1967 in der Klasse bis 250 ccm.

Für uns Streckensprecher wurde es immer schwieriger, die richtige Balance zwischen der enormen Begeisterung durch die Zuschauer für die Honda- und Yamaha-Piloten gegenüber den enttäuschenden Ergebnissen der Unterlegenen zu finden, trotz ihres kämpferischen Einsatzes. Mir fiel es unheimlich schwer, meine Bewunderung für die japanischen technischen Wunderwerke zu zähmen und auf Lobeshymnen für sie zu verzichten. Trotzdem kletterte beim Kommentieren der hart geführten Positionskämpfe, vor allem zwischen Read und Ivy, die Stimme in höhere und lautere Tonlagen.

Großartige MZ-Piloten 1968 von Zuschauern bejubelt

Nicht ganz unerwartet beendete die Honda-Rennsportabteilung ihre Werkseinsätze nach der Motorrad-WM 1967. Damit waren ab 1968 zwar die superschnellen japanischen Viertakter weg, aber die kaum zu besiegende Konkurrenz von MZ blieb mit den Werkseinsätzen der Yamaha-Zweitakter weiter vorhanden. Auf einigen Grand-Prix-Kursen ließen außerdem noch die starken Vierzylinder-Viertakt-Renner von Benelli mit sehr schnellen Rundenzeiten aufhorchen, so dass für Rosner kaum Siegeschancen blieben. Dennoch schaffte es der drahtige Sachse in meisterhafter Art, fast immer auf dem Siegerpodest zu landen. In der Viertelliterklasse kam er zumeist hinter Read und Ivy ins Ziel. Bei einigen Starts mit der auf 300 ccm Hubraum vergrößerten MZ in der 350er-Klasse hießen seine Gegner Agostini mit der MV Agusta, Provini und Pasolini auf Benelli sowie zahlreiche Privatfahrer auf 350er Yamahas und Aermacchis. Die Fahrer der letztgenannten Marken sahen die MZ von Rosner auf den Grand-Prix-Kursen zumeist nur von hinten.

So freuten wir Streckensprecher uns auf den Sachsenring-WM-Lauf 1968. Für Heinz Rosner, der nunmehr die MZ-Farben allein trug, im Ausland zusätzlich etwas Unterstützung durch den unermüdlich kämpfenden Laszlo Szabo bekam, hieß es jetzt in den beiden Klassen, zumindest einen Podestplatz zu erreichen. Alles, was wir als Kommentatoren dem Publikum raten konnten, war darauf gerichtet, Heinz Rosner volle Unterstützung, zu geben durch Beifall und Schwenken der Programmhefte.

In jenem Jahr zeigte er, dass er außer den wesentlich PS-stärkeren Vierzylinder-Zweitakt-Yamahas unter Read und Ivy weiter niemanden zu fürchten hatte. Die Benelli-Piloten, denen er in der laufenden Saison ebenbürtig war, kamen nicht zum Sachsenring. Heinz holte sich einen tollen dritten Rang in der 250er- und einen zweiten Platz hinter Ago in der 350er-Klasse. Und wenn seine 125er MZ – er stand an diesem Wochenende dreimal am Start – nicht durch Defekt ausgefallen wäre, hätten es bei Rosner sogar nach dem Sprichwort „aller guten Dinge sind drei" ebenso viele Plätze auf dem Podium sein können. Jedenfalls bewies er mit diesen außergewöhnlich guten fahrerischen Leistungen, dass er am Ende der Saison zu Recht als Drittbester in der WM der Viertelliterklasse geehrt wurde.

Fast kurios erschien mir 1968 das Resultat in der Klasse bis 125 ccm, denn hinter zwei Yamahas folgten sage und schreibe 19 (!) MZ-Maschinen. Während Phil Read mit Blitzstart allen auf und davon raste, wollte Bill Ivys Yamaha (diese 125er hatten inzwischen auch Vierzylindermotoren) am Start nicht anspringen. Nach mehreren Anschiebeversuchen tuckerte der Motor, total überfettet, langsam los. Nun begann eine furiose Aufholjagd des Engländers. Er schaffte es tatsächlich, sich hinter Sieger Phil Read noch auf den zweiten Platz vor zu kämpfen. Für uns Streckensprecher war das ein „gefundenes Fressen", konnten wir doch in ununterbrochener Folge Ivys laufende Positionsverbesserungen emotionsgeladen kommentieren.

Aber nicht minder spannend verlief die über das ganze Rennen dauernde Jagd der schnellsten MZ-Fahrer. Ich musste blitzartig jeden Vorbeikommenden erkennen und seinen Namen nennen. Ich glaube heute noch, dass ich damals bei dieser Hatz einen neuen Rekord im Schnellsprechen aufgestellt habe. Dabei gelang es uns Reportern erneut, unsere Emotionen auf die Zuschauer zu übertragen. Sie sprangen von ihren Sitzen auf, fieberten mit. Denn so knapp beieinander liegend, wie Hartmut Bischoff, Laszlo Szabo, Eberhard Mahler, Jürgen Lenk, Friedhelm Kohlar

Klaus Wagner mit seiner Drehschieber-MZ am Sachsenring. (motorrennsportarchiv.de)

und Günther Bartusch Runde für Runde in stets veränderter Reihenfolge aus der Queckenbergkurve hinaus in Richtung Hohenstein-Ernstthal beschleunigten, hatten das weder ich, noch die Rennbesucher lange nicht mehr erlebt. Es war eines der besten Rennen um WM-Punkte, die ich in der 125er-Klasse von MZ-Privatpiloten gesehen habe. Am Ende gewann Bartusch diese Schlacht der MZ-Meute und wurde hervorragender Dritter. Damit empfahl sich der brillant fahrende Sachse für künftige Einsätze auf den Zschopauer Werksmaschinen in der Weltmeisterschaft.

Erwähnen muss ich aber noch, dass sich Heinz Rosner und der Schriesheimer Lothar John bis Mitte des Rennens ebenfalls einen packenden Kampf um den zweiten Rang lieferten. Einmal führte John mit der Suzuki dieses Duett an, dann wieder Heinz Rosner. Leider fielen beide vorzeitig mit Defekten an ihren Motorrädern aus. Mit dem 19. im Ziel, Klaus Pellert aus Annaberg-Buchholz, und dem 21., Klaus Wagner (damals aus Dresden, heute Fürstenfeldbruck), erwähne ich Namen, die ich auch heute immer wieder bei den Veranstaltungen um den ADMV Classic Cup mit ihren nunmehr bereits historischen Rennmaschinen begrü-

ßen kann. Auch „Wolle" Rösch, der in jenem Rennen als 20. ins Ziel kam, sehe ich oft an den Pisten, wenn er beim Chemnitzer Eberhard Uhlmann und dessen Ladepumpen-DKW als Helfer fungiert.

Wolfgang Rösch am Start beim Sachsenringrennen 1975. (motorrennsportarchiv.de)

Noch einmal nachschauen, ob alles stimmt. Bill Ivy kurz vor dem Start mit der Vierzylinder-Yamaha auf dem Sachsenring 1968 (Archiv Weidlich).

Trotz Benelli und MV Agusta – nach 1969 gehörte den Zweitaktern die Zukunft

Noch behielt MV Agusta mit den präzise laufenden Viertaktmotoren in den beiden großen Klassen die Oberhand. Aber in der Viertelliterklasse trumpften, trotz des werksseitigen Rückzugs der Yamaha-Vierzylinder, immer mehr die Zweitakter auf. Das betraf neben den Werks-MZ, auch die von Privatfahrern eingesetzten Zweizylinder Yamahas, Suzukis und die neuen spanischen Einzylinder-Ossas. Deshalb glaubte ich, dass nunmehr endlich die Zeit für Heinz Rosner gekommen sei, Grand Prix zu gewinnen und vielleicht sogar Weltmeister zu werden. So freuten wir uns, meine Sprecherkollegen und ich, auf den Sachsenring-WM-Lauf.

Leider wurde die Freude schon nach den ersten beiden Rennen in Madrid (Jarama) und auf dem Hockenheimring getrübt. Die 250er MZ hatte gegenüber 1968 einen etwas PS-stärkeren Motor bekommen, um gegen die auf den Geraden äußerst schnellen Vierzylinder-Viertakter von Benelli zu bestehen. Das hörte sich zwar gut an, doch was die Fahrbarkeit betraf, wurde es für Heinz Rosner viel schwieriger, besonders, wenn die Pisten regennass und rutschig waren. „Im unteren Drehzahlbereich geht erst einmal gar nichts", erklärte mir Rosner vor dem Sachsenringrennen und schimpfte, „also muss ich viel zu oft mit schleifender Kupplung diejenigen Drehzahlen halten, wo der Motor ordentlich Leistung abgibt. Aber das nutzbare Band ist so schmal, dass die Höchstleistung schlagartig und brutal einsetzt. Auf nasser Strecke dreht da schon mal plötzlich das Hinterrad durch oder schmiert sogar weg."

Leider regnete es 1969 sehr oft, so dass Rosner dieses Handicap mehr als genug spüren musste. Außerdem hielt die Kupplung der stark erhöhten Belastung auf engen, langsamen Strecken nicht stand. Dadurch sprang im Regen von Jarama nur ein magerer sechster Platz heraus.

Im folgenden Rennen auf dem Hockenheimring lud strahlender Sonnenschein so richtig zum „volle Pulle" fahren ein. Von der Pole Position startend, donnerte der Heinz auf und davon, einem vermeintlich klaren Sieg entgegen. Aber es wurde wieder nichts, weil er mit Kolbenklemmer aufgeben musste. Als kleiner Trost blieb ihm der Ruhm der schnellsten Runde.

Aber es kam noch härter: Zu den schärfsten Konkurrenten Rosners, den schnellen Benellis mit den Weltklassepiloten Renzo Pasolini und dem späteren Weltmeister Kel Carruthers, hatte sich auch noch ein junger, ungestümer Spanier gesellt. Dieser Santiago Herrero lenkte eine gegenüber dem Vorjahr stark verbesserte spanische Ossa, die von einem simplen, fahrtwindgekühlten Einzylinder-Zweitaktmotor mit Flachdrehschieber angetrieben wurde. Außerdem sparten die spanischen Konstrukteure etliches Gewicht ein, durch Weglassen des Benzintanks. Der Rahmen war aus Aluplatten so zusammengeschweißt, dass er den für das Rennen benötigten Kraftstoff aufnahm. Ich konnte mir damals beim Betrachten der Ossa im Fahrerlager nicht vorstellen, dass man mit so einem hässlich zusammengeschusterten Teil Rennen gewinnt. Diesen Eindruck gewann auch mein Sohn Robert, Fachmann für Schweißtechnik, beim Betrachten der Ossa-Fotos: „Hässlichere Schweißnähte habe ich noch nirgends gesehen, man kann auch Aluminium sehr sauber schweißen!"

Aber im Rennsport werden keine Schönheitspreise vergeben. Das bestätigte mir sehr deutlich in den 70er-Jahren der sowjetische Rallyemeister Agischew zur internationalen Wartburg-Rallye. Nach einem gewaltigen Abflug in der ersten Buchhübelkurve bei einer Sonderprüfung auf dem Schleizer Dreieck schweißten seine Service-Leute einige abgebrochene, für die Weiterfahrt notwendige Teile hektisch wieder an, befestigten bei Nacht und Nebel auch verschiedene Kunststoffteile der Karosserie mit Klebeband! Agischew donnerte mit seinem äußerlich arg geschundenen Werks-Moskwitsch wieder los und erreichte sogar mit einer guten Platzierung das Ziel in Eisenach. Wie war das doch gleich? Mit dem Panzer T34 haben die schließlich den Zweiten Weltkrieg gewonnen!

Die Ossa war die Sensation des Jahres 1969: Santiago Herrero erkämpfte sich mit dieser spanischen Rennmaschine in der Regenschlacht am Sachsenring den zweiten Platz.

Aber zurück zur Streckensprecherei in der WM-Saison 1969. Mit viel Optimismus hatten wir uns ja zu Beginn der WM-Saison vorgenommen, Heinz Rosner als WM-Führenden mit Begeisterungsstürmen auf dem Sachsenring zu empfangen. Das ging nun leider nicht. Mit der mageren Ausbeute von fünf (!) Punkten kam der MZ-Werksfahrer zum Sachsenring. Nach seinem Ausfall in Hockenheim litt er unter dieser Pechsträhne auch in Le Mans, Assen und Spa-Francorchamps. Am meisten behinderte ihn das auf der TT im Training durch Sturz gebrochene Schlüsselbein. Aber noch war nicht alles verloren, immerhin standen weitere sechs Rennen um die begehrten Punkte aus. Wenn der Hundshübeler also auf dem Sachsenring gewänne, könnte er immer noch Weltmeister werden.

Joachim Eisold und ich wechselten uns beim Training mit dem Sprechen ab und stellten beide fest, dass die Chancen für den MZ-Mann gut standen. Immerhin stellte Rosner die MZ als Trainingszweiter in die erste Startreihe, neben die Benelli von Kel Carruthers, der die Pole Position innehatte. Nach dem Training sprach ich im Beisein Rosners mit Walter Kaaden, der sehr optimistisch auf den bevorstehenden Renntag blickte: „Wenn an der MZ nichts kaputt geht und Heinz erneut so verwegen und überlegt wie heute im Training fährt, hat er alle Chancen zu gewinnen."

Das Rennen der Klasse bis 250 ccm stand für MZ wiederum unter keinem glücklichen Stern. Schon das nasskalte Regenwetter verhieß nichts Gutes. Den Zuschauern hatte ich noch vor dem Rennen erklärt, dass die MZ bei Regen infolge der von mir anfangs beschriebenen Motorcharakteristik sehr schwierig zu beherrschen ist, dass sie aus langsamen Kurven, wie Badberg- und Nötzoldkurve, viel mit schleifender Kupplung gefahren und der Gasgriff sehr feinfühlig betätigt werden muss. Diesen Nachteil hatten weder die Benelli-Piloten, noch der schnelle Spanier auf der Ossa.

Pasolinis Sieg im Regen und Rosners fantastische Aufholjagd

Unter tosendem Beifall der Zuschauer setzte sich Rosner mit einem Raketenstart sofort an die Spitze des Feldes. Herrero, Pasolini und Carruthers folgten. Als der Spitzenreiter ausgangs der ersten Runde Start und Ziel passierte, sprangen die Massen von den Tribünenplätzen auf, schwenkten ihre Programmhefte und waren aus dem Häuschen, in der Gewissheit, heute fährt der Heinz das Ding nach Hause. Doch alle Hoffnun-

gen verflogen recht schnell, als wir das Stottern des MZ-Motors hörten und Rosner an der Box Kerzen wechseln musste. Inzwischen haben wir drei Streckensprecher zum einen den hart geführten Zweikampf zwischen Pasolini auf der Benelli und Herrero mit der Ossa von Start und Ziel, von der Badbergkurve und der Nötzoldkurve in allen Einzelheiten kommentiert und zum anderen die Aufholjagd Heinz Rosners so geschildert, dass die Fans voll mitgingen und Rosner regelrecht zur Verfolgung der Spitzenreiter antrieben.

Vorn schenkten sich die beiden Führenden nichts. Trotz glatter, regennasser Piste boten sie eine gnadenlose Jagd um den Sieg. Dabei lag Herrero zumeist in Führung. Das war eine ausgeklügelte Taktik Pasolinis. Der clevere Italiener aus Pesaro studierte rundenlang die Fahrweise seines Kontrahenten. Gegen Rennende wusste er, wo Herrero zu packen sein wird. Und so kam es auch: In der letzten Runde beim Anbremsen der Queckenbergkurve schoss Pasolini aus dem Windschatten der Ossa heraus, bremste einen Moment später als der Spanier und hatte damit die innere Linie der Kurve gewonnen. Damit ließ er Herrero keine Chance zum Kontern. Pasolinis anwesender Benelli-Chef, Domenico Benelli, rannte auf die Fahrbahn, nachdem sein Schützling sofort nach Passieren der Ziellinie gestoppt hatte, und haute ihm mit kräftigem Hieb den zusammengeklappten Regenschirm ins Kreuz. Für einen 72-Jährigen eine recht agile Leistung. Dabei begab er sich aber in große Gefahr, denn nun kamen ja all die anderen ins Ziel. Ich rief ins Mikrofon: „Signore Benelli, back please, back please". Also rannte er schnell wieder zurück an die Boxen. Inzwischen preschte Heinz Rosner heran, der das Kunststück fertig brachte, tatsächlich in bestechender Art von der achten Position nach dem Boxenstopp noch auf den dritten Podestplatz vorzustoßen.

Auch wenn er wieder nicht gewonnen hatte, die Zuschauer feierten ihn wie einen Sieger. Ich glaube, auch wir drei Streckenreporter – Horst Kaczmarek in der Badbergkurve, Joachim Eisold an der Nötzoldkurve und ich an Start und Ziel – hatten unseren Anteil zur allgemeinen Begeisterung und zum fairen, objektiven Verhalten der 250 000 Motorsportfans beigetragen.

Ohne Boxenstopp hätte Rosner gewinnen können. Ich habe mir einmal die Mühe gemacht und die tatsächlich gefahrenen Zeiten dieses Rennens der ersten Sechs miteinander verglichen. Das offizielle Ergebnis entnahm ich aus den bei mir verbliebenen Ergebnislisten, die ich als Start- und Zielsprecher stets nach den jeweiligen Rennen bekam. Dazu gibt es von mir eine Anmerkung: Ohne des im ersten Renndrittel stotternden Motors der Rosnerschen MZ und dem daraus resultierenden Kerzenwechsel an den Boxen hätte Rosner durchaus gewinnen können. Nach seinem Boxenstopp, der ihn auf den achten Platz zurück warf, fuhr er schneller als die beiden Spitzenreiter. Dabei überholte er während der Aufholjagd in Weltklasse-Manier immerhin Matti Pesonen, Lothar John, Börje Jansson, den späteren Weltmeister Kel Carruthers und Kent Andersson. Aber Pasolini und Herrero hatten eben schon einen uneinholbaren Vorsprung.

Signore Domenico Benelli (mit Regenschirm) an den Boxen des Sachsenrings. Vor ihm steht Alberto Pagani (in Lederkombi). Beide beobachten das Training der 250er-Klasse.

Weltklassefahrer Renzo Pasolini, Sieger 1969, startete 1970 auch auf der 500er Benelli. (motorrennsportarchiv.de)

Kel Carruthers wurde 1969 Weltmeister mit der 250er Vierzylinder-Benelli. (motorrennsportarchiv.de)

Heinz Rosner am Start zur Regenschlacht 1969 auf dem Sachsenring, gut beschirmt von seiner Frau Katja.

Die traurigen Stunden des Motorsports

Ich habe es bereits an anderer Stelle dieses Buches auszudrücken versucht, wie es mir ging, wenn ein Fahrer tödlich verunglückte. 1969 mussten alle Motorsportbegeisterten am Sachsenring den tödlichen Trainingsunfall von Bill Ivy zur Kenntnis nehmen. Man hörte reihum: „Ausgrechnet der Bill Ivy …". Klar, alle hatten ihn wegen seiner tollen Fahrweise und seiner Späße außerhalb der Rennen in ihr Herz geschlossen. Dennoch spielt der Name für mich keine Rolle. Jeder Rennfahrer, der durch Sturz den Tod findet, und sei es der unbekannteste aus der letzten Reihe, verdient die gleiche Pietät und dessen Nächsten unser Beileid.

Aber Bill Ivy war schon ein besonderer Rennfahrer. Mit den Yamaha-Werksmaschinen erklomm er den WM-Thron 1967 in der 125er-Klasse und gewann zahlreiche Grand-Prix auch bei den 250ern. Beeindruckend für mich war seine Vielseitigkeit, denn der kleine, drahtige Brite startete sehr erfolgversprechend auch mit einem Rennwagen in der Formel II! Von zwei auf vier Räder zu wechseln, hatten vor ihm auch schon John Surtees, Gary Hocking, Gerhard Mitter, Joseph Siffert, Mike Hailwood und Ulf Svensson versucht. Hocking, Mitter und Siffert erlitten dabei tödliche Unfälle. Nur John Surtees schaffte es ganz nach oben: Er ist bis heute weltweit der einzige Rennfahrer, der sich nach sechs WM-Titeln bei den Motorrädern auch noch Weltmeister der Formel 1 nennen durfte. Das war 1964 im Ferrari.

Nun fand wieder ein Rennfahrer im Training auf dem Sachsenring den Tod. Bill Ivy stürzte mit der neuen Vierzylinder-Zweitakt-Jawa (wie mir zu Ohren kam, durch einen technischen Defekt an der Jawa) so unglücklich, dass er seinen schweren Verletzungen noch am Unfallort erlag.

Den ersten WM-Lauf am Sachsenring-Rennsonntag 1969 eröffnete die Klasse bis 350 ccm. Hier hatte Bill Ivy, bevor er den Tod fand, noch die zweitschnellste Trainingsrunde gedreht. Auf den nun leeren Platz legte der Präsident des ADMV, Dr. Egbert von Frankenberg, ein Blumengebinde mit schwarzer Schleife. In Fahrtrichtung rechts davon stand Agostini mit der MV Agusta, links davon Heinz Rosner mit der 300er MZ. Auf ein Zeichen des Präsidenten sprach ich in das Mikrofon: „Liebe Rennbesucher, bitte erheben Sie sich von den Plätzen, um mit einer Gedenkminute unseren Motorsportfreund Bill Ivy ein letztes Mal zu ehren."

Diese Worte musste ich bereits 1967 an die Zuschauer richten, als der Großenhainer Werner Daubitz im Training tödlich verunglückt war.

Leider sollten sich diese traurigen Minuten 1971 wiederholen. Der tödliche Unfall – erneut im Training – von Günther Bartusch nahm mich am allermeisten mit. Eine halbe Stunde vor Trainingsbeginn der MZ-Werksfahrer in der 350er-Klasse standen wir, Walter Kaaden, Heinz Rosner, Silvio Grassetti, ein Italienisch-Dolmetscher und ich mit Bartusch zusammen und unterhielten uns. Im Mittelpunkt stand die Frage, wie bewältigen Grassetti und Bartusch das Training bei der sengenden Hitze an jenem Tag. Dabei mahnten Kaaden und Rosner: „Geht die ersten Runden ganz locker an, aber vorsichtig wegen der an manchen Stellen bereits aufgeweichten Fahrbahn." Kaum hatte das Training begonnen, kam die schreckliche Nachricht: „Den Günther hat es erwischt, nichts mehr zu machen …"

Am Sonntag vor dem Start der 350er-Maschinen wiederholten sich die Szenen von 1967 und 1969. Ursprünglich sollte auf Geheiß (wer immer das bestimmen wollte, weiß ich nicht mehr) dieser Unfall über die Lautsprecher nicht bekannt gegeben werden. Weil aber schon im Rundfunk über Bartuschs tödlichen Unfall berichtet worden war, konnte man diese Tatsache nicht ignorieren. Deshalb bat ich die Zuschauer wieder um Ruhe für eine Gedenkminute.

Aber wie schnell eine getrübte Stimmung in Freudentaumel umschlagen kann, erlebte ich eben auch an jenem Sonntag, dem 11. Juli 1971. Es wurde der Tag der deutschen Rennfahrer aus dem westlichen Teil. Altmeister Ernst Hiller fuhr auf einen tollen dritten Rang mit der Zweitakt-Kawasaki in der Königsklasse, Dieter Braun preschte auf der 125er Maico als Vierter ins Ziel und gewann in taktisch kluger und fahrerisch überragender Manier das Rennen der Viertelliterklasse. Die Zuschauer jubelten, tobten, sangen vor Begeisterung. Ihr Dieter hatte auf dem Sachsenring gewonnen. Es war besonders die Freude, nun endlich wieder einmal seit Ernst Degner einen Deutschen als Sieger bei einem WM-Lauf vor Ort live zu erleben. Sie hätten es genau so gern dem Heinz Rosner gegönnt, wenn er denn noch dabei gewesen wäre. Aber auch Friedel Kohlar, Hartmut Bischoff, Thomas Heuschkel, Günther Bartusch oder ein anderer DDR-Spitzenfahrer wären ebenso gefeiert worden, egal in welcher Klasse sie gewonnen hätten. Aber Heinz war weg, die anderen Deutschen hatten nicht das Material zum Siegen und Dieter fuhr eine zuverlässige Yamaha, die keine Aussetzer hatte, nicht ausfiel und mit viel Schneid beherrscht wurde.

An jenem Tag merkte ich deutlich, wie nah im Motorsport Freud und Leid (damals in umgekehrter Reihenfolge) beisammen liegen. Welche Auswirkungen der Jubel über den Dieter-Braun-Sieg auf Rennleiter Hans Zacharias und mich noch haben sollte, wird später ein Thema sein.

25 Die internationalen Rennen mit familiärem Flair

Besonders viel Freude bereiteten mir immer wieder das Kommentieren und Ansagen auf den Rennstrecken außerhalb der WM-Läufe des Sachsenrings. Bei den Rundgängen durch die Fahrerlager blieb ich an so manchem Klapptisch oder Vorzelt zu einem kleinen Plausch hängen. Wie nett und familiär das auf der Dresdener Autobahnspinne, auf dem Bautzener Autobahnring, dem Frohburger Dreieck und natürlich dem Schleizer Dreieck zuging, war mit dem streng reglementierten, überzogen sachlichen Umgang auf dem Sachsenring nicht zu vergleichen. Das lag in Hohenstein-Ernstthal nicht an den Fahrern, Mechanikern, Helfern, Ehefrauen und anderen Verwandten der Aktiven aus vielen Ländern, sondern am Übereifer einiger „kleiner Stalins" und Wichtigtuer des Veranstalters.

Die internationalen Rennen ohne WM- aber mit DDR-Meisterschaftsstatus zeichneten sich auch durch hohes fahrerisches und technisches Potenzial aus. Hier siegten die Edelbastler, genialen Fahrwerkskonstrukteure und Motorentuner der DDR. Aus hergebrachtem, teilweise handelsüblichem Material oder selbst angefertigten Motor- und Getriebegehäusen sowie deren Innereien entstanden schnelle Rennmaschinen und Rennwagen. Auf dem Sachsenring gingen sie unter, inmitten wesentlich besserer fernöstlicher und westlicher Technik. Die Fahrer jenseits von Mauer und Zaun konnten sich das dank harter Währung alles kaufen. Aber diejenigen, die das konnten und nach Dresden, Frohburg, Bautzen, Bernau und Schleiz kamen, gehörten ebenso zur großen Familie des Motorsports in unseren Fahrerlagern. Die abendlichen Gespräche im Dunst von auf dem Rost Gegrilltem rissen nicht ab, dauerten oft bis nach Mitternacht. Ich war, wie selbstverständlich, mit allen „per du", die mir freundlich die Hand reichten, egal ob Deutsche aus Ost und West oder Aktive aus Holland, der Schweiz, Irland, Finnland, CSSR, Ungarn, Polen, Österreich und Estland.

Bei Rädleins gab es immer etwas Feines zu essen. Frieders liebe Frau, die Hanna, war dafür bekannt. Dann kam ich bei Han Leenherr vorbei. Wir handelten aus, wie er mir zu welchem Ostmark-Preis die nächsten Kanzeln für die Thaßlerschen Rennverkleidungen aus Holland mitbringt. In Schleiz fuhr ich mit einem alten Opel Kadett von 1941 in eine dunkle Waldschneise, Leenher mit seinem Transporter hinterher, keiner hatte uns gesehen, und schon hatte ich die zehn Kanzeln unter einer Decke im Opel versteckt. Er nahm die Scheine, ich sagte: „Zähl nach!" Er meinte nur, mir vertrauend: „Schon gut, danke!"

Interessante Gespräche gab es auch mit einem besonders sympathischen Rennfahrer aus der Schweiz. Wenn Ivar Sauter von den Bergrennen schwärmte, an denen er in Südfrankreich, Deutschland, Italien, Österreich und der Schweiz teilnahm, hörten wir aufmerksam zu. Beim Thema Bergrennen am Mont Ventoux in der Provence oder vom Schauinsland-

Ivar Sauter in seinem Element beim „Schauinsland"-Bergrennen 1969 auf der Aermacchi. (Jelinek)

Günter Hilbig, Sieger der „Schnapsglasklasse" 1974 auf dem Sachsenring. Als jung gebliebener Oldtimer glänzt er heute noch beim historischen Motorsport. (motorrennsportarchiv.de)

Bergpreis kam er ins Schwärmen, waren diese schwierigen, viele Kilometer langen Kurse doch seine Lieblingsstrecken. Seit es den ADMV Classic Cup gibt, nahm der Schweizer bisher an zahlreichen Veranstaltungen teil, besonders gern kommt er zu den Bergrennen in Lückendorf, Ziegenrück und Reichenbach/ Mühlwand.

Zu den absoluten Regenspezialisten bei den 125ern gehörte Bernd Döhnert. (motorrennsportarchiv.de)

Eckart Finke (Nr. 110) und Hartmut Bischoff (Nr. 100) prägten mit technischem Wissen und handwerklichem Können sowie brillantem Fahrstil viele Jahre das Bild des Motorsports der DDR. (motorrennsportarchiv.de)

Fachsimpeln zu nächtlicher Stunde

Es war 1967 in Bautzen: Einer der ersten Motorrad-Rennfahrer aus der BRD, die wieder an Rennen in der DDR teilnahmen, war Lothar John aus Schriesheim an der Bergstraße. Während des Trainings hatte ich keine Zeit im Fahrerlager Gespräche zu führen und danach fand ich den mir von früheren Starts her bekannten Piloten aus Westdeutschland nicht mehr im Fahrerlager. Meine Frau und ich wohnten im Hotel, in dem auch die Sportkommissare und einige Rennfahrer übernachteten. Es war gegen 23 Uhr. Wir lagen schon im Bett, als wir aus einem der unteren Räume Stimmen hörten, die mir und meiner Frau bekannt vorkamen. Sie riet mir: „Zieh Dich an und gehe dort runter zu den Leuten, Du gehörst doch dazu." Ich befolgte ihren Rat und gelangte in eine interessante Gesprächsrunde von Motorsportexperten. In einem Gemeinschaftsraum saßen der Bautzener Rennleiter Werner Bitterlich, der Rennleiter vom Sachsenring, Hans Zacharias, der Rennleiter vom Frohburger Dreieck, Gerhard Johst, die Sportkommissare Max Haufe und Heinz Lindner mit den Motorradrennfahrern Herbert Denzler aus der Schweiz und Lothar John aus Schriesheim in angeregtem Gespräch beisammen. Freundlich wurde ich begrüßt und in die Runde aufgenommen. Sofort kam ich mit Lothar John und Herbert Denzler ins Fachsimpeln. John meinte, er hätte während des Trainings der anderen Klassen zugeschaut und meinen Ansagen und Kommentaren zugehört: „Ich bin erstaunt, was Du alles über uns westliche Fahrer und über unsere Rennmaschinen weißt. Solch gute Fachkommentare hört man nicht auf allen Rennstrecken. Bei uns auf den westdeutschen Pisten haben wir mit Jochen Luck auch einen großartigen Streckensprecher. Er ähnelt von der Sprechweise her Eurem früheren Strecken- und Rundfunk-Motorsportreporter Gigo." Weil Lothar John bereits 1960 auf dem Sachsenring auf einer BMW in der Halbliterklasse gestartet war, kannte er natürlich auch unseren Hubert Schmidt-Gigo. Der Schriesheimer verriet mir damals in Bautzen zu nächtlicher Stunde, dass er sich auf der 250er Suzuki sehr wohl fühlte, aber gern auch eine 125er MZ fahren würde. Das gelang ihm 1969 mit der Neckermann-MZ. Seine Rennfahrerkollegen Dieter Braun und Hans-Georg Anscheidt fuhren bereits 1968 auf Achtelliter-Neckermann-MZ's, Braun außerdem sogar noch mit der 250er Neckermann-MZ.

40 Jahre nach unserem Wiedersehen in Bautzen startete mein Freund Lothar John auf dieser 8-Gang MZ-RE (Nr. 6) von Wolfgang Weigel in Zschorlau. (Quaas)

Das Sprecherteam an der Autobahnspinne Dresden-Hellerau 1969 (v. li.): Joachim Eisold, Hartmut Wagner und Lutz Weidlich. Rechts daneben Rennleiter Werner Fischer und Sportkommissar Gerhard Johst. (Archiv Weidlich)

Der neunmalige DDR-Meister Gernot Weser aus Riesa siegte auch auf der Dresdener Autobahnspinne 1969. (motorrennsportarchiv.de)

Der Neuseeländer Ginger Molloy, oftmals Starter auf DDR-Rennstrecken, gewann 1968 in Bautzen das 250er-Rennen auf der Drehschieber-Bultaco mit einer Runde Vorsprung. Rechts (in der Lederkombi) sieht man Han Leenherr.

Auf dem Dach: Meine Sprechstelle an der Bernauer Schleife 1965. (Wagner)

Nach 1974 nur noch drei ostdeutsche Rundstrecken

Auch wenn Rennfahrer und Rennfans das Fehlen der geliebten Halle-Saale-Schleife bedauerten, waren sie andererseits heilfroh, dass neben dem Sachsenring noch in Schleiz, Dresden, Bautzen, Bernau und Frohburg Rennen mit internationaler Beteiligung gefahren werden durften. Doch der Straßenverkehr nahm immer mehr zu, so dass ein Ende der Autobahn-Rennstrecken wie Bernauer Schleife, Bautzener Autobahnring und Autobahnspinne Dresden-Hellerau absehbar war. So verblieben uns Motorsportlern in der DDR ab Mitte der 70er-Jahre nur noch drei Rundkurse: Sachsenring, Schleizer und Frohburger Dreieck. Das letzte

Die formschönen Melkus-Wartburg-Formel-III-Rennwagen von Heinz Melkus (Nr. 81), Frieder Rädlein (Nr. 83) und Ulli Melkus (Nr. 101) in der ersten Reihe am Start zum Spinne-Rennen in Dresden 1968. (Archiv Rädlein)

Rennen auf der Spinne fand 1971, das auf der Bernauer Schleife 1973 statt, und in Bautzen dröhnten zum letzten Mal 1974 die Motoren. Das war für die Rennfahrer eine große Enttäuschung, denn was sind schon drei Starts im Jahr. Es gab zwar zusätzlich einige Bergrennen, aber hierbei fehlte der Reiz, schnelle Rundenjagden vor großer Zuschauerkulisse zu absolvieren. Zum Glück bot sich den ostdeutschen Rennfahrern die Möglichkeit, bei vielen Rennveranstaltungen in der CSSR, Polen, Ungarn und auch in der Sowjetunion zu starten. Rennveranstaltungen im kapitalistischen Ausland waren ohnehin tabu.

Beim Schleizer Dreieckrennen 1965 und 1966 kommentierte ich für die Zuschauer an der Heinrichsruher Kurve am Luginsland.

Meine Lieblings-Rennstrecke: Das Schleizer Dreieck

Auf dem Schleizer Dreieck, der ältesten Naturrennstrecke Deutschlands, fühlte ich mich stets besonders wohl, egal ob als Streckensprecher, ob später als Rennfahrer oder nach der Wende als moderierender Kommentator im historischen Motorsport. Schon als Zuschauer, viele Jahre zuvor, begeisterten mich die Rennen in Schleiz mit berühmten Fahrern aus aller Welt vor vollen Tribünen und Stehplätzen.

Als ich zum ersten Mal als Streckensprecher am Dreieck fungierte, spürte ich bereits die perfekte Organisation. Mein Debüt gab ich 1965 an der Sprechstelle Heinrichsruher Kurve außen. Sie war so postiert, dass

ich sowohl die Bremszone am Luginsland als auch die Beschleunigungstrecke hinunter zum Schauerschacht überblicken konnte. Hier erlebte ich das enorme Flair der Formel-III-Rennwagen, ausgelöst durch die hervorragenden Besetzungen mit klangvollen Namen. Ohne die ebenso fantastischen Motorradrennen abzuwerten, war mein Eindruck, dass dank der rührigen Schleizer Veranstalter das Niveau der Autorennen von Jahr zu Jahr auf in der DDR nie gekannte Höhen gehoben wurde. Deshalb darf mit Fug und Recht gesagt werden, das Schleizer Dreieck wurde neben Brünn zum zweiten Mekka der Formel-III-Rennen im Ostblock.

Allein 1966 standen 36 Rennwagen der Formel III am Start. Neben allen Spitzenpiloten aus der DDR, der

CSSR, der UdSSR, aus Polen und Ungarn trumpften besonders die Franzosen Patrick Dal Bo, Eric Offenstadt, beide auf Pygmee, der Belgier de Fierland, der Schweizer Jürg Dubler und der Schwede Ulf Svensson auf. Somit waren jede Menge interessante neue Rennwagen zu bestaunen und spannende Rennen zu erwarten. Das galt auch für das Rennen um den Pokal der sozialistischen Länder, in dem sportlich interessante Kämpfe geboten wurden. Jerzy Jankowski aus Polen gewann das Rennen vor Willi Lehmann, Heinz Melkus und Jaroslav Bobek. Interessant für mich zum Schildern: Hier gab es eine Art Duell zwischen Viertakt- und Zweitaktmotoren. Die Rennwagen des Polen und des Tschechen wurden von Viertaktmotoren angetrieben, die Silberpfeile von Lehmann und Melkus dagegen von getunten Zweitaktern aus dem Wartburg.

Die Dominanz der Formel-III-Boliden mit Viertaktmotoren

Erstmals zeigte Jürg Dubler, was er fahrerisch und sein Brabham leistungsmäßig drauf hatten: eine Super-Rundenzeit von 3:04,7 Minuten Diese Zeit entsprach einem Durchschnittstempo von 148,73 km/h! Das Geschehen damals an einem so interessanten Streckenabschnitt, wie Heinrichsruher Kurve, zu kommentieren, machte mir sehr viel Spaß. Dabei nutzte ich immer die Gelegenheit, den Zuschauern Details zu den Fahrern und ihren Rennwagen zu vermitteln.

Ab 1967 sprach ich von Start und Ziel aus. Wieder überschlugen sich die Ereignisse: Erst schraubte Dubler den Rundenrekord auf 150,9 km/h, dann durchbrach Chris Williams aus England im Brabham, der das Rennen gewann, als erster die „Schallmauer" von drei Minuten mit 2:59,7. Danach setzte er mit 2:59,2 noch einen drauf und erreichte einen Runden-Durchschnitt von 153,2 km/h! Zehn Piloten aus Schweden, der Schweiz, England, Australien und Belgien standen

Jürg Dubler aus der Schweiz liebte das Schleizer Dreieck. Er fiel leider öfter durch technischen Defekt aus. (Ritter)

am Start mit den modernsten Formel-III-Boliden des Jahres 1967. Damit war auch klar, dass die in mittleren und hinteren Startreihen stehenden zehn DDR-Piloten mit ihren Zweitaktern kaum eine Chance hatten, mitzuhalten. Trotzdem erhielten sie von mir über die Lautsprecher wegen ihres großartigen fahrerischen Könnens die gebührende Aufmerksamkeit. Lehmann, Melkus, Rädlein, Findeisen, Pfeiffer und Roediger fuhren zwangsläufig nicht an der Spitze, fighteten aber ebenso hart um Punkte der DDR-Meisterschaft.

MZ-Piloten stellten 1968 neue Rekorde auf

Ein Jahr später, 1968, jubelten die Zuschauer im ersten Rennen des Sonntags den schnellen Männern auf ihren 125er-Rennmotorrädern zu. Nach einem an Spannung nicht zu übertreffenden Zweikampf zwischen Friedhelm Kohlar und Günther Bartusch, beide auf MZ-RE, gewann Kohlar mit dem hauchdünnen Vorsprung von einer Zehntelsekunde. Trost für den Zweiten: Günther Bartusch drehte im Rennen die schnellste Runde in 3:23,4 Minuten. Neuer Rundenrekord für die Achtelliterklasse! Hartmut Bischoff wurde Dritter vor Jürgen Lenk und Bernd Köhler.

In mir als Sprecher schlug das Herz schneller, denn es folgte der nächste Paukenschlag: Die 250er stehen am Start mit dem derzeit WM-Dritten, Heinz Rosner. Der fährt, als ginge es um die Weltmeisterschaft, gewinnt mit drei Minuten und 13 Sekunden Vorsprung dieses, „sein" Rennen! Dabei hat sein MZ-Kollege Laszlo Szabo noch Glück, nicht überrundet zu werden. Aber der Ungar stellt einen neuen Rundenrekord dieser Klasse auf: 3:15,1 Minuten. Weltklassemann Kent Andersson aus Schweden sieht als Dritter sogar erst mit einer Runde Rückstand die schwarz-weiß karierte Zielflagge. Rosner erfährt den verdienten Riesenapplaus auf der Ehrenrunde und das Lob von mir zusätzlich über die Lautsprecher.

Dieser Sonntag in Schleiz blieb auch nach den Motorradrennen ein besonders interessanter Tag.

Die Formel III auf regennasser Piste

Eben, als die internationalen Rennwagen zur Startaufstellung fuhren, fing es zu regnen an. Neben mir saß zum ersten Mal Hartmut Wagner aus Freiberg als Nachwuchs-Streckensprecher. Er sollte von mir und Joachim Eisold lernen, wie man im Motorsport für die Zuschauer kommentiert. Dabei gab er sich viel Mühe, hielt sich an meine Anweisungen und zeigte Talent.

Einziges Manko bei ihm, auch noch viele Jahre später: Er lernte nie, die Namen ausländischer Fahrer richtig auszusprechen.

Zurück zur Formel III, den beiden letzten Rennen des Jahres 1968. Zuerst kreischten die von Wartburgmotoren angetriebenen „Zigarren" der DDR-Piloten um den Kurs. Fehlerfrei und souverän gewann Peter Findeisen diesen Lauf zur DDR-Meisterschaft vor Heinz Melkus und Wolfgang Krug.

Es folgte der Schlussakkord: Das internationale Rennen der ausländischen Gäste. Wer würde diese Regenschlacht gewinnen? Rennleiter Kurt Uebel mahnte die Fahrer zu Vorsicht, warnte sie vor den Tücken der nassen Fahrbahn und den Folgen bei einem etwaigen Abflug. Ich wollte zwar den Teufel nicht an die Wand malen, wiederholte aber die Worte des Rennleiters gut hörbar für die Zuschauer und auch für die Fahrer. Schließlich war damals das Schleizer Dreieck in seiner Streckenführung mit den besonders schnellen Kurven-Abschnitten, wie Lindenweg, Seng, Schauerschacht und Oberböhmsdorf, auf regennasser Fahrbahn keine einfache Sache. Wer an diesen Stellen schnell sein wollte, brauchte zwar viel Mut, aber auch eine gehörige Portion Selbstbeherrschung, gerade dort vom Gas zu gehen, um nicht abzufliegen.

Chris Williams hatte abgesagt, ebenso die Schweizer Jürg Dubler und Fritz Riesen. Alle drei starteten bei einem wichtigen Rennen in der für Europa bedeutendsten internationalen britischen Meisterschaft. Schade, dass auch Natalie Goodwin nicht nach Schleiz kam, so konnten wir leider nicht diese schnelle Dame am Volant eines Rennwagens bewundern.

Das Rennen selbst stand im Zeichen des Zweikampfes zwischen dem späteren Sieger Alan Rollinson aus England auf Chevron-Ford und Bernhard Baur aus der Schweiz im Brabham-Ford. Letzterer musste sich dem Briten mit einem knappen Rückstand von 3,5 Sekunden geschlagen geben. Der dritte, Jean Blanc (Schweiz) auf Lotus, belegte satte anderthalb Minuten zurück den dritten Platz. Die schnellste Runde im Regen notierte die Zeitnahme mit 3:29,8, gefahren von Bernhard Baur. Das war trotz der nassen Piste immerhin ein Rundendurchschnitt von 130,9 km/h. Obwohl es weiterhin regnete, harrten die meisten Zuschauer, zumindest diejenigen in der Nähe von Start und Ziel, weiter aus, um auch noch die von mir angesagte Siegerehrung mit den Interviews der drei Ersten zu erleben.

Friedhelm Kohlar (MC Nossen) gehörte in der 125er-Klasse zu den erfolgreichsten Rennfahrern in ganz Deutschland.

Nahezu verwachsen mit seinem Melkus-Wartburg demonstrierte Frieder Rädlein aus Dresden stets Motorsport vom Feinsten. (Archiv Rädlein)

Bernhard Baur hat ein Problem, Friedel Kohlar löst es!

Weil die Formel III immer mehr das Prädikat „Sprungbrett in die Formel 1" bekam, stiegen die Leistungsdichte, das fahrerische Potenzial und die Schnelligkeit der Monoposti 1969 weiter an. Ein Teil dieser bereits bestehenden oder auch künftigen Elite gehörte zum Starterfeld des Schleizer Dreiecks. Für alle Rennwagenfans, die Jahr für Jahr an diese wunderschön gelegene Naturrennstrecke reisten, bedeutete das, noch näher am internationalen Geschehen der Autorennen zu sein, vor allem noch mehr das Flair dieser hochkarätigen Formel III zu genießen und sich an Optik und Sound der Boliden zu erfreuen. Dieses Rennfieber erfasste uns Streckensprecher natürlich auch. Während im Fahrerlager teils Ruhe, aber auch jede Menge Hektik herrschte, versuchte ich mit jenen Rennfahrern, die eine etwas ruhigere Gangart bevorzugten, ins Gespräch zu kommen. Nur so konnte ich das Neueste aus dem westlichen Lager der Formel III erfahren und später den wissensdurstigen Zuschauern mittels Mikrofon und Lautsprecher erzählen.

Dabei kam ich auch zu Bernhard Baur und seinen Helfern. Einer davon, Max Bucher aus Wichtrach, hatte zusammen mit Baur den Rennwagen aufgebockt. Auf meine Frage, was denn kaputt sei, stellte mir der Pilot eine Gegenfrage: „Wo ist hier der nächste Flughafen, ich muss schnell mal nach England, einen Armstrong-

Stoßdämpfer besorgen." Dabei zeigte er auf das auf einer Plane liegende zerlegte hintere Federbein. Ich musste die Frage nach einem Flugplatz in der Nähe verneinen, der nächste läge in Karl-Marx-Stadt, aber da würde derzeit nichts fliegen, außer Vögel. „Dann kann ich morgen nicht starten, wir haben Ersatzdämpfer offenbar zu Hause liegen lassen", resignierte Baur. In diesem Augenblick kam Motorradrennfahrer Friedhelm Kohlar in unsere Nähe, sah mich und fragte in seiner typischen Art: „Was friemeln die denn an der Kiste rum?" „Kolbenstange im Stoßdämpfer gebrochen, und wir haben keinen Ersatz", kam die Antwort von Max Bucher. Darauf Kohlar: „Gebt mir mal den ganzen Schrott her, da muss doch was zu machen sein." Er betrachtete die gebrochene Kolbenstange, nickte mit dem Kopf und sagte freundlich: „Jungs, ich nehme das alles mit und morgen früh habt ihr einen funktionsfähigen Stoßdämpfer." Das Staunen bei den Schweizern war gewaltig. Bucher: „Was diese DDR-Leute alles können, man glaubt es nicht." Am nächsten Morgen brachte Friedhelm Kohlar den reparierten Stoßdämpfer mit neu angefertigter Kolbenstange einbaufertig und funktionstüchtig zurück. Somit konnte Bernhard Baur starten und im schnellsten Rennen des Tages sogar als Dritter das Podium erklimmen.

Tecno heißt die neue Erfolgsmarke

Die beiden Schweizer Teams um Baur und Dubler brachten nicht mehr wie bislang ihre Brabhams nach Schleiz, sondern 1969 nagelneue Tecno-Rennwagen. Für die Zuschauer ein neuer Name! Selbstverständlich informierte ich sie. Die Formel-III-Tecno-Boliden wurden bei den Gebrüdern Pederzani in Bologna gebaut und von Nova-Motoren (1.000-ccm-Vierzylinder-Viertakt-Reihenmotor auf Ford-Basis)) angetrieben. Leider kam es oft zu Verwechslungen zwischen den Namen der Rennwagenhersteller Pederzani und der Motorenbauer Pedrazzani. Auch sie waren zwei Brüder und hatten ihre Tuningwerkstätten im italienischen Novara (Piemont). Daher auch der Name Novamotor. Bernhard Baur erklärte: „Diese Aggregate leisten etwa 118 PS bei 9 400 Touren. Wir kommen je nach Übersetzung bei unserem ultra-niedrigen Fahrzeuggewicht von nur 405 Kilogramm auf etwa 230 bis 240 km/h." Mechaniker Max Bucher ergänzte: „Den Kraftstoff erhalten die Motoren von zwei elektrischen Benzinpumpen über einen Weber-Fallstromvergaser, wobei beim Novamotor die Drosselklappe durch eine Guillotine ersetzt wurde. Der Ölumlauf im Motor beträgt sechs Liter". Den Benzinverbrauch gab Baur mit 20 bis 25 Liter je 100 Kilometer an und fügte schnell hinzu: „Natürlich im Renntempo." Übrigens: 1970 lenkte Clay Regazzoni einen Tecno-Rennwagen in der Formel II. Ich erinnere mich noch gut an die Fernsehübertragung des Finalrennens um die Europameisterschaft der Formel II auf dem Hockenheimring. Der gehörte damals mit seinen langen Geraden, die von drei Schikanen unterbrochen wurden, neben Monza, Silverstone und Spa-Francorchamps zu den schnellsten Vollgaspisten Europas. Richard von Frankenberg kommentierte zum Fernsehbild. Seine Stimme überschlug sich, als Dieter Quester im BMW und Regazzoni im Tecno-Ford nebeneinander in der letzten Runde in das Motodrom einbiegen wollten. Es blieb beim Wollen: beide kollidierten. Die Wagen rutschten auf die Wiese und drehten sich. Der Tecno stand entgegen der Fahrtrichtung, wurde von Regazzoni gewendet und wieder auf die Fahrbahn gelenkt, dann volle Pulle in Richtung Ziel. Aber wo war Quastel (so genannt von seinen Freunden)? Der hatte das Glück des Tüchtigen gepachtet. Sein BMW kam nach dem Dreher gleich in die richtige Richtung, so dass der Österreicher weniger Zeit als sein Kontrahent verlor und vor dem Tessiner wieder auf der Piste landete. Mit knappem Vorsprung überfuhr Quester mit einem breiten Grinsen im Gesicht als Sieger die Ziellinie. Aufgrund besserer Resultate aus vorherigen Rennen als Quester konnte sich der Schweizer mit dem Europameistertitel schmücken. Außerdem glänzte Regazzoni im gleichen Jahr als Ferrari-Werksfahrer durch gute Erfolge in der Formel 1.

Bernhard Baur gehörte bei allen seinen Starts zu den schnellsten Formel-III-Piloten in Schleiz. (Fichtelmann)

Wie schon beschrieben, bestach inzwischen in der Formel III der nord-, west-, mittel- und südeuropäischen Rennfahrer immer stärker die Vielfalt der einzelnen, sich nur geringfügig in Design und Leistung unterscheidenden Rennwagen. Bisher dominierten vor allem die Marken Lotus und Brabham. Aber auch Chevron und Tecno, K2-Holbay, EMC-Ford, Titan sowie Renault-Alpine kamen als ernstzunehmende Konkurrenten an die heiß begehrten Formel-III-Schauplätze in Europa. Die von Patrick Dal Bo bislang pilotierten Pygmeè und die italienischen De Sanctis verschwanden allmählich von der Bildfläche, und vereinzelt sah man noch veraltete Cooper den Feldern hinterherfahren. Bernhard Baur brachte es in seiner Kolumne der Schweizer Motorsport-Zeitschrift „Powerslide" (Juni 1969) auf den Punkt: „Die Formel III hat eine Ausgeglichenheit erreicht, wie sie im Renn-

sport nur selten anzutreffen ist. Fast alle Piloten, es sind deren 40 bis 60 pro Rennen, treten mit neuem Material an, und so liegt es schließlich nur noch beim Fahrer selbst, welches Resultat erreicht wird."

Warum schildere ich das hier in solcher Deutlichkeit? Weil auf diesem hohen Niveau eben auch die Autorennen auf dem Schleizer Dreieck stattfanden. Für die ostdeutschen Fahrer muss das deprimierend gewesen sein, auch wenn sie es sich nicht anmerken ließen. Deshalb entschloss man sich, diesen Piloten ein separates Rennen zu ermöglichen. Das trugen sie als Lauf zur DDR-Meisterschaft aus. Für die Ausländer waren ein Vorlauf und ein Endlauf angesetzt.

Schon während des Trainings kamen die zu Scharen angereisten Zuschauer aus dem Staunen nicht heraus. Sie sahen und hörten die Lotus, Brabham, Tecno, Titan und Chevron, insgesamt 17 dieser Boliden, mit den

Jürg Dubler (li.) fiel im Formel-III-Rennen 1969 aus. Ole Vejlund aus Dänemark gelang ein toller vierter Rang. (Ritter)

nunmehr 35 Zentimeter breiten Schlappen auf den Hinterrädern, den Kurs umrunden. Die Begeisterung schien grenzenlos.

Ulf Svensson, der auch schon wie Dubler und Baur oftmals auf dem Dreieck gestartet war, erklärte mir seinen Brabham: „Der Vierzylindermotor stammt von Cosworth, leistet bei 10 000 Umdrehungen der Kurbelwelle pro Minute 120 PS. Wir erreichen hier auf der Abfahrt zur Seng etwa 225 km/h." Weiter erzählte mir der damals 33-jährige Kfz-Mechaniker, dass er mit elf Jahren schon Motorrad fuhr, später mit einer 125er Production-racer-Honda auch an internationalen Rennen teilnahm und bis 1969 bereits über vier Jahre Autorennen bestritt.

„Ich freue mich auf dieses Rennen hier besonders", verriet mir der sympathische Schwede und fuhr fort: „Es ist toll, in Schleiz, einer Stadt des Ostblocks, so hochkarätige Gegner anzutreffen. Mein Landsmann Freddy Kottulinsky dürfte nur schwer zu besiegen sein." Womit seine Befürchtung auch eintreffen sollte. Der schwedische Graf Kottulinsky bestach schon im Training mit superschnellen Zeiten in seinem Lotus-Ford. Mit einer sagenhaft schnellen Runde in 2:57,2 Minuten katapultierte sich Freddy auf die Pole Position. Das war bereits Rekord, aber nur inoffiziell, weil nur die im Rennen erreichten schnellsten Rundenzeiten als Rekorde anerkannt wurden.

Die Ausgeglichenheit des Starterfeldes der Formel III zeigte sich schon während des Trainings: Svensson blieb als Erster mit 2:59,1 unter der Dreiminutengrenze. Dubler setzte nach: 2:58,5! Als ich das bekanntgab, johlten die Massen. Das waren immerhin schon 153,9 km/h. Doch Freddi Link aus Österreich zog blank und ließ sich mit 2:58,3 die momentane Bestzeit notieren. Das konnte zu Trainingsende Ulf Svensson noch besser, mit 2:57,7 Minuten. Mit dieser sensationellen 154,59 km/h-Runde stand er neben dem Grafen als Zweiter in der ersten Startreihe. In den ersten drei Reihen ging es nach den gefahrenen Trainingsrunden äußerst knapp zu: Ganz vorn ein Lotus mit Kottulinsky und ein Brabham mit Svensson, dahinter zwei Tecnos von Bernhard Baur und Jürg Dubler. In der dritten Reihe wieder ein Brabham des Dänen Ole Vejlund, daneben ein Titan von Michael Campbell aus den USA. Freddi Link (Tecno), Bo Ericssen (Brabham), Ruedi Gygax (Tecno), Jean Blanc (Tecno) sowie weitere sieben Fahrer mit Lotus, Brabham, Chevron Tecno und Cooper vervollständigten dieses Klassefeld.

Rosner: „Wir sind doch alle hart im Nehmen"

Wie immer gab es bei den Motorrädern gut besetzte Felder mit zahlreichen Spitzenfahrern aus der DDR und dem Ausland. Die beiden MZ-Werksfahrer, Heinz Rosner und Günther Bartusch weilten – soweit ich mich erinnere – am Samstag noch irgendwo im Ausland bei einem Rennen oder zu Testfahrten. Vielleicht standen auch die Werksmaschinen am Sonnabend noch nicht zur Verfügung, ich weiß es nicht mehr. Dafür weiß ich aber noch genau, dass Günther Bartusch eine Woche zuvor beim finnischen WM-Lauf in Imatra zweimal als Zweiter auf dem Siegerpodest stand. Zuerst in der 125er-Klasse und später noch bei den Viertellitermaschinen. Hier war nur Kent Andersson schneller. Bartusch besiegte Börje Jansson, Weltmeister Kel Carruthers, Dieter Braun (übrigens auf MZ) und Santiago Herrero. Eine ganz großartige Leistung, wie ihm auch von MZ-Rennchef Walter Kaaden bestätigt wurde.

Also, Rosner und Bartusch bekamen, ehe am Sonntagvormittag die Rennen begannen, ein Sondertraining. Dabei stürzte Bartusch so unglücklich, dass er die Besinnung verlor. Nachdem er wieder bei Bewusstsein war, kam er in das Fahrerlager und setzte sich bei den MZ-Leuten in einen Liegestuhl. Ich war auch zugegen und es gab viel zu erzählen. Plötzlich gähnte Günther Bartusch laut und sagte: „Meine Güte, bin ich müde." Darauf guckte ihn Heinz Rosner ganz verdutzt an und meinte: „Was soll ich denn sagen, bin die ganze Nacht Auto gefahren und Du hast doch immerhin schon eine gute Stunde geschlafen (womit er die Bewusstlosigkeit nach dem Sturz meinte)." Alles ringsum schüttelte sich aus vor Lachen, nur Bartusch nicht. „Das finde ich aber jetzt gar nicht lustig", empörte er sich. Darauf der Heinz: „Nimms nicht krumm, wir sind doch alle hart im Nehmen." Hätten wir damals schon gewusst, dass Bartusch 1971 auf dem Sachsenring tödlich verunglückt, wäre uns sicher das Lachen vergangen.

Freudige Überraschung: Manfred von Brauchitsch sitzt neben mir!

Nach dieser – wie immer – für mich informativen kleinen Gesprächsrunde bei MZ begab ich mich kurz vor Rennbeginn auf die große Plattform über dem Zeitnahmeflachbau und dort an einen kleinen Tisch, auf dem sich Mikrofon und meine für die einzelnen Rennen benötigten Unterlagen befanden.

Die Sportkommissare Heinz Walther und Kurt Greiner (in den 50er-Jahren mit Ehefrau Helga Seitenwagen-Gespann-Rennfahrer) informierten mich, dass als Ehrengast Manfred von Brauchitsch eingeladen worden war und gern neben dem Streckensprecher Platz nehmen möchte. Ich war erstaunt und erfreut zugleich. Wann und wo, wenn nicht hier, hätte ich Gelegenheit gehabt, diesen berühmten und erfolgreichen Autorennfahrer der Vorkriegszeit zu interviewen und mit ihm über Autorennen aus seiner Sicht zu plaudern. Dabei dachte ich natürlich an die fast 40 000 Rennbesucher, die gern diesen Gesprächen zuhören würden. Das hieß: Mikrofon auf und Lautsprecher an.

Schon der Vorlauf für die ausländischen Formel-III-Piloten war derart spannend, dass selbst dem berühmten ehemaligen Mercedes-Werksfahrer vor Begeisterung der Mund offen blieb. „Wie die das Windschattenfahren beherrschen, das ist ja teuflisch gut", staunte von Brauchitsch. Ich fragte ihn: „Wie war das früher bei Ihnen mit Rudolf Carracciola, Bernd Rosemeyer, Tazio Nuvolari, Hans Stuck, Hermann Lang oder Richard Seaman?" Darauf er: „Es gab in den 30er-Jahren superschnelle Rennstrecken mit endlos langen Geraden und sehr schnellen Kurven. Dort, wie zum Beispiel auf der Avus, in Tripolis oder der langen Geraden des Nürburgrings von der Döttinger Höhe bis zu Start und Ziel, saugten wir uns im Windschatten des Vorderwagens an und gingen dann mit viel Tempoüberschuss vorbei. In der nächsten Runde erschien der Hintermann immer größer in den Rückspiegeln und holte sich an den gleichen Stellen die Führung zurück. Diese Spielerei ging über viele Runden und erforderte allerhöchste Konzentration mit unseren 750 bis 800 Kilogramm schweren und weit über 500 PS starken Geschossen. Dazu kam, dass wir damals nur relativ schmale Reifen zur Verfügung hatten, und die waren nach einigen Runden Nordschleife total abgenutzt. Das hieß, öfters die Boxen aufsuchen, tanken und Reifen wechseln. Dann gings weiter, unendlich lange. Bei den damaligen Rennen mussten wir ja oftmals bis zu 500 Kilometer oder mehr als drei Stunden am Lenkrad arbeiten." Auf meine Frage: „Würden Sie sich heute noch einmal hinter das Lenkrad eines solchen modernen Formel-Rennwagens klemmen?", antwortete er mir: „Nein, ich glaube nicht, dass ich als nunmehr 63-Jähriger mit diesen Apparaten auf Anhieb klarkäme. Aber ich traue mir zu, mit einem meiner damaligen, für die heutige Zeit schwerfälligen,

Mercedes-Rennwagen noch einige gemächliche Runden zu drehen, bevor die Zündkerzen verölen." Darauf lächelte Manfred von Brauchitsch verschmitzt und sah weiter begeistert, ja mit leuchtenden Augen, dem spannenden Formel-III-Rennen zu.

Auch wir beide, Joachim Eisold an der Luginsland-Sprechstelle und ich an Start und Ziel, ließen uns immer mehr tragen von der Faszination dieses schnellsten Rennens, das es jemals in der Formel III auf dem Schleizer Dreieck gab. In immer kürzeren Abständen kamen die Zettel von der Zeitnahme zu mir hoch mit neuen Rundenrekorden.

Ganz vorn belauerten sich in kürzesten Distanzen von zwei bis fünf Meter Freddy Kottulinsky im Lotus, Ulf Svensson im Brabham, und Bernhard Baur im Tecno. Aber knapp hinter diesem Trio kämpften der Däne Ole Vejlund im Brabham und der Amerikaner Michael Campbell im Titan-Ford um den Anschluss zur Spitzengruppe. Wieder meldete Eisold: „Aus der Seng heraufkommend, versuchen Svensson und Baur

„Veni, vidi, vici": Freddy Kottulinsky im Lotus kam, sah und siegte 1969 knapp, aber souverän mit neuem Runden- und Streckenrekord im Rennen der Formel III. (Ritter)

„Heja, heja sverige" – Schweden im Doppelpack: Ulf Svensson – hier noch im Fahrerlager an seinem Brabham – erkämpfte einen guten zweiten Rang. (Ritter)

Auch auf der 125er Honda überzeugte Svensson anfangs der 60er-Jahre durch hohes fahrerisches Können.

Im Bunde der Dritte: Bernhard Baur 1969 im Tecno in voller Fahrt zum dritten Platz. Er unterlag denkbar knapp nur den beiden Schweden. (Fichtelmann)

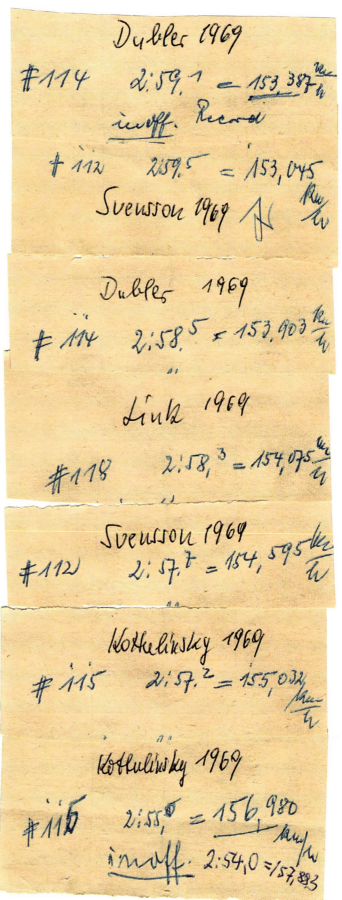

Nach jeder Rekordrunde während des Formel-III-Rennens 1969 bekam ich von der Zeitnahme diese kleinen Handzettel.

an Kottulinsky vorbeizufahren, sind schon auf gleicher Höhe, jetzt zu dritt nebeneinander! Wer bremst zuletzt? Kottulinsky behält die Nerven und die Führung. Svensson und Baur haben es erneut nicht geschafft. Lutz Weidlich, bitte schildern sie die brisante Situation auf der Zielgeraden." Ich übernahm: „Wir blicken, auch Manfred von Brauchitsch, der jetzt sogar neben mir steht, um besser sehen zu können, zur Oberböhmsdorfer Kurve. Und schon schießen sie wieder mit unerhörtem Tempo auf die Ziegerade. Freddy Kottulinsky versucht, die beiden Verfolger aus dem Windschatten los zu werden, indem er ständig die Richtung von links nach rechts und wieder zurück wechselt, dabei Svensson und Baur keine Chance zum Überholen bietend. Und schon wieder wird mir ein Zettel gereicht, der nächste neue Rundenrekord!".

So klang das Runde für Runde aus den Lautsprechern, wobei ich mit der Bekanntgabe der ständig neuen Rundenrekorde gar nicht nachkam, weil die Positionskämpfe alles übertrafen, was wir bisher bei Autorennen erlebt hatten. Der Schweizer Bernhard Baur machte den beiden Schweden das Leben wirklich schwer. Ständig schloss er fast breitseits zu Svensson auf, kam auch mal vorbei, doch gegen den cleveren Freddy Kottulinsky war kein Kraut gewachsen. Auch hinter dem Führungstrio wurde ordentlich Dampf gemacht. Ole Veylund und Michael Campbell kamen zeitweise näher heran. Aber jedes Mal, wenn ihnen eine Verkürzung des Abstandes gelungen war, drehten die drei Spitzenreiter erneut schnellere Runden.

Mit einer Zeit von 2:55,0 Minuten (156,98 km/h) wollte sich nun der Graf etwas von seinen Widersachern lösen. Doch Svensson und Baur fuhren dieses höllische Tempo mit! In der letzten, alles entscheidenden Runde schnürte Kottulinsky endgültig den Sack zu und brannte eine sagenhafte Zeit von 2:54,0 in den Schleizer Asphalt. Das bedeutete einen Rundenschnitt von enormen 157,883 km/h! Damit gewann er das Rennen mit einigen Metern Vorsprung vor seinem Landsmann und dem Schweizer. Aber nur wenige Sekunden dahinter preschten Vejlund und Campbell als Vierter und Fünfter heran.

Jürg Dubler hatte erneut das Pech gepachtet. Ein technischer Defekt am neuen Tecno brachte ihn um alle Chancen.

Die Siegerehrung für dieses Superrennen bildete den Abschluss des insgesamt großartigen 36. Internationalen Schleizer Dreieckrennens. Meine Interviews mit den drei Erstplatzierten wurden immer wieder durch Beifallsbekundungen der anwesenden Zuschauer für die drei großartigen Piloten auf dem Siegerpodest unterbrochen. Jener Tag war auch ein Riesenerfolg für die Schleizer Organisatoren und alle Helfer. Einziger Wermutstropen im Becher der Freude: Diese Großveranstaltung mit den schnellsten Formel-III-Piloten Europas hätte mehr als nur 70 000 Zuschauer (Samstag und Sonntag zusammen) verdient.

E he ich auf Begebenheiten und Erlebnisse während und außerhalb meiner Streckensprechertätigkeit auf dem Schleizer Dreieck 1970 zu sprechen komme, muss ich noch ein Ereignis aus dem Jahre 1967 schildern. Damals fuhr ich einen privaten EMW 340-2. Den hatte ich vom „Staatlichen Vermittlungskontor" in Leipzig für 1.700 Mark erworben. Nachdem ich im Zylinderkopf neue Ventile und deren Sitzringe eingebaut und beide Vergaser neu bestückt hatte, lief der Reihensechszylinder-Motor wieder wie ein Uhrwerk. Ich benutzte dieses bequeme und komfortabel zu fahrende Auto vorwiegend, um zu den einzelnen Rennen zu gelangen. So auch 1967, als ich nur am Rennsonntag als Start- und Zielsprecher fungierte. Mein Vater kam mit und so zischten wir frohen Mutes auf der A9 nach Schleiz. An der Ausfahrt Dittersdorf verließen wir die Autobahn und rollten auf der Landstraße weiter nach Schleiz. Mein Vater meinte, ich solle etwas vom Tempo heruntergehen, auf der Fahrbahn läge, vor allem in den Kurven, viel von Erntefahrzeugen abgefallenes Grünzeug. Kaum hatte er das gesagt, brach auch schon in einer nicht allzu scharfen Linkskurve das Heck des EMW aus, Bremsen und Gegenlenken half nichts. Das Auto stellte sich quer, rutschte an den inneren Straßenrand und knallte mit dem rechten Vorderrad an einen Baumstumpf. Mein Vater sprang heraus und warnte mit Handzeichen die nachfolgenden Motorradfahrer vor der nun zur Rutschbahn gewordenen Kurve. Die, wie ich glaube, Rübenblätter waren total zermatscht. Ich besah mir den Schaden am Wagen und stellte fest: Rechte Vorderradaufhängung gebrochen, Abschleppen per Kran in eine nahe liegende Werkstatt.

Mit Blaulicht zum Schleizer Dreieck

Schnelle Hilfe kam zum Glück: Ein Polizeifahrzeug aus Richtung Dittersdorf fuhr heran und hielt sofort an der Unfallstelle. Nach einigem Hin und Her begriffen die Polizisten, dass ich als Streckensprecher schnell zum Dreieck müsste. Sie nahmen meinen Vater mit, düsten los zur Rennstrecke und wollten unterwegs gleich noch das Abschleppfahrzeug einer Kfz-Werkstatt mobilisieren, damit der EMW von der Kurve verschwand.

Inzwischen wusste Rennleiter Kurt Uibel über den Polizeifunk Bescheid und verlagerte den Beginn des ersten Rennens von ursprünglich neun auf zehn Uhr. Damit konnten alle leben und ich mit einem weiteren Polizeiauto mit Blaulicht und Martinshorn an die Piste gebracht werden. Auch wenn immer wieder Polizistenwitze kursieren, damals konnte ich mich nur ganz herzlich bei den Volkspolizisten bedanken, sie waren echte Freunde und Helfer. Und der Unfall wurde als solcher weder aufgenommen, noch registriert!

Als ich im Fahrerlager eintraf und schnurstracks zum Rennleitungsgebäude ging, um die nötigen Papiere – Programmheft, Änderungen an den Starterlisten und am Zeitplan – in Empfang zu nehmen, kam mir Fernsehkommentator Martin Walther entgegen und meinte spöttisch: „Wann kaufst Du Dir denn mal ein richtiges Auto, mit dem Du auch ankommst?" Dabei hatte der Unfall gar nichts mit dem Fahrzeug zu tun, es war ja mein eigener, leichtsinniger Fehler. Kurt Uibel reichte mir die Hand und meinte: „Bleib ruhig, wir haben noch 15 Minuten Zeit bis um zehn. Wenn Du alles hast, kannste ja loslegen und Dich bei den Zuschauern entschuldigen, da haben die gleich e bissel Spaß, die wissen nämlich schon von Deinem Abflug."

Wichtige Hilfe ganz anderer Art

Der Schweizer Ruedi Gygax aus Bern startete auch 1970 auf dem Schleizer Dreieck. Obwohl er die Strecke schon aus dem Vorjahr kannte, passierte ihm ein Missgeschick. Gygax touchierte mit seinem Formel-III-Rennwagen einen Strohballen am Buchhübel. Dabei ging der breite Frontspoiler in die Binsen. Zurück im Fahrerlager suchte Gygax nach Hilfe. Das sah ich, und weil ich wusste, dass sich Hartmut Thaßler mit seinem Melkus-RS-1000-Sportwagen auch im Fahrerlager befand, glaubte ich, helfend vermitteln zu können. Ich holte also den guten Hartmut herbei, der sah sich den deformierten und leicht zersplitterten Spoiler an, der gleichzeitig ein Stück Bugpartie bildete. Dann sagte er zu Gygax: „Ich helfe Dir, nehme alles mit nach Hause und fertige über Nacht einen Neuen an." Die Eidgenossen, die am Rennwagen standen, staunten genauso, wie ein Jahr zuvor die Leute um Bernhard Baur. Thaßler nahm das kaputte

Kunststoffteil als Muster beziehungsweise Negativform mit in seine Werkstatt nach Leipzig und übergab Ruedi Gygax am nächsten Morgen einen neuen, funktionsfähigen Frontspoiler zum Anbau an den Rennwagen. „Ja, der passt ja sogar gleich!", rief der Berner freudig aus und bedankte sich ganz herzlich bei Hartmut Thaßler. Dann drückte er mir die Hand mit den Worten: „Dank auch Dir, dass Du diesen Mann geholt hast. Ich staune, wie bei Euch alles so funktioniert und wie der neue Spoiler auf Anhieb passt." Darauf ich: „Was Thaßler in die Hand nimmt, funktioniert immer sofort." Ich wusste das aus eigener Erfahrung, weil ich ihn gut kannte und einige Jahre mit ihm in der Freizeit zusammen gearbeitet hatte. Wohlgemerkt, dass war zu jener Zeit, als dieser intelligente, ideenreiche Tüftler und Rennfahrer aus Leipzig sich noch nicht mit Konstruktion und Bau von Rennwagen befasste.

Konkurrenten zum Erfolg verholfen

Die gegenseitige Hilfe stand bei uns Motorsportlern stets im Vordergrund. Als ich in den 70er-Jahren selbst Autorennen in der Klasse Spezialtourenwagen bis 600 ccm fuhr, passierte es oft, dass bei dem einen oder anderen etwas kaputt ging. So auch 1979 bei Rainer Brand vom MC Gotha. Das Getriebe an seinem Renntrabant wollte einfach nicht mehr. Aber Brand, als kluger und talentierter Pilot, hätte im Rennen gute Chancen auf einen vorderen Platz gehabt. Er sah, dass an unserem Platz im Fahrerlager neben Ersatzteilen für meinen Renner auch ein komplettes Getriebe lag. Erst druckste er etwas herum, weshalb ich ihn fragte: „Nun sag schon, was ist Dein Problem?" Er blickte auf das Getriebe und verriet: „Mein Getriebe ist hinüber. Könntest Du mir Dein Ersatzgetriebe ausleihen für dieses eine Rennen?" Warum nicht, mein Renngetriebe funktioniert ja, dachte ich. Bei mir lief es 1979 in Schleiz ohnehin nicht rund. „Klar Rainer, Du kannst es haben. Aber es ist ein ganz normales Seriengetriebe aus dem ganz normalen Trabant meiner Schwiegermutter." Alle, die herumstanden, lachten laut. Einige spotteten: „Die brauchen sogar als Ersatzgetriebe, das der Schwiegermutter, hahaha." Ich fügte noch hinzu: „Aber das Differenzial ist länger übersetzt." Rainer meinte, das sei jetzt egal, die Hauptsache, er könne starten. Ich warnte ihn aber: „Rainer, die Übersetzung passt doch überhaupt nicht für das Schleizer Dreieck."

Er nahm es trotzdem mit, baute es ein und schaffte einen hervorragenden fünften Platz im Rennen. Danach gab er es mir freudestrahlend mit vielen Dankesworten zurück und betonte: „Du glaubst gar nicht, wie gut die Übersetzung, besonders im vierten Gang, zu meiner Motorcharakteristik gepasst hat."

Dieses Beispiel zeugt heute noch von echter sportlicher Fairness und Uneigennützigkeit, die unter DDR-Rennfahrern damals gang und gäbe war. Am Montag nach dem Rennen habe ich selbstverständlich das Getriebe wieder in den Trabi meiner Schwiegermutter eingebaut. Es hatte keinen Schaden genommen.

28 Neue Namen, neue Marken, schnelle Tschechen

Gegen die Übermacht der jenseits des eisernen Vorhangs gefertigten Rennwagen mit Viertaktmotoren, gelangten die Formel-III-Piloten aus der DDR mit ihren von Dreizylinder-Zweitaktern angetriebenen Boliden immer mehr ins Hintertreffen. Da nützte auch die beste Fahrkunst der Melkus, Krause, Rädlein, Findeisen, Küther, Berger, Krug, Käppler oder Pankrath nichts. Die Wartburgmotoren hatten ihre Leistungsobergrenze durch kluges Tuning erreicht, lagen aber bei Drehmoment und Höchstleistung weit unter diesen Kriterien der Viertakter.

1970 kam zu den superschnellen westlichen Formel-III-Boliden noch eine neue Marke hinzu: March sollte fortan der neue Erfolgsname werden. Eine „Viererbande" schloss sich in England zusammen und gab diesem neuen Rennwagen den Namen. Das M stand für Max Mosley, A und R für Alan Rees, das C für Graham Coaker und das H für Robin Herd. Diese mutigen Experten, für die unterschiedlichen Bereiche des internationalen Rennsports, lehnten sich gleich ganz weit aus dem Fenster – und mit Erfolg!

Alle drei der damals wichtigsten Automobil-Rennsport-Formeln wurden bedacht. So entstanden in relativ kurzer Zeit die neuen Rennwagen March 703 (bedeutet Baujahr 1970, Formel III). March 702 (Formel II) und March 701 (Formel 1). In der Formel 1 präsentierten sich gleich sechs dieser March 701 mit Ford-Cosworth-Achtzylindermotoren, die von den Weltklas-sepiloten Jackie Stewart (amtierender Weltmeister), Francois Cevert, Chris Amon, Jo Siffert, Mario Andretti und Ronni Peterson bei den WM-Läufen gelenkt wurden.

Beim Debüt dieser March 701 am 7. März 1970 fuhr der Weltmeister von 1969, Jackie Stewart, im südafrikanischen Kyalami auf Anhieb einen dritten Platz heraus, hinter Jack Brabham (Weltmeister 1959, 60 und 66) und Denis Hulme (McLaren, Weltmeister 1967). Noch deutlicher zeigte der Schotte zwei Wochen später im spanischen Jarama, welches Potenzial im neuen March steckt. Er gewann dieses Rennen so souverän, in welchem selbst der Zweite, Bruce McLaren, erst mit einer Runde Rückstand das Ziel erreichte.

Diese Anfangserfolge sprachen sich schnell herum. Und warum soll das, was in der Königsklasse funktionierte, nicht auch erfolgreich in der Formel III sein? So dachte u.a. auch Ruedi Gygax, der den Tecno an seinen Landsmann Hans-Peter Hoffmann verkaufte und sich einen dieser neuen March-Formel-III-Rennwagen zulegte. Und mit diesem Auto kam er auch zum Schleizer Dreieck. Weil Kottulinsky, Svensson und Baur diesmal fehlten, rechneten sich die Schweizer Dubler, Salomon und Gygax recht gute Siegeschancen aus. Auch Jürg Dubler hatte seinen Tecno verkauft und einen neuen Chevron mit Novamotor angeschafft.

Schon Ende der 60er-, Anfang der 70er-Jahre begann die Zeit im internationalen Rennsport schnelllebiger zu werden. Die Konkurrenten holten auf, Tecno büßte die anfangs vorhandene Überlegenheit wieder ein und auch die Chevron gehörten, wie die Traditionsmarken Lotus und Brabham, zu den siegfähigen Rennwagen. Ich muss es noch einmal betonen: Zu der Zeit, die hier von mir beschrieben wird, war die Formel III schon lange keine Einstiegsformel mehr, sondern Sprungbrett in die Formel 1. Zahlreiche Talente sorgten in der Formel III in den Jahren von 1969 bis 1971 derart für Furore, dass die Notizbücher der Formel-1-Teamchefs gar nicht ausreichten, um alle Namen dieser hoffnungsvollen Fahrer aufzuschreiben. In die Königsklasse haben es nicht alle geschafft. Aber als zukünftige F1-Piloten qualifizierten sich recht schnell Ronnie Peterson, Emerson Fittipaldi, Francois Cevert, Dave Walker, Mike Beuttler, Reine Wisell, Howden Ganlay, Tim Schenken, Wilson Fittipaldi, Tony Trimmer, Helmut Marko, etwas später dann auch Niki Lauda, Jean-Pierre Jabouille, Patrick Depailler und Jaques Laffite. Wie Bernhard Baur schon betonte, dieses dichte Feld hochtalentierter Piloten bot Motorsport allerhöchster Güte, und einige dieser in der Formel III Etablierten kamen alljährlich zum Schleizer Dreieckrennen. Mit dem schwedischen Grafen Freddy Kottulinsky konnten wir Streckensprecher gemeinsam mit den Zuschauern in Schleiz und an der Autobahnspinne Dresden-Hellerau einen der schnellsten und vielseitigsten Automobilsportler Europas bewundern. Kottulinsky, der viele Jahre später seine neue Heimat in der Rennstadt Schleiz fand, gewann Autorennen, Rallyes und sogar die Wüstenrallye Paris-Dakar.

Aber, wie schon betont, 1970 startete er nicht in Schleiz. Den internationalen Gästelauf gewann Roland Salomon in überlegener Manier. Leider sind meine handschriftlichen Aufzeichnungen und Rundenzähltabellen jenes Rennens von vor mehr als 40 Jahren jetzt unleserlich, so dass ich andere Informationsquellen nutzen musste. Und ausgerechnet diese widersprechen sich. In der „powerslide" vom September 1970, Seite 36, steht eine Notiz zum Ergebnis, das lautet: 1. Roland Salomon (Tecno), 2. Vladislav Ondrejik (Lotus), 3. Ruedi Gygax (March 703). Bei einer Internet-Recherche fand ich als Zweitplatzierten Rudi Gygax und als Dritten Ondrejik (CSSR). Mein Gedächtnis sagt mir, dass alle drei Piloten das Siegerinterview in sympathischer Art mit klugen und interessanten Antworten auf meine Fragen bereicherten.

Im Abschlussrennen 1970, es war bereits der vierte Lauf der Formel III an diesem Sonntag, holte sich Jürg Dubler im neuen Chevron die höchste Trophäe. Nach soviel Pech in den vergangenen Jahren, klappte es jetzt endlich mit einem überlegenen Sieg. Salomon wurde Zweiter und der Tscheche Ondrejik Dritter.

Im ersten Formel-III-Rennen des Tages, dem Lauf um den Pokal „für Frieden und Freundschaft" der sozialistischen Länder, siegte Ondrejik vor Vladimir Hubacek (beide Lotus-Ford) und Juri Andrejew (UdSSR, de Sanctis-Ford). Als beste DDR-Fahrer kamen Heinz und Ulli Melkus sowie Klaus-Peter Krause auf den Rängen vier bis sechs über die Ziellinie. Dabei kämpften Heinz und Sohn Ulli Melkus wie die Berserker, um den Abstand zu den Führenden gering zu halten. Aber gegen die von englischen Viertaktmotoren angetriebenen Rennwagen, die nun auch von Tschechen, Polen und Esten gefahren wurden, waren sie chancenlos. Auch hier musste ich als Start- und Zielsprecher eine Balance finden, zwischen Euphorie für die schnellen Rennwagen der Ausländer und Lob für die großartigen fahrerischen Leistungen der Ostdeutschen mit ihren Zweitaktern.

Mein Siegerinterview mit den drei Erstplatzierten des Formel-III-Gästelaufs 1970. V. li.: Ruedi Gygax, verdeckt Vladislav Ondrejik, Roland Salomon und ich. (Archiv H.-J. Walther)

Neue, junge Rennfahrer drängen im Motorsport des Ostens nach vorn

Eigentlich waren es keine ganz neuen Namen für die meisten Rennsportbegeisterten. Klaus-Peter Krause, Manfred Berger, Jürgen Käppler oder Dieter Pankrath fielen bereits bei Rennen des Vorjahres durch fahrerisches Können positiv auf. Wolfgang Krug und Wolfgang Küther kamen aus dem Speedwaysport und mussten sich somit an schnelles Reagieren bei Lastwechsel und Drifts nicht erst gewöhnen. Aber Spaß beiseite: Mit dem Wechsel zu den Rennwagen betraten beide natürlich ebenfalls Neuland. Krug schon ein Jahr vor Küther. Aber die Rasanz, mit der Wolfgang Küther die Erfolgsleiter – zunächst noch in der Formel III, ab 1972 in der neuen Formel C9 – emporkletterte, beeindruckte auch uns Streckensprecher.

So begeisterten wir uns 1970 im Rennen um Punkte für die DDR-Meisterschaft an den Leistungen der neuen Fahrergeneration. Was hier Krause als Sieger sowie Küther, Berger, Käppler und Pankrath, die in dieser Reihenfolge danach das Rennen beendeten, boten, legte ein weiteres Mal Zeugnis ab vom Leistungsvermögen der jüngeren DDR-Piloten, sowohl fahrerisch als auch Kfz-technisch. Selbst Altmeister Heinz Melkus musste alle Kraft aufbieten, um noch vor seinem Sohn Ulli als Sechster die Ziellinie zu überqueren.

Diese Situation setzte sich auch erfreulicherweise in den Folgejahren fort. Weitere talentierte Piloten, zum Teil bereits mit Erfahrung aus anderen Disziplinen des Autosports, kamen hinzu. Ein neues, für die Ostblockländer gültiges, gemeinsames Reglement sollte mit der Nutzung der Lada-Viertaktmotoren mehr Chancengleichheit bringen und die Rennen wieder spannender machen. Die Zweitaktmotoren verschwanden.

Somit blies ab 1972 ein völlig frischer Wind in der neu geschaffenen Formel C9. Dass diese Maßnahme des ADMV richtig war, bewiesen nun auch die wieder steigenden Zahlen an Rennbesuchern, wobei das Schleizer Dreieck bis zur Wende 1989 unter den DDR-Rennpisten bei Autorennen immer die Spitzenposition einnahm. Weil ich aber nach 1973 kaum noch als Streckensprecher tätig war und seit 1971 selbst Tourenwagenrennen und Rallyes fuhr, kann ich aus dieser Sicht nicht viel sagen. Dafür habe ich natürlich als Rennfahrer die besten Kontakte zu den anderen Aktiven weiter gepflegt und so manches erfahren, was die aktuellen Streckensprecher nicht wussten und auch nicht in den Zeitungen stand. Dazu später mehr.

Maulkorb verpasst bekommen

Sollten das schon die Vorboten sein, dass ich als Streckensprecher im DDR-Motorsport nicht mehr erwünscht war? Leider weiß ich nicht mehr, ob es 1970 oder 1971 war. Meiner Erinnerung nach müsste es 1970 gewesen sein, denn ein Jahr später waren keine polnischen Fahrer am Start. Also im Pokallauf der sozialistischen Länder, in dem der sowjetische Pilot Juri Andrejew auf de Sanctis-Ford Dritter wurde, gab es zum Schluss des Rennens noch einen unschönen Vorfall. Als Andrejew die Ziellinie überquert hatte und abbremste, knallte ihm ungebremst der Rennwagen eines überrundeten Polen ins Heck. Dadurch bekam der Formel-III-Bolide des Russen einen gewaltigen Stoß, drehte sich und krachte mit dem Heck voran an einen A-Mast am Rande der Zielgeraden. Juri Andrejew musste ziemlich schwer verletzt aus seinem Wrack geborgen und in ein Krankenhaus gebracht werden.

Ich fand diesen Unfall völlig unnötig, weil er nach der Zieldurchfahrt beider Rennwagen geschah. So erlaubte ich mir einige Bemerkungen zur Sache: „Wieso hat der polnische Fahrer nicht gebremst, nachdem er vom Rennleiter abgewinkt worden war? Er musste doch gesehen haben, dass Andrejew sein Tempo nach Passieren der Ziellinie verringert und dann abgebremst hatte. Für mich unverständlich! Bislang verliefen alle Rennen ohne nennenswerte Zwischenfälle und nun am Ende so ein Blödsinn!" So in etwa müsste ich es gesagt haben. An der Reaktion der Zuschauer merkte ich, dass sie ebenfalls meine Meinung teilten. Nicht aber ein aus Berlin angereister Funktionär, namens Rolf Menschner, Schatzmeister und Präsidiumsmitglied des ADMV. Bislang hatten wir uns bei anderen Rennveranstaltungen immer ganz gut verstanden und nette, angeregte Gespräche geführt. Aber, wie er nach dem Rennen veranlasste, mich in das Rennleitungszelt zu zitieren, fand ich doch recht eigenartig. Heinz Walther von der Schleizer Rennleitung, der mir diesen „Befehl" überbrachte, wirkte beruhigend auf mich ein: „Du bist für die da oben (er meinte die höheren ADMV-Funktionäre) zu weit gegangen mit Deinen Äußerungen über den Unfall, aber bleib ganz ruhig und reg Dich nicht auf." Im Zelt angekommen, saß bereits das „hohe Gericht" an einem langen Tisch. Mir wurde Platz angeboten und es ging los: „Wie kannst Du Dir erlauben, diesen Unfall zu kommentieren? Deine Meinung hast Du gefälligst für Dich zu behalten", wetterte Menschner los. Edgar Perduss saß daneben, nickte zustimmend mit dem Kopf, einige andere Anwesende ebenfalls. Ich antwortete, dass ich Streckensprecher bin und dazu muss ich auch meinen Kommentar abgeben dürfen, denn ich bin für die Zuschauer da, nicht für die Funktionäre, die überall einen Klassenfeind lauern sehen. Diese Meinung brachte nun das Fass zum Überlaufen. Was ich mir denn rausnehmen würde. Es ginge doch hier um anständigen Motorsport in unserer sozialistischen DDR, entrüstete sich Menschner. Über solche Unfälle hätte ich als Streckensprecher erst einmal den Mund zu halten. „Ehe man die Zuschauer aufwiegelt mit irgendwelchem Sensationsgehabe", fügte er in lautem Ton hinzu. Man könne nicht einfach einen Gast aus Freundesland beschuldigen, einem anderen hintendrauf gefahren zu sein. Das konnte ich so nicht im Raum stehen lassen, deshalb äußerte ich mich dazu, blieb aber trotz meines Ärgers ruhig: „Freundesland ist doch nicht nur Polen? Ich denke, die Sowjetunion steht bei uns an erster Stelle, und Juri Andrejew kommt aus der UdSSR? Ist der klar schuldige Pole mehr wert?" Darüber hätte ich nun schon gar nicht zu befinden, meinte Menschner in scharfem Ton.

Abschließend wurde ich vergattert, künftig über Unfälle nichts zu sagen, ehe ich von den entsprechenden Verantwortlichen die Genehmigung bekäme, wie ich es zu sagen hätte.

Seit 1961 fungierte ich als Streckensprecher im Motorsport, hin und wieder aber auch als Stadionsprecher bei Friedensfahrt und anderen hochkarätigen Sportveranstaltungen. Niemals, bis zu jenem Unfall beim Formel-III-Rennen in Schleiz, hat mir jemand Vorschriften gemacht, wie und was und in welcher Art ich sprechen, ansagen und kommentieren dürfe. Die meisten Rennfahrer und meine Freunde empörten sich über diese, meine Behandlung durch die Funktionäre. Sie beurteilten den Unfall ebenso wie ich.

Hartmut Wagner als neuen Streckensprecher angelernt

Nach den soeben beschriebenen Maßregelungen wurde ich vorsichtiger, wollte aber meine Lockerheit am Mikrofon nicht einbüßen. Wenn es also bestimm-te neue Maßnahmen an der Rennstrecke gab, Einschränkungen für die Zuschauer oder andere nicht ganz populäre Anordnungen, ließ ich sie von meinem Sprecher-Assistenten Hartmut Wagner verkünden. Er kam zu uns in das Sprecherteam 1968, nachdem wir über die Motorsportzeitschrift „Illustrierter Motorsport" zur Verstärkung unseres Kollektivs Leute gesucht haben, die sowohl kundig in Sachen Rennsport waren, als auch gutes Deutsch sowie ordentliche Aussprache beherrschten. Bis auf Hartmut Wagner, der selbst schon Rennen in der 125er-Ausweisklasse gefahren hatte, fanden wir keine weiteren Kandidaten für befähigt genug, die schwierige Arbeit eines Motorsport-Streckensprechers zu bewältigen. Hartmut bewährte sich recht gut. Schon 1968 saß er öfter neben mir an der Sprechstelle Start und Ziel und kam natürlich auch zum Einsatz. Entweder kommentierte er die Rennen der Ausweisfahrer oder wir kommentierten im Zwiegespräch bei den übrigen Rennen der Spitzenfahrer.

Wichtig für ihn war, dass er zuhörte, wie ich die Kommentierung gestaltete. Wann man mit sachlicher und ruhiger Art etwas erklärt oder in lauter bestimmender Tonart irgendetwas aufruft oder in aufregenden Momenten des Renngeschehens viel Emotion in Stimme und Sprechweise legt, um die Zuschauer in die packenden Positionskämpfe oder Rekordrunden mit einzubinden. Das heißt: Sie zu bewegen, ihre Programmhefte zu schwenken, zu jubeln und zu klatschen, damit die Piloten sehen, es lohnt sich, hier das Letzte zu geben. Als ich später, nicht mehr als Sprecher, sondern als Rennfahrer, Betreuer und Zuschauer den Rennen beiwohnte, wusste ich, dass Hartmut alles beherzigt hatte und ein guter Motorsport-Streckensprecher geworden war. Ein wenig alte Schule, die ich aus den Zeiten Gigos und Martin Walthers mitbrachte und verfeinerte, hatte ich Hartmut Wagner erfolgreich weitergeben können. Mit Joachim Eisold, der nach meinem Ausscheiden aus dem Sprecherteam meine dortige Position einnahm, und Wagner bekamen die Zuschauer ein gutes, kompetentes sowie die Funktionäre ein nunmehr folgsames Sprecher-Duo für die verschiedenen Rennstrecken.

29 *Immer schneller –*
die Formel III ab 1971 mit 1.600 ccm

Die Formel III muss schneller werden. Darüber war sich bereits 1970 die Motorsportwelt einig. Nachwuchsformeln drängten nach. Die Monoposti der Formel V, dann der Super V, die Formel Ford u.a. donnerten als Nachwuchs- und Einstiegskategorien um die Rennstrecken. Die Formel III musste aufgepeppt werden, wollte sie weiterhin Sprungbrett für die Formel 1 bleiben. Außerdem konnte man Motoren tunen, die aus dem Serien-Automobilbau stammen. Mit größerem Hubraum wären die Aggregate zuverlässig und böten eine längere Laufleistung. So entschloss man sich, die Formel-III-Motoren auf ein Hubraumlimit bis 1.600 Kubikzentimeter zu erhöhen. Damit käme man – zumal die besten Aggregate nun sogar zwei obenliegende Nockenwellen erhielten – sehr wahrscheinlich recht nah an die Leistungen der Formel-II-Boliden heran. Deren Motoren hatten bis 1972 auch 1,6 Liter Hubraum, leisteten etwa 220 bis 240 PS bei 9.000 bis 9.800 U/min.

Damit die Formel III nicht zu schnell wurde, und um eine gewisse Chancengleichheit für die Fahrer zu gewährleisten, schränkte man laut Reglement die nunmehr mögliche, wesentlich höhere Motorleistung durch das Vorschalten eines Air Restriktors ein. Dessen in Fahrtrichtung zeigende Einlassöffnung von 21,5 Millimeter Durchmesser begrenzte die einfließende Luftmenge und damit die Motor-Höchstleistung auf etwa 140 PS.

Das war gleichzeitig das Todesurteil für die Formel III im Osten. Wo sollten denn ostdeutsche Autorennfahrer die Motoren hernehmen, um international mitzuhalten? Im Jahre 1971 produzierte kein Automobilwerk im gesamten Ostblock Serien-Pkw mit 1.600er-Motoren. Also sollten die schnellen Männer nur noch für sich allein im Kreis herumfahren?

Noch nicht. 1971 kam es beim 38. Schleizer Dreieckrennen und beim Rennen auf der Autobahnspinne Dresden-Hellerau letztmalig zum Zusammentreffen der DDR-Piloten in ihren Melkus- und SEG-Wartburg-Zweitaktern und den moderneren 1.600ern aus der westlichen Welt.

Freddy Kottulinsky begeisterte uns Sprecher und besonders die Zuschauer erneut. Beim dreifachen Sieg der Schweden Kottulinsky, Svensson und Andersson in Schleiz kannte die Freude der Skandinavier keine Grenzen, und die gut 50 000 Zuschauer jubelten mit. Während der Siegerehrung sprach ich mit den drei Schweden, fragte sie, warum sie so gern in Schleiz starten. Ihre Antworten wurden anschließend beklatscht, als sie alle drei sinngemäß sagten: Schleiz sei eine ihrer Lieblinsstrecken, weil sie hier so gut aufgenommen würden und dieses fantastische Publikum auf den Zuschauerrängen ihnen zujubelte, ihre Leistungen würdigte und wir am Mikrofon so sachkundig berichteten und kommentierten. Diese Aussagen gingen natürlich auch bei Jochen Eisold und mir „runter wie Öl".

Ebenso freute sich auch Wolfgang Küther, der mit seinem ersten Sieg im DDR-Meisterschaftslauf – fast noch als Neuling – bewies, dass mit ihm in nächster Zeit ein neuer Favorit heranwächst. Er strahlte auf dem Siegerpodest, lobte ebenfalls die sachkundigen Zuschauer und die wie immer hervorragende, unbürokratische Organisation. Ähnlich positiv äußerten sich mir gegenüber, natürlich über die Lautsprecher an alle gewandt, der Zweitplatzierte, Altmeister Heinz Melkus und der Dritte, Klaus-Peter Krause.

Nach dem internationalen Formel-III-Rennen auf dem Siegerpodest: (v. li.) Ulf Svensson, Freddy Kottulinsky und Conny Andersson. Alle drei wurden von mir (ganz rechts) interviewt. (Archiv H.-J. Walther)

Der Vollständigkeit halber muss ich noch erwähnen, dass Wolfgang Küther am gleichen Tag auch als bester DDR-Fahrer im internationalen Rennen als Achter abgewinkt wurde. Weil er auch noch in Dresden die meisten Punkte für die Meisterschaft holte, konnte sich Küther erstmals mit dem Titel eines DDR-Meisters schmücken.

Kleine Anmerkung

Viele Motorsportfreunde, die wesentlich jünger sind als ich, konnten die imposanten Auto- und Motorradrennen der 60er-Jahre nicht miterleben. Manche Ältere dagegen werden sich freudig erinnern und sagen: „Na klar, das hätte man damals gar nicht gedacht."

Ich möchte ganz einfach einmal darauf hinweisen, welche späteren Fahrerpersönlichkeiten auf unseren Rennstrecken der Vergangenheit als völlig Unbekannte an den Start gegangen waren. Wer hätte denn geglaubt, dass ein Schweizer mit dem nichtssagenden Namen Seppi Siffert, der sich 1959 bei Egbert Strubb als „Schmiermaxe" im Seitenwagen erste Rennfahrersporen verdiente, einmal als berühmter Formel-1-Pilot von sich reden machen würde? Siffert feierte neben großen Erfolgen in den Formeln 1 und II (Lotus, BRM, Brabham, BMW) seine größten Siege mit dem Porsche 917 in den Langstreckenrennen der ganzen Welt, gemeinsam mit Kurt Ahrens, Brian Redman und Vic Elford. Leider verunglückte der Schweizer im Oktober 1971 mit einem Formel-1-BRM während eines nicht zur WM zählenden Rennens in Brand Hatch tödlich.

Ein weiterer Schweizer, Silvio Moser, startete 1962 bei einem Formel-Junior-Rennen auf der Halle-Saale-Schleife und gewann mit einem Lotus dieses international gut besetzte Rennen. Auch er hatte das Talent, in der Formel 1 Fuß zu fassen. Aber als Privatstarter hatte er dort wenig Erfolg.

Etwas besser lief es für Silvio Moser bei Sportwagenrennen. Doch ein tödlicher Rennunfall beim 1.000-km-Rennen in Monza 1974 beendete seine Karriere als Automobil-Rennfahrer.

Auf einer MV Agusta 125 nahm Gerhard Mitter aus Leonberg, 1956 noch völlig unbekannt, auf dem Leipziger Stadtparkkurs am Rennen der 125er-Klasse teil. Als die Formel Junior ins Leben gerufen wurde, sattelte Mitter auf vier Räder um, auf seinen Mitter-DKW. Schnell wechselte er in die Sportwagenszene, brachte als Werksfahrer bei Porsche Siege und vordere Plät-

ze nach Hause, holte sich außerdem dreimal den Titel „Europa-Bergmeister" (als Nachfolger von Edgar Barth, der das vor Mitter auch im Porsche geschafft hatte). Außerdem testete er für BMW die neuen Formel-II-Rennwagen. Dafür und für Starts bei Rennen mit dem BMW-Formel-II-Monoposto stellte ihn Porsche sogar frei. So gehörte der Leonberger in den 60er-Jahren zu den schnellsten europäischen Autorennfahrern.

Beim Training zum Formel-1-WM-Lauf 1969 auf dem Nürburgring, der gemeinsam mit den Wagen der Formel II stattfand, verlor Gerhard Mitter am Schwedenkreuz (etwa Kilometer 4,8), vermutlich durch Lenksäulenbruch, die Kontrolle über seinen BMW und verunglückte dort tödlich. Damals erschrak ich, als ich hörte, was mit Gerhard Mitter passiert war. Ich erfuhr es aus dem Fernsehen, denn ich sah mir die ARD-Übertragung des Deutschland-Grand Prix (GP) an. Motorsport-Kommentator Günther Isenbügel informierte mit bewegenden Worten vor dem Start des Rennens die TV-Zuschauer vom tragischen Tod des beliebten deutschen Formel-II-Piloten.

Ich erwähne das alles hier, weil ich in den ganzen Jahren immer versucht habe, die Laufbahnen oder Karrieren derjenigen „westlichen" Rennfahrer zu verfolgen, die ich selbst irgendwann einmal auf ostdeutschen Rennstrecken habe fahren sehen. Das trifft auch auf Ulf Svensson zu, der meiner Meinung nach schon mit seiner Honda Dauerstarter auf DDR-Rennstrecken war, ehe er dann regelmäßig bis 1971 auf dem Schleizer Dreieck in der Formel III mit Erfolgen glänzte.

Wenn man diese Dinge im Kopf hat, kann man als Sprecher bei Veranstaltungen des historischen Motorsports viele Zusammenhänge bildhaft erklären. Zum Beispiel, welcher Fahrer wann und wo mit welchem Gerät gefahren ist, wo er eventuell gewonnen hat oder eben auch, leider, verunglückt ist. Zudem dürfte es interessant sein, wenn man berühmte Rennfahrerkarrieren zurückverfolgt, bis zu dem Zeitpunkt an dem ich selbst die damaligen Nobodies in Halle, Leipzig, Schleiz oder Dresden beobachten konnte.

Als DDR-Bürger durften wir ja bekanntlich nach dem Mauerbau nicht mehr zu den Rennen in Westdeutschland fahren. Ich wollte aber stets auf dem Laufenden sein. Deshalb nutzte ich alle möglichen Informationsquellen, wie „West-Fernsehen", Motorsportliteratur (auch „eingeschmuggelte") sowie persönliche Kontakte schriftlicher und mündlicher Art.

Am Sachsenring waren wir Sprecher 1970 wieder an drei Stellen tätig. Ich im Start- und Zielhaus ganz oben, Horst Kaczmarek an der Badbergkurve und Joachim Eisold wieder in der Nötzoldkurve, die zu DDR-Zeiten Jugendkurve heißen musste. Wer als Zuschauer Glück und Beziehungen hatte, ergatterte sich gegen ein Entgeld beim Nötzold-Bauern einen günstigen Platz auf dessen Privattribüne innerhalb des Nötzold-Grundstücks. Dort hatte man beste Sicht auf Strecke und Kurve.

Wir freuten uns auf spannende Rennen, vor allem, weil Giacomo Agostini in der Klasse bis 350 ccm Konkurrenz durch die Benelli-Werksfahrer bekam. Renzo Pasolini, Vorjahressieger der Viertelliterklasse, und der amtierende Weltmeister der gleichen Kategorie, Kel Carruthers, könnten dem Ago, so glaubten wir jedenfalls, die Hölle mal so richtig heiß machen.

Der Sound ist die Würze beim Rennsport

Aber für noch viel mehr Begeisterung bei den Rennbesuchern sorgte der fantastische Sound dieser drei italienischen Maschinen. Sehr gut war die Dreizylinder MV Agusta durch den etwas tieferen Ton von den kräftig schreienden Vierzylinder-Motoren der beiden Benellis zu unterscheiden. Ich unterschied in den Jahren meiner Sprechertätigkeit am Sachsenring immer so: Die MV Agusta brüllte, die Benelli schrie, ebenso die Honda Six, die Vierzylinder Honda heulte und die Zweitakter sangen oder kreischten. Ach ja, und die guten alten Einzylinder-Dampfhämmer aus Old England, die Nortons, AJS und Matchless verursachten ohrenbetäubenden Donnerhall. Für manche – fast närrisch Begeisterte – war das der echte Racing-Sound!

Um jetzt nicht verteufelt zu werden, muss ich noch ein Loblied auf unsere deutschen Viertakter singen. Sie erfreuen mich persönlich immer wieder, besonders wenn ich sie ab und zu bei Veranstaltungen mit historischen Rennmaschinen höre. Wenn dann die BMW mit ihren Boxermotoren bollern und sogar noch eine der seltenen Horex-Zweizylinder ertönt, bekomme ich stets eine Gänsehaut. Aber am lautesten knallen die treuen alten AWOs und Vorkriegs-NSU-Renner aus den „Ofenrohren", etwas dezenter die NSU-

Sportmäxe. Natürlich gehören auch die weiteren zahlreichen Vier- und Zweitakter der 20er- und 30er-Jahre aus aller Herren Länder mit zum Orchester der Classic-Veranstaltungen.

Schön, dass es noch so viele Motorsportfreunde gibt, die solche Maschinen der einstigen guten Zeiten des Motorrennsports restaurieren, pflegen, instand halten und auch noch damit fahren.

Zurück zum Sachsenring 1970: Jedesmal, wenn im Training Agostini, Pasolini oder Carruthers aus dem Wald am Heiteren Blick heraus auf die Abfahrt zur Queckenbergkurve rasten, sprangen die Zuschauer auf den großen Tribünen an Start und Ziel auf. Dann donnerten die Benellis oder die MV ausgangs Queckenbergkurve vorbei in Richtung Hohenstein-Ernstthal. Das war der Moment für die Fans, den Fahrern zuzujubeln und in die Hände zu klatschen oder mit den Programmheften zu winken.

Im Rennen hatten die Benellis dennoch keine Chancen, Agostini vom Thron zu stürzen. So gern wir Sprecher die Benellis im Kampf mit Ago gesehen und den Zuschauern natürlich durch unser Kommentieren noch mehr Spannung vermittelt hätten, das Hoffen war vergeblich. „Ago nazionale" zog mit der MV seine übliche Bahn an der Spitze bis zum Sieg. Erst etwa 22 Sekunden danach überquerte sein Landsmann Pasolini den Zielstrich, und weit abgeschlagen beendete der Australier Carruthers als Dritter auf der zweiten Vierzylinder-Benelli das Rennen der 350er-Klasse.

Im Fahrerlager belauscht

Bei der Halbliterklasse standen wie im Vorjahr erneut fünf Lintos im Programmheft, Alberto Pagani (Italien), Vizeweltmeister Gyula Marsovszky (Schweiz), John Dodds (Australien), Keith Turner (Neuseeland) und Werner Bergold (Österreich). Die englisch sprechenden Piloten und der Schweizer sowie Pagani waren in den vergangenen Jahren auch schon dabei – Marsovszky, Pagani und Turner auf Linto. Diese Maschinen hatte der Italiener Lino Tonti gebaut, daher der Name Linto, und als Antriebsaggregate einfach zwei 250er Aermacchi-Motoren „zusammengesteckt" und schon war die hervorragend laufende und toll klingende 500er Zweizylinder-Linto entstanden.

Gyula Marsovszky (li.) schaut sich 1968 interessiert die Linto von Alberto Pagani an. Ein Jahr später fuhr er selbst solch eine italienische Zweizylinder-Halblitermaschine.

Hier schiebt Marsovszky seine Linto 1969 am Sachsenring zum Vorstart. Mit ihr wurde der Schweizer im gleichen Jahr hinter Agostini Vizeweltmeister.

Im Zusammenhang mit den Lintos gibt es noch eine lustige Episode: Es war ein ähnliches Bild wie 1968 im Sachsenring-Fahrerlager. Damals schaute sich der Schweizer die Linto von Pagani an. Diesmal, 1970, ebenfalls im Fahrerlager des Sachsenrings, saß Marsowszky auf einer Linto und Karl Auer aus Österreich besah sich interessiert die Maschine. Ich kam gerade an der Stelle vorbei und wurde Zeuge des Gesprächs zwischen beiden. Ich hörte Marsowszky fragen: „Die Linto gefällt Dir wohl?" Darauf Auer: „Schon, nicht schlecht und wie läuft sie?" Marsovszki: „Die geht richtig gut und ist zuverlässig, willst Du sie kaufen?" Nun antwortete der Österreicher etwas zögerlich: „Vielleicht, ich weiß es noch nicht." Da lachte der Schweizer: „Ich kann sie ja gar nicht verkaufen, weil sie mir nicht gehört."

Ein Telegramm für Billie Nelson

Kleiner, nochmaliger Rückblick auf das Jahr 1969: Kurz vor dem Start der Halbliterklasse übergab mir ein Kollege der Zeitnahme ein Telegramm. Es war für Billie Nelson bestimmt. Der stand mit seiner Hannah Paton, einer wunderbar laufenden Zweizylinder-Viertakt-Maschine, neben Agostini in der ersten Startreihe. Die Paton-Maschinen entstanden ursrpünglich im

kleinen Werk von Guiseppe Pattoni, der sich mit Ingenieur Lino Tonti zusammengeschlossen hatte. Deshalb auch der Name Pa (von Pattoni) und ton (von Tonti). Es war eine 250er-Zweizylinder, entstanden aus Teilen der 125er Einzylinder Mondial. Dann wurde der neu entstandene Motor auf 350 ccm aufgebohrt und von Angelo Bergamonti gefahren. Später erstand der Engländer Bill Hannah diese Maschine und entwickelte aus ihr auch die 500 ccm Hannah-Paton für Fred Stevens. 1968, 1969 und 1970 wurden diese Motorräder sehr erfolgreich von Billie Nelson in der Weltmeisterschaft auf vordere Plätze gebracht.

Vor mir lag also das Telegramm. Als ich den englischen Text las, war mir klar, das darfst du jetzt nicht verkünden. Es war die Mitteilung, dass Billie stolzer Vater eines gesunden Töchterchens geworden war. Wenn ich ihm diese freudige Meldung so kurz vor dem Start über die Lautsprecher kundgetan hätte, wäre er vielleicht verunsichert losgefahren, mit den Gedanken daheim in England bei der Familie. Vielleicht hätte er auch auf den Start verzichtet, wer weiß. Ich hielt es jedenfalls für richtig, das freudige Ereignis erst nach dem Rennen bekannt zu geben. Das Rennen verlief wie erwartet: Ago mit der MV Agusta weit voraus. So sehr sich der gute Billie Nelson auch abmühte und ein bravouröses Rennen mit der Hannah-Paton fuhr, dabei Steve Ellis auf der Linto weit hinter sich ließ, er konnte die Überrundung durch Seriensieger Agostini nicht verhindern.

Dafür erklomm er als Zweiter des Rennens das Siegerpodest und nahm den Applaus der Zuschauer entgegen. Der brandete erneut und noch viel stärker auf, als ich den Inhalt des Telegramms in englischer Sprache vorlas und sogleich ins Deutsche übersetzte. Agostinis Triumph war in diesen Beifall mit einbezogen. Sofort gratulierte er Nelson, umarmte ihn und wünschte ihm Glück. Ich nahm mein Reportermikrofon und verkündete diese ganze Szenerie allen Zuschauern, die rund um den Sachsenring weilten, aber nicht sehen konnten, was sich am Start- und Zielbereich abspielte. Das sind dann solch berühmte Nebensächlichkeiten, die auch den Start- und Ziel-Sprecher, sofern er es im richtigen Moment mit der passenden Wortwahl sagt, zu Erfolgserlebnissen verhelfen.

Doppelte Freude für Billie Nelson links auf dem Siegerpodest 1969: Zweiter Platz im Rennen der 500er-Klasse und glückliche Geburt eines Töchterchens. Neben ihm Sieger Agostini und der Dritte, Steve Ellis. (Zimmermann)

Ein „Bienenschwarm" umkreist den Sachsenring

Es hörte sich tatsächlich so an, als ob ein Schwarm fleißiger Arbeitsbienen den Sachsenring 1970 umkreiste. Wenn etwa 30 solch kleine, leichtgewichtige Rennmaschinen mit Motor-Höchstdrehzahlen vorbeischwirren, klingt es wirklich so. Schon ein Jahr zuvor bot uns das große Starterfeld der 50-ccm-Klasse diese Musik. Erstmals gewann der Spanier Angel Nieto auf einer Derbi das Rennen der „Schnapsglasklasse"

nach sieben Runden vor seinem Landsmann Santiago Herrero. Doch mit Aalt Toersen und Jan de Vries zeigten sich zwei Niederländer plötzlich ganz weit vorn. In bravouröser Manier belegten sie im Rennen die Positionen drei und fünf. Aber gab es das so ähnlich nicht schon einmal? Natürlich, damals noch besser: 1962 siegte mit Jan Huberts ein Holländer im allerersten 50-ccm-Rennen des Sachsenrings! In den nächsten Jahren sollten wir noch etliche Glanzstücke dieser Niederländer bewundern.

So war es für uns Streckensprecher am Sachsenring fast selbstverständlich, den Zuschauern für diese kleinste Klasse die Holländer als Favoriten anzukündigen. Diesmal umkreisten sie gleich im Quartett den Sachsenring. Vornweg der spätere Sieger Aalt Toersen auf einer Jamathi vor Jos Schurgers auf Kreidler. Vorjahressieger Nieto kämpfte wie ein Löwe, um sich die beiden anderen Männer aus dem Lande von Milch und Käse, der Grachten, Kanäle, Polder und – nicht zuletzt – der beiden legendären Rennstrecken in Zandvoort und Assen, vom Leibe zu halten. Doch Martin Mijwart und Jan de Vries ließen sich nicht abhängen. Mehr als ein dritter Rang sprang für den stolzen Spanier nicht heraus. Es war eines der spannendsten 50er-Rennen mit ständigen Positionswechseln auf den Plätzen zwei bis sechs. Einziger Deutscher, der in diesen Kampf eingreifen konnte, war Rudolf Kunz. Er wurde mit seiner Kreidler Sechster. Der Abstand vom Zweiten bis zum Sechsten betrug nur wenige 6,1 Sekunden. Kein Wunder, dass sich abwechselnd unsere Stimmen überschlugen beim Schildern dieses großartigen ersten Rennens um WM-Punkte an jenem 11. Juni 1970. Das war ein Ereignis zum Samstagnachmittag, das die Zuschauer gleich in die erwartete Racing-Stimmung versetzte.

Dieter Braun sorgt für Hochstimmung

Und diese Stimmung schlug in ein richtiges Hoch um, als wir am Sonntag das Duell der Klasse bis 125 ccm schilderten. Wieder verstand es der temperamentvolle Spanier Angel Nieto, ein hohes Tempo auf der Derbi vorzulegen. Doch unter dem Jubel der mehr als 200 000 Rennbesucher hielt ein Deutscher nicht nur wacker mit, sondern bestimmte über viele Runden die schnelle Gangart. Jedesmal, wenn Dieter Braun auf der Suzuki Nieto aus dem Windschatten heraus überholte, brach ein vielstimmiger Orkan aus. Horst Kaczmarek brüllte fast ins Mikrofon: „Ja, tatsächlich, der

Braun bremst den Nieto vor der Badbergkurve aus, geht in Führung, Waaaahnsinn!" Dann meldete sich Jochen Eisold in der Jugendkurve: „Wir blicken ganz gespannt auf die lange Gerade. Ja, ist es denn möglich, jetzt hat Nieto wieder die Spitze übernommen, bleibt auch in der Kurve vor Braun. Diese beiden Männer hier bieten Extraklasse! Das ist was fürs Rennsportherz, meine lieben Zuschauer! Wie wird es an Start und Ziel aussehen? Wird der Spanier die Führung behalten? Bitte Lutz Weidlich, schildern sie uns die nächste Rennsituation." Dann übernahm ich wieder, blickte hinauf zum Waldrand, erkannte als Erster die beiden Kampfhähne. So ging das reihum mit der Streckenreportage. Längst schon standen die Zuschauer neben ihren Sitzplätzen, winkten und gestikulierten. Letzte Runde: Braun und Nieto bremsten fast nebeneinander die Queckenbergkurve an. Halsbrecherich zog der Spanier nach innen und gewann mit einer halben Sekunde Vorsprung vor Dieter Braun.

Fast ging es im Jubel um Dieter Brauns zweiten Rang unter: Die armen DDR-Fahrer konnten mit ihren privaten MZ-Maschinen nicht in das Geschehen an der Spitze eingreifen. Der tapfer fahrende Hartmut Bischoff rettete als bester ostdeutscher Pilot wenigstens noch einen respektablen sechsten Platz. Nach ihm folgten mit Josè Peon (Kuba), Roland Rentzsch, Ingo Köppe, Wolle Rösch, Hartmut Wrensch, Thomas Heuschkel und Antonio Garcia (Kuba) weitere der schnellsten MZ-Fahrer. Außer dem 14. des Rennens, Heinz Kriwanek aus Österreich, kamen nur noch MZ-Piloten ins Ziel. Als Letzter ausgerechnet der Ungar Janos Drapal, der sich in den folgenden Jahren zum Weltklassefahrer entwickelte. Er war durch Defekte an seiner MZ in einen Rückstand von fünf Runden geraten.

Zu erwähnen wäre noch, dass es 1970 wieder ein Rennen für Ausweisfahrer in der Klasse bis 125 ccm gab. Martin Neubert gewann vor Volkmar Öelschlägel und Alfred Herbst.

Doch die schnellste Runde drehte Dr. Günter Blodig vom MC Köthen. Diese Zeit von 3:53,1 Minuten bedeutete gleichzeitig neuen Rundenrekord für Ausweisfahrer dieser Klasse. Ich freue mich, dass Günter Blodig immer noch aktiv ist und bei Veranstaltungen des ADMV Classic Cups auf seine MZ steigt. Die Gespräche zwischen dem Wissenschaftler und mir drehen sich meistens um die Technik von Rennmotoren von einst und jetzt.

Günter Blodig auf der 125er MZ am Sachsenring 1973. Mit seiner MZ startet er auch heute noch im ADMV Classic Cup. (motorrennsportarchiv.de)

Doch noch Freude bei MZ

Als Nachfolger von Heinz Rosner präsentierte sich der bekannte Italiener Silvio Grassetti recht erfolgreich. Er und Günther Bartusch bildeten aber erst 1971 das neue Fahrerteam des Zschopauer Rennstalls. Dennoch erhielt der Italiener für den Sachsenring eine 250er Werks-MZ und erfüllte auf Anhieb die Erwartungen von Oberingenieur Walter Kaaden. Nach einem beherzten Rennen im ständigen Kampf in einer Vierergruppe, bestehend aus Dieter Braun auf MZ, Jarno Saarinen und Kent Andersson, beide Yamaha, sowie Grassetti, zog der schnelle Italiener nach Brauns Ausfall vor seinen Kontrahenten durch die Queckenbergkurve und sicherte sich und MZ einen wertvollen zweiten Platz hinter dem Sieger und späteren Weltmeister Rodney Gould.

Dieter Braun lenkte 1970 außer auf dem Sachsenring auch auf einigen anderen WM-Kursen eine MZ. Zwei vierte Ränge in Assen und Monza sowie ein achter in Brünn waren die Ausbeute. Etwas erfolgreicher sah Laszlo Szabos WM-Bilanz auf der Viertelliter-MZ aus. Einem neunten Platz auf dem Nürburgring folgte in Le Mans ein fantastischer dritter Rang hinter Rodney Gould und Santiago Herrero, wobei man alle drei – symbolisch gesehen – mit einem Handtuch bei der Zieldurchfahrt hätte zudecken können: Abstand

Dort trumpfte er mit einer fahrerischen Meisterleistung auf und stand am Ende als glücklicher Dritter auf dem Siegerpodest. Auch auf dem Sachsenring zeigte der Freitaler mit einem gut herausgefahrenen fünften Platz, dass er zu Recht für 1971 als MZ-Werksfahrer nominiert war.

Trotzdem konnte das Gesamtergebnis aller MZ-Werksfahrer nicht befriedigen. Ein richtiger Racer mit Erfahrung und Profil musste auf die MZ, damit es 1971 besser läuft. Kaaden verpflichtete Silvio Grassetti, und Günther Bartusch sollte ihn als zweiter Mann unterstützen.

Dieter Braun drehte auch auf MZ schnelle Runden. Hier sitzt er auf der 125er. Seinen WM-Titel in dieser Klasse errang er aber 1970 auf Suzuki. (motorrennsportarchiv.de)

vom Ersten zum Dritten: 0,9 Sekunden! Danach wurde der Ungar Sechster in Spa-Francorchamps, Achter auf dem Sachsenring und in Monza. Somit hatte er in der Weltmeisterschaft 23 Punkte gesammelt und lag am Ende auf Rang elf.

Ein besonders feines Rennen fuhr Günther Bartusch mit der Viertelliter-Werks-MZ auf der schwierigsten Rennstrecke der gesamten WM-Saison, der Tourist Trophy auf der Insel Man.

Bei vielen Veranstaltungen, wie hier in Zschorlau, signiert Dieter Braun sein Buch für die Fans. (Quaas)

Noch ahnte niemand, dass der Sachsenring-Grand-Prix 1971 der vorletzte mit Weltmeisterschafts-Status sein würde. Wir drei Streckensprecher, Joachim Eisold, Hartmut Wagner und ich, hatten uns die Kommentierung und Ansagen der beiden Trainingstage aufgeteilt. Zum Glück war ich nicht auf dem Turm, als Günther Bartusch im Training mit der 300er MZ tödlich verunglückte. Zu dieser Tragik steht alles in einem früheren Kapitel (Die traurigen Stunden des Motorsports). Am Rennsonntag befand sich jeder wieder an seiner gewohnten Sprechstelle.

Ehe das Rennen begann, kam ich mit meiner Frau am Rennsonntag früh gegen 8.30 Uhr an den Ring. Wir liefen auf der linken Fahrbahnseite von der Warmlaufstrecke kommend in Richtung unseres Rennleitungs- und Sprecherturms. Kurz davor entdeckte mich ein Fan, der auf der großen Haupttribüne stand, und rief mir über die Straße hinweg einen Gruß zu. Ich winkte freundlich zurück. Plötzlich sprangen weitere Zuschauer von der schon fast vollbesetzten Tribüne auf und winkten. Darauf erhoben sich noch mal Hunderte von Rennbesuchern, um mich mit lauten Zurufen und freudigem Zuwinken zu begrüßen.

Ich hatte bis zu diesem Zeitpunkt nie gedacht, dass ich ein so beliebter Streckensprecher bin. Am meisten freute es mich natürlich, dass die Motorsportfans, unter denen sich ja auch jede Menge Experten dieses Genres befanden, mir mit ihrem Applaus Anerkennung zollten für die interessanten Streckenreportagen und Hintergrundinformationen über Fahrer und Maschinen. Vielleicht rührte dieser für mich überraschende Moment, für einige Minuten im Mittelpunkt zu stehen, auch von einer für die Zuschauer am Vortag über die Lautsprecher tönenden speziellen Mitteilung. Ich sah nämlich einen Mann langsam entlang der Boxengasse laufen. Er kam mir bekannt vor, sogar sehr bekannt. Ich nahm meine Sinne zusammen und überlegte, Mensch, wer ist denn das? Na klar, das gibt's doch nicht! Das ist Helmut Fath aus Ursenbach, zweifacher Gespann-Weltmeister. Und der geht zur Yamaha von Phil Read. Also betreut er den damals schon fünffachen Weltmeister und mehrmaligen Sachsenringsieger aus England. Als ich mir

völlig sicher war, konnte ich mich nicht mehr zurückhalten, stellte das Mikrofon auf Empfang und verkündete: „Hallo, liebe Zuschauer auf den beiden großen Tribünen hier an Start und Ziel und an der Queckenbergkurve. Schauen Sie mal zu den Boxen, wo die Maschine von Phil Read steht. Dort sehen sie einen ganz berühmten ehemaligen Rennfahrer in ziviler Kleidung: Das ist der zweifache Seitenwagen-Weltmeister Helmuth Fath. Bitte begrüßen Sie ihn mit mir zusammen!" Helmuth Fath blickte überrascht zu mir herüber und dann zur Tribüne, von der ein stimmgewaltiges Hallo ertönte, dazu ein enormer Beifallssturm. Die meisten Rennbesucher kannten ihn ja. Entweder noch von seinen Teilnahmen auf den DDR-Rennstrecken bis 1960 oder von den WM-Läufen in Brünn. Dann rief ich ins Mikro: „Hallo, lieber Helmut Fath, wir alle freuen uns, dass Du wieder einmal am Sachsenring bist. Schau mal zu den Tribünen und winke Deinen Fans zu. Herzlich willkommen!" Darauf folgte die nächste stürmisch laute Woge der Begrüßung von den Tribünen herunter zu einem zu Tränen gerührten Helmut Fath. Diesen Augenblick werde ich nie vergessen.

Irgendwie bemerkte ich aber auch einige missbilligende Blicke von ADMV-Funktionären und von Genossen der SED-Kreisleitung Hohenstein-Ernstthal, die sich bei jedem Sachsenringrennen in Start- und Ziel-Nähe oder an den Boxen aufhielten. Immerhin war Fath ja einer aus dem Lande des Klassenfeindes …

Dafür hatte ich bei Rennbesuchern und Fahrern einen weiteren Stein im Brett. Und das war mir der ehrliche Gefühlsausbruch auch wert. Hier sprang der Funke hörbar über!

An Spannung nicht zu übertreffen:
Die Rennen der kleinen Klassen

Man muss schon zu Superlativen greifen, um die Leistung und den Kampfgeist des kleinen Spaniers Angel Nieto zu würdigen. Auch wenn ich im Vorwort betonte, in diesem Buch keine Rennberichte schreiben zu wollen, so muss ich doch auf die Rennverläufe der drei Klassen (50, 125 und 250 ccm) am Sachsenring 1971 etwas näher eingehen. Der Zweikampf im Auftaktrennen der „Schnapsglasklasse" zwischen dem gewieften spanischen Fuchs Angel Nieto und dem noch nicht so abgebrühten Holländer Jan de Vries brachte das Blut in Wallung. Emotional schilderten wir abwechselnd an unseren Mikrofonen den beinharten Fight der beiden Spitzenreiter. Einmal lag die Kreidler vorn, dann wieder die spanische Derbi. Und wieder jagten vier Niederländer den spanischen Weltmeister. Am stärksten setzte der künftige Champion, Jan de Vries, dem Spanier zu. Der jedoch wehrte bis zur Ziellinie alle Angriffe geschickt ab und gewann das Rennen mit dem hauchdünnen Vorsprung von sechs Zehntelsekunden. Auch auf den Plätzen folgten hintereinander die Holländer Jos Schurgers, Hermann Meyer und Cees van Dongen. Als besten deutschen Fahrer registrierten die Zeitnehmer Günter Hilbig auf seiner Eigenbau-Maschine.

Noch knapper verlief die Zieldurchfahrt im Rennen der Achtelliterklasse. Hier sicherte sich Angel Nieto, wiederum in abgeklärter, fast schon routinierter Fahrweise, seinen zweiten Tagessieg. Doch er musste bis zum allerletzten Meter all sein Können aufbieten, um den jungen Neuling aus England, Barry Sheene, zu besiegen. Ich hatte vor dem Sachsenring-Grand-Prix schon viel über den talentierten Draufgänger Sheene gehört und gelesen. Deshalb war er für mich kein unbeschriebenes Blatt mehr. Sein zweiter Platz im letzten WM-Lauf 1970 in Barcelona, noch vor Börje Jansson und Weltmeister Dieter Braun, ließ die Fachwelt aufhorchen. Noch mehr Beachtung bei der Fachwelt fand er durch seinen ersten fantastischen GP-Sieg auf der schnellen und fahrerisch anspruchsvollen Piste von Spa-Francorchamps mit zehn Sekunden Vorsprung vor den Maicos von Dieter Braun und Gerd Bender.

Die Sachsenring-Zuschauer konnte ich somit vor dem Start auf Barry Sheene aufmerksam machen und ihm einige Vorschusslorbeeren schenken. Diese bestätigten sich, als der Engländer im Ziel nur 0,4 Sekunden hinter Nieto Zweiter wurde. Hier gab es übrigens den gleichen Zieleinlauf wie beim WM-Abschlussrennen in Spanien ein Jahr zuvor. Nieto vor Sheene, Jansson und Braun. Als ich ihn in englischer Sprache beim Zurücklaufen zum Fahrerlager noch weitere solch tolle Leistungen über die Lautsprecher wünschte, winkte er freundlich lächelnd den Rennbesuchern zu. Die guten Zukunftswünsche erfüllten sich. Sheene konnte sich nach weiteren Siegen in Schweden und Finnland im gleichen Jahr bereits Vizeweltmeister nennen und erklomm 1976 und 1977 jeweils den Weltmeister-Thron in der Königsklasse.

Für Maico-Fans vielleicht ganz interessant, weil heute noch einige dieser Maschinen, zumeist 250er, beim historischen Motorsport anzutreffen sind. Mit einer 125er Maico holte sich Gerd Bender 1972 die westdeutsche Meisterschaft. In der WM spielten diese Zweitakter ab 1969 eine immer größere Rolle. Börje Jansson aus Schweden fuhr damit 1969 auf dem Sachsenring und anderen GP-Strecken zumeist noch im Mittelfeld, während sein Landsmann Kent Andersson mit der gleichen Marke (er trug damals eine auffällige weiße Lederkombi) bereits in der WM einen beachtlichen vierten Rang erzielte. 1970 schoben sich die Maicos weiter in den Vordergrund. So landete Jansson am Sachsenring als Dritter auf dem Siegerpodest und belegte den gleichen hervorragenden Rang in der Weltmeisterschaft hinter Dieter Braun und Angel Nieto. Jeweils vierte Ränge in der WM schaffte Börje Jansson mit der 125er Maico 1972 und 1973. Aber auch in der Viertelliterklasse kam Maico zum Zug. Börje Jansson und Gerd Bender fuhren nun auch in der WM die Maico mit doppeltem Hubraum, und Dieter Braun vertauschte in jenem Jahr ebenfalls die Yamaha mit der Maico. Eigenartigerweise, wenn ich darüber im historischen Motorsport berichte, gibt es immer wieder Zweifler, die behaupten, es stimme nicht, dass die 250er Maico in der Weltmeisterschaft gefahren sei. Ich habe die Piloten mit ihren Maicos beider Klassen ja selbst erlebt und Interviews mit ihnen geführt. Sowohl auf dem Sachsenring als auch in Brünn. In der Markenwertung kam Maico mit 29 Punkten hinter MZ sogar auf den vierten Rang in der Weltmeisterschaft.

Im Gespräch mit dem früheren Maico-Fahrer und Deutschen Meister Gerd Bender (re.) anlässlich des MV-Agusta-Treffens in St. Goar.

Die großen Erwartungen nach Grassettis MZ-Sieg in Spa

Die Ausgeglichenheit der Fahrerfelder in den kleinen Klassen hatte sich bereits 1970 herauskristallisiert. Seit Honda, Yamaha und Benelli ihre Werksmaschinen vom Grand-Prix-Sport aus den Klassen bis 125 ccm und 250 ccm zurückgezogen hatten, war eine wesentlich größere Chancengleichheit im Kampf um die begehrten WM-Titel gegeben. Dadurch konnten endlich auch Privatfahrer Weltmeister werden. Der eine oder andere kam sicher in den Genuss einer gewissen Werksunterstützung, war aber im Wesentlichen auf sich selbst gestellt. So auch Dieter Braun, der aber mit Sepp Schlögel und Toni Mang schon hervorragende Helfer hatte. Mit Helmut Fath stand aber auch Phil Read ein absoluter Experte zur Seite. So wagte ich über den Streckenfunk schon eine kleine Voraussage, wer denn in der Viertelliterklasse die großen Favoriten auf dem Sachsenring seien. Da ich wusste, dass 1970 gleich sieben Yamahas die ersten Plätze in der WM belegt hatten, stand für mich fest, dass es auch diesmal Yamaha-Piloten sein würden. Allen voran natürlich der amtierende Weltmeister Rodney Gould, aber auch Exweltmeister Phil Read, der schon drei Läufe in Hockenheim, auf der TT und in Assen gewonnen hatte. Dieter Braun als amtierender Weltmeister der 125er-Klasse glänzte mit zwei dritten Plätzen in Holland und Belgien, während sich Champion Rodney Gould bislang nur mit einem vierten Rang auf der TT und einem sechsten Platz in Assen begnügen musste.

Doch nach dem Doppelsieg der MZ-Werksfahrer Grassetti und Bartusch beim WM-Auftakt auf dem Salzburgring hatte ich selbstverständlich auch den Italiener auf der Rechnung, zumal er sogar noch das schwierige Rennen auf dem schnellen Kurs von Spa-Francorchamps in eindrucksvoller Manier vor den Weltklasseleuten John Dodds und Dieter Braun gewonnen hatte. Sogar mit satten zehn Sekunden Vorsprung! Bartusch, mit der zweiten Werks-MZ, wurde von Motorproblemen geplagt und nur Zehnter. Grassetti, der sich in fahrerischer Hochform befand, ließ sich in Spa außerdem noch die schnellste Runde des Rennens gutschreiben.

Exakt eine Woche später traf sich die Weltelite auf dem Sachsenring schon wieder. Als ich den grandiosen Belgien-Sieg des Italieners auf der Werks-MZ beim Freitagstraining verkündete, jubelten die Massen auf den Tribünen, Hochsitzen und Stehplätzen, freuten sich, dass es vielleicht durch Silvio Grassetti endlich wieder einen MZ-Sieg am Sachsenring geben könnte. Damit lagen wir alle nicht falsch, denn bereits im Jahr zuvor deutete Grassetti schon mit einem zweiten Platz seine Siegfähigkeit an. Aber dann kam der schreckliche Unfall von Günther Bartusch.

Dieter Braun: Der Held des Sachsenrings

Ich verlas die Startaufstellung zum letzten Rennen des Tages: „Das Feld der Klasse bis 250 ccm steht am Start. Die schnellste Trainingszeit erzielte der amtierende Weltmeister und steht damit auf dem besten Startplatz, ganz rechts außen. Das ist der bei uns schon oft gestartete Rodney Gould aus England, Ihnen, liebe Zuschauer, allseits bekannt als ehemaliger großer Rivale unseres Heinz Rosner. Neben Gould, weiter in der ersten Reihe, sehen Sie mit den nächstbesten Zeiten den Australier John Dodds, Dieter Braun aus der BRD als Weltchampion der 125er-Klasse und Exweltmeister Phil Read, alle auf Yamaha. Ist es nicht fantastisch, hier in Hohenstein-Ernstthal allein in der ersten Reihe gleich drei Weltmeister zu haben? Das wird ein Superrennen, das kann ich Ihnen versprechen." Dann folgte die Aufzählung der weiteren Fahrer in den nächsten Startreihen.

Es wurde eines der spannendsten und aufregendsten Rennen, die jemals am Sachsenring gefahren wurden. Dieter Braun, der schon ein Jahr zuvor durch sein beherztes Rennen gegen Angel Nieto in der 125er-Klasse zum Publikumsliebling avancierte, kam trotz des Vorteils, aus der ersten Reihe loszufahren, nicht gut weg. Nach der ersten Runde kam er nur als Zehnter an der großen Start- und- Zieltribüne vorbei. Wie er mir später erzählte, hätte er sogar die „Dieter"-Rufe der Zuschauer unter seinem Helm gehört. „Das motivierte mich noch mehr. Ich wollte das Rennen unbedingt gewinnen, die Fans für ihre Begeisterung belohnen", verriet er bei einem der vielen Gespräche, die wir nach der Wende vorwiegend in Zschorlau miteinander führten.

Die Runden vergingen. Dabei knöpfte sich Dieter Braun einen Konkurrenten nach dem anderen vor und war plötzlich – unter den Jubelschreien der Rennbesucher – mit an der Spitze. Die beiden Tribünen an und nach der Queckenbergkurve brodelten. Die Stimmung glich einem Hexenkessel. Ich glaubte mich in das Bernabeu-Stadion von Madrid versetzt. An

Streckenreportage bei diesem Lärm war kaum noch zu denken. Egal, ob ich zu Hartmut Wagner in der Badbergkurve oder zu Jochen Eisold in der Jugendkurve abgab, die Reporterstimmen wurden von den Massen übertönt. Ich musste mich als der Chef-Streckensprecher an Start und Ziel mächtig zusammenreißen, um nicht mitzuschreien. „Das ist der glatte Wahnsinn", rief mir meine Frau zu, die mir als Rundenzählerin assistierte und warnte: „Pass auf, was Du sagst. Das wird hier gefährlich!"

Dennoch, man konnte bei diesem 250er-Rennen nicht ruhig bleiben. „Wird es Dieter Braun schaffen, das Rennen zu gewinnen?" rief ich nun in das Mikrofon, „es sieht gut aus für ihn. Aber ich glaube, Phil Read und Rodney Gould haben noch einige Trümpfe im Ärmel." Darauf kamen erste Pfiffe von den Zuschauern, von denen einige etwas überreagierten, denn aus meiner Sicht verdienten Gould und Read ebenfalls Beifall für ihre furiose Fahrweise. Außerdem muss-

te ich als Streckensprecher auch neutral bleiben. Die Spitzengruppe bestand nunmehr aus den drei Weltmeistern. Einmal führte Read, dann Gould. Und immer, wenn Braun die Führung übernahm, feuerten an demjenigen Streckenteil, wo sich der Überholvorgang gerade abspielte, zig-Tausende aus Leibeskräften „ihren" Dieter an. So ging das rundenlang. Am Ende kam das Trio fast geschlossen aus dem Wald vom Heiteren Blick herunter. Braun stach als Erster durch die Queckenbergkurve vor Gould und Read und gewann dieses an Dramatik und Spannung kaum zu überbietende Rennen. Damit war Dieter Braun zum Helden des Sachsenrings geworden.

Auch heute noch treffe ich öfter mit Dieter Braun zusammen. Dann werden wieder die „ollen Kamellen" ausgepackt, dabei über Rennverläufe mit ihren Erfolgen und Pechsträhnen diskutiert, dabei auch viele Episoden am Rande erörtert und mit einem Schmunzeln quittiert.

Die euphorische und die verkrampfte Siegerehrung

„Dieter hat gewonnen, Dieter hat gewonnen, endlich wieder ein Deutscher ganz oben, super, traumhaft, Wahnsinn", hieß es reihum. Die Euphorie der Zuschauer stieg noch weiter an, als ich die Siegerehrung mit den Worten ansagte: „Sieger dieses Superrennens, Weltmeisterschaftslauf der Klasse bis 250 ccm, wurde Dieter Braun aus der Bundesrepublik Deutschland. Wir alle gratulieren ihm ganz herzlich zu diesem großartig erkämpften Sieg." Als ich die weiteren auf dem Podest stehenden Gould, Read, Marsovszky und Saarinen nannte und ihnen gratulierte, ging meine Stimme im Jubel der Zuschauer unter. Ich hatte so etwas noch nie bei einem Motorrad- oder Autorennen erlebt. Immer wieder ertönten die Rufe: „Dieter, Dieter". (Knapp zwei Jahrzehnte später hieß es: „Helmut, Helmut!")

Nun kam für mich das größte Problem: Ich musste die Hymne verkünden. Das klang aus meinem Munde, beziehungsweise aus den Lautsprechern an Start und Ziel, alle anderen Streckenlautsprecher wurden plötzlich abgeschaltet, folgendermaßen: „Zu Ehren des Siegers Dieter Braun erklingt nun die Nationalhymne der BRD." Ich kam mir saublöd in diesem Moment vor. Ohne jegliches Gefühl in der Stimme, musste ich diesen Part runterleiern, damit nur ja keiner von den Polit-Oberen merkt, dass ich mich über den Sieg

Mit dieser Yamaha wurde Dieter Braun 1973 Weltmeister in der Viertelliterklasse. Bei seinem Sachsenringsieg 1971 hatte er die Startnummer 3. Auch heute noch erfreut er mit bestem Fahrstil im historischen Motorsport seine große Fangemeinde. (motorrennsportarchiv.de)

Hans Zacharias winkt 1971 am Sachsenring die Fahrer mit der schwarz-weiß karierten Flagge ab, für ihn das letzte Mal. 1972 durfte er nicht mehr Rennleiter sein. (Knobloch)

von Dieter Braun genauso freue, wie die Zuschauer. Aber ich durfte mir das nicht anmerken lassen. Letztlich verkörperte ich ja die Stimme des Sachsenrings in diesem politisch-brisanten Moment. Ich hatte wahrscheinlich schon bei der Gratulation an Dieter Braun mit der Betonung auf „herzlich" zuviel Euphorie gezeigt.

Alles Weitere verlor sich dann im Stimmengewirr und im Aufmarsch von Hundertschaften der Volkspolizei. Rennleiter Hans Zacharias, mit dem mich in all den Jahren hervorragender Zusammenarbeit eine echte Motorsportfreundschaft verband, versuchte ruhig zu bleiben. Trotzdem merkte ich ihm eine gewisse Nervosität an. Auf meine Frage an ihn, ob alles richtig war, wie ich die Siegerehrung angesagt hätte, meinte er: „Jaja, das war schon Klasse gemacht von Dir." Dann trat er näher an mich heran und hauchte mir

ins Ohr: „Wenn das für uns beide mal gut ausgeht." Es ging nicht gut aus! 1972 hatte ich Sprechverbot für den Sachsenring und „Zach" war nicht mehr Rennleiter. Als solcher fungierte er seit 1959 mit Umsicht, Freundlichkeit und Souveränität. Fahrer, Helfer, FIM-Delegierte, Zeitnehmer, Journalisten von Presse, Funk und Fernsehen sowie wir Streckensprecher brachten ihm viel Respekt und Achtung entgegen.

Aber so ist das Leben: Am frühen Morgen von den Zuschauern freundlich begrüßt und beklatscht, als Belohnung für jahrelange gute Streckenreportagen und Hintergrundinformation und am Abend von den Politfunktionären verdammt. Ich kann das heute so sagen. Damals erfuhr ich von meiner „Auslagerung" erst eine Woche vor dem letzten Sachsenring-WM-Lauf 1972!

Persönliche, mündlich übermittelte Absage

Am 30. Juni 1972 kam der Generalsekratär des ADMV, Hermann Bewarder, extra aus Berlin an meinen damaligen Arbeitsplatz in der Presseabteilung der Leipziger Messe, um mir persönlich die Absage für den Sachsenring-WM-Lauf, dessen Termin eine Woche später lag, mündlich zu übermitteln. Einen Tag zuvor hatte ich erfahren, dass Helmut Brose vom ADMV-Präsidium tödlich verunglückt sei. Das war seltsam, denn Brose hatte meinen Einsatz für den bevorstehenden Sachsenring-GP schon festgelegt. Umso mehr war ich erstaunt. Ich fragte nach den Gründen. „Das ist ganz einfach", erklärte Bewarder, „Du kommentierst zu emotional, ergreifst zu wenig Partei für die sozialistische Sportbewegung. Du erzählst viel zu viel über die angeblich hochwertige Technik und Fahrer aus kapitalistischen Ländern. Noch schlimmer, Du verkündest mit lauter Stimme, und man hört die Freude dabei heraus, wenn ein Fahrer aus dem Lager des Klassenfeindes beim Rennen in Führung geht. Ich sage nur Beispiel Braun!" Ich war zunächst schockiert über diese Unterstellungen. Das war doch totaler Blödsinn! Auf meine Frage, ob das nur mich betrifft, meinte er: „Die beiden anderen Sprecher haben sich nicht so weit von ihrem anerzogenen Bewusstsein entfernt. Sie werden nächste Woche wieder am Sachsenring kommentieren." Dann erdreistete er sich noch, mich zu bitten, einen Ersatzsprecher anstatt meiner zu nennen. Ich antwortete ihm: „Da weiß ich keinen politisch Zuverlässigen!" Auf meine Forderung, mir noch einmal die Begründung meiner „Ausgliederung" zu nennen, sagte er nur kurz: „Du bist politisch im Sinne unserer DDR nicht loyal und mit Deiner Einstellung insgesamt für uns bei solch hochpolitischer Veranstaltung wie Sachsenring nicht mehr tragbar!" Er wollte dann noch zum Parteisekretär des Leipziger Messeamtes gehen, „um dem mal reinen Wein einzuschenken." Ich erklärte ihm den Weg dahin und wünschte viel Erfolg. Der aber blieb für Bewarder aus, weil es nichts an meiner täglichen Arbeit als Fachjournalist für Technik zu bemängeln gab.

Auszüge aus dem Schreiben zur politischen Einschätzung des Weltmeisterschaftslaufes für Motorräder 1971 auf dem Sachsenring vom 1. November 1971

„…

2. Vorkommnisse bei der Siegerehrung der Klasse bis 250 ccm auf der Haupttribüne. Ohne die motorsportliche Begeisterung außer Acht zu lassen, war das Verhalten eines großen Teiles der Zuschauer der Haupttribüne zweifellos ein Politikum. Offensichtlich spielt die Meinung ‚Ein Deutscher hat gewonnen' dabei eine Rolle und bei dem Kreis der Zuschauer ist das Problem der Abgrenzung mit allen seinen Folgeerscheinungen nicht bis in die Tiefe geklärt.

> Dennoch hatte sich durch die Rennen 1969 und 1970 eine bestimmte Spannung angereichert (1969 fiel Braun ausgangs der vorletzten Runde mit Getriebeschaden aus, 1970 wurde er auf den letzten Metern von Angel Nieto vor dem Zieleinlauf abgefangen.)

Der Streckensprecher Lutz Weidlich hat durch sein Verhalten zur Anheizung der Stimmung beigetragen und es empfiehlt sich, für 1972 als Start- und Zielsprecher einen zuverlässigen, politisch klaren Sprecher einzusetzen.

Die Konsequenz insgesamt besteht darin: die Karten der Haupttribüne werden zum überwiegenden Teil über den Freien Deutschen Gewerkschaftsbund an die Großbetriebe gegeben, damit sie an klassenbewusste Arbeiter, Mitglieder sozialistischer Brigaden usw. verteilt werden können. Auch die MO sind mit einzubeziehen. Das ermöglicht eine politische Einflussnahme auf die Zuschauer auf der Haupttribüne lange vor dem Weltmeisterschaftslauf.

3. Zu Problemen der politischen Unzuverlässigkeit des Rennleiters Zacharias
   - In Berlin nicht bestätigte westdeutsche Fahrer wurden angenommen und deren Nennungen bestätigt.
   - Auf der Einreiseliste waren trotz klarer Weisung normale Besucher aufgeführt.
   - Ein westdeutscher Journalist, der mit dem Sachsenringrennen nichts zu tun hat und nicht akkreditiert war, erhielt eigenmächtig von Hans Zacharias per Telegramm Unterstützung für die Einreisegenehmigung für den Bezirk Karl-Marx-Stadt.

                                              …"

Zunächst blieb es bei der Planung für das laufende Jahr 1972, außer Sachsenring. Außerdem machte mir Gerhard Elschner, als künftiger Rennleiter des Schleizer Dreieckrennens, Mut und meinte: „Das Verbot trifft aber nicht auf Schleiz zu." Und der noch amtierende Rennleiter Kurt Uibel bestätigte: „Bei uns bist Du als Streckensprecher immer willkommen, einen besseren kann ich mir gar nicht vorstellen."

Ich kommentierte also weiterhin in Schleiz, Bautzen und Frohburg. Nebenbei wollte ich aber einige Termine nutzen, die sich nicht mit der Sprecherei überschnitten, um aktiv an Tourenwagenrennen oder Rallyes teilzunehmen. Ich war nämlich bereits 1970 auf den Geschmack gekommen, nachdem ich einer Einladung von Helmut Aßmann für das Inselsbergrennen folgte. Ich sollte aber nicht als Sprecher fungieren, sondern mit meinem Trabant in der Klasse bis 600 ccm für Serienwagen starten. Dort schaffte ich zwar nur die siebentbeste Zeit, aber es hatte Spaß gemacht. Außerdem fand ich an den Tourenwagenrennen mit Trabis schon 1970 Interesse, als ich diese kleinen Flitzer – vorwiegend von Rallye-Piloten gelenkt – erstmals auf dem Schleizer Dreieck sah.

Guter Auftakt: Gleich zwei Siege
im Trabant, hilfreiche Tipps von Küther

Schon 1971 hatte ich über den Winter meinen Motor mit bescheidenen Mitteln etwas getunt und das Fahrwerk verbessert, damit ich bei den Bergrennen und eventuell auf dem Schleizer Dreieck in der Klasse 21, Spezialtourenwagen, starten konnte. Die Termine lagen – außer Schleiz – jenseits meiner Streckensprecher-Einsätze.

Vor der eigentlichen Rennsaison gab es auf dem Schkeuditzer Flugplatz (heute der Zentralflughafen Leipzig-Schkeuditz) ein Frühjahrs-Training für Tourenwagen, Renn- und Sportwagen. Das diente zum Einstellen der Motoren, zum Abstimmen der Getriebeübersetzungen und Fahrwerke. An meinem Trabi, der ja noch relativ serienmäßig daherkam, gab es außer der Vergaserdüsen-Bestückung kaum etwas ein-

zustellen. Ich wollte einfach nur trainieren, um mich an das Gefühl des Rundstreckenfahrens zu gewöhnen. Es ist ja ein gewaltiger Unterschied, ob man im Einzelzeitfahren den Berg erklimmt oder in einem dichten Pulk von Autos eine Kurve hart anbremsen muss. Ich erinnere mich noch, dass Ulf Heimbürger aus Erfurt und ich die ersten Trabantpiloten waren, die in Schkeuditz das Training aufnahmen. Wolfgang Küther war auch dabei. Sein erstes Training im Formel-III-Rennwagen hatte er schon hinter sich und beobachtete meine Fahrweise. In einer Trainingspause erklärte er mir, was ich falsch gemacht hätte und zeigte mir, wie ich die Ideallinie besser finden könnte. Und es hat geholfen. Meine Rundenzeiten wurden im zweiten Training immer besser, dank der Tipps meines Freundes Wolfgang Küther, der noch im gleichen Jahr seinen ersten DDR-Meistertitel gewann.

Auf Siegesfahrt beim Südharzer Bergrennen Ilfeld 1971. So zivil sahen die Trabant-Renner damals noch aus. (Richter)

Sieg auch in Wolfen-Nord. Fahrt durch die extrem enge Apotheken-Kehre. (Krüger)

Der Renn-Auftakt sah gut aus: Ich gewann den Geschwindigkeits-Wettbewerb Wolfen-Nord, 14 Tage später auch beim Südharzer Bergrennen Ilfeld, und eine Woche ging es voller Optimismus zum Bergrennen Hundeshagen im Eichsfeld.

Dort lief mein Motor noch besser, und die enge Bergrennstrecke mit den kurzen Geraden und vielen Kurven lag mir so gut, dass ich die schnellste Trainingszeit fuhr. Noch vor Helmut Aßmann, dessen Trabi wesentlich mehr Leistung als der meinige aufwies. Das stimmte mich und meinen Helfer Hans Kirbach optimistisch, vielleicht hier zu gewinnen.

Nun war mein Trabant noch nicht auf Benzinförderung durch Pumpe umgerüstet, sondern er hatte noch das normale Fallbenzin mit Tank im Motorraum und damit auch einen Benzinhahn. Und das war die kleine Ursache mit folgender großer Wirkung!

Totalschaden in Hundeshagen

Im ersten von zwei Wertungsläufen war ich wieder sehr schnell, ich glaubte, sogar gegenüber dem Training noch einen Zahn zulegen zu können. Kurve um Kurve folgte, mit Vollgas auf die nächste Gerade. Dann merkte ich plötzlich auf einem kurzen Geradeaus-Stück, dass die Benzinzufuhr stoppen wollte.

Blitzartig löste ich den Sicherheitsgurt, um den Benzinhahn fassen zu können, drehte ihn auf Reserve und blieb weiter voll auf dem Gas. Dieses Manöver blieb zum Glück für mich ohne Zeitverlust. Es lief wie geschmiert, jede Kurve sauber und mit Bravour genommen. „Das muss eine Superzeit werden", dachte ich im Stillen. Dann die letzte Kurve kurz vor dem Zielstrich, scharf links herum, auf drei Rädern! Aber verflixt, das ist zu schnell! Schon hatte ich Untersteuern und rutschte vom Asphalt. Ich musste schlagartig handeln: Entweder an den drei Meter vor der Ziellinie stehenden Baum rechts der Fahrbahn krachen oder daneben zwischen dem Baum und mehreren Bü-

Bergrennen in Hundeshagen 1971 Kurz vor dem Anprall bin ich schon neben der Strecke.

Mein erster Totalschaden. Zum Glück gab es keine ernsthaften Verletzungen.

schen hindurch. Aber dort saßen die Zeitnehmer an einem querstehenden Tisch. Die wollte ich nun schon gar nicht „abräumen". Also, voll in die Eisen, Auto mit der Handbremse zusätzlich leicht quer gestellt und diagonal mit dem rechten Scheinwerfer voran an den dicken Baum! Diagonal deshalb, um die Knautschzone zu vergrößern. Die Reaktionen mussten in Sekundenbruchteilen zu reflexartigem Handeln führen. Ich stützte mich dabei am Lenkrad mit aller Kraft ab, dann kam ein harter Schlag mit mächtigem Knall und ich prallte leicht mit dem Kopf an den Innenspiegel. Ich war ja nicht mehr angeschnallt. Dann sprang ich heraus und besah mir den Schaden. Totalschaden! Ein Arzt war zum Glück im Zielbereich, der mich schnell untersuchte und meine Wunde über dem rechten Auge versorgte.

Alles schwieg vor Staunen, dass mir nichts Ernstes passiert war. Ärgerlich war's schon, vor allem, weil mir die Zeitnehmer bestätigten, dass ich direkt beim Anprall am Baum die Bestzeit erzielt hatte. Wieder schneller als Aßmann! Doch ich hatte ja die Ziellinie nicht überfahren. Außerdem hätte es sowieso nichts genützt, denn es kam noch ein zweiter Lauf, und an dem konnte ich ja nicht mehr teilnehmen.

Ein Trostpflästerchen schenkte mir DDR-Rallye-Meister Volker Beyer aus Leipzig mit der Bemerkung: „Du hast den großen Preis gewonnen. Die Versicherung bezahlt Dir ein neues Auto. Besser geht's doch gar nicht! " Innerhalb von zehn Tagen hatte ich eine neue, weiß lackierte Karosserie aus Zwickau bekommen, und in der Vertragswerkstatt von Uwe Albertsmeyer in Worbis wurde der Neue aufgebaut.

Mit dem Neuen ging ich bereits im Sommer wieder an den Start. Dabei verpasste ich zweimal das Podest. In Albernau wurde ich hinter Beyer, Aßmann und Schubert, aber noch vor Dammann, Vierter. Den gleichen Platz belegte ich zum Saisonabschluss beim Bergrennen „Mühlwand" im Vogtland. Dieser vierte Rang war aber viel höher zu bewerten, weil ich mit meinem Rallye-Motor nur zweieinhalb Sekunden hinter Aßmanns „Schlitzer" und nur dreieinhalb Sekunden hinter Sieger Karl König lag. Ich war stolz auf meine Leistung, konnte ich doch Gerhard Dammann mit dem schnellen zweiten „Schlitzer" gut 1,2 Sekunden hinter mir auf den fünften Platz verweisen. Technik-Chef Siegfried Leutert lobte mich nach dem Rennen: „Das war eine Klasse-Leistung. Die hätte ich Dir gar nicht zugetraut."

Beim ersten Rundstreckenrennen zum Hinterherfahren verurteilt

Das Schleizer Dreieck fand auch 1971, wie stets, im Sommer statt. Ich kannte den Kurs als Streckensprecher und vorheriger jugendlicher Zuschauer schon seit vielen Jahren. Aber als Rennfahrer war die Piste Neuland für mich. Wie hoch allein in der Trabi-Klasse die Trauben hingen, spürte ich 1971 bei meinem ersten Rundstreckenrennen auf dieser ältesten deutschen Naturrennstrecke. Als Rundstrecken-Neuling hatte ich vor den erfahrenen Rallye-Haudegen, wie Karl König, Frieder Kramer, Manfred Hetzer und Volker Beyer, mächtig viel Respekt.

Dazu kam auch noch Helmut Aßmann, dem der Ruf eines Zweitakt-Papstes oder Trabi-Gurus vorausging und der entsprechend Dampf in seinen Trabantmotor gezaubert hatte. Ich merkte schon im Training, dass meine Serienübersetzung im vierten Gang auf der Abfahrt in Richtung Seng zu kurz war. Bergauf in Richtung Luginsland kam ich wieder an die knapp vor mir fahrenden Rainer Seyfarth und Ulf Heimbürger he-ran. In den letzten beiden Runden hatte ich kurz vor dem Schauerschacht zwei leichte Kolbenklemmer, die ich aber abfangen konnte, ehe der Motor ganz fest ging. So landete ich nur – etwas enttäuscht – auf dem achten Platz. Sogar Manfred Schubert aus Leipzig kam noch an mir vorbei. Wie und durch wen der Leipziger zu seinem lustigen Spitznamen „dor Weldmeesder" (wurde nur in sächsisch gesprochen) kam, weiß ich heute nicht mehr.

Während des Trainings beobachtete uns Trabifahrer ein ganz prominenter und erfolgreicher Autorennfahrer: Max Byczkowski, der nach seinem schweren Unfall in Jugoslawien – passiert in den 60er-Jahren - nicht mehr an Rennen teilnehmen konnte, saß auf der Tribüne am Buchhübel. Nach meinem Training setzte ich mich zu ihm und wir schauten den Fahrern der anderen Klassen zu. Dabei verriet er mir, dass er mehrmals die Kurvenzeiten von mir und meinen Konkurrenten mit seinen beiden Stoppuhren gemessen hatte. „Vom Kurveneingang der ersten, der Linkskurve, bis zum Kurvenausgang der zweiten, der Rechtskurve, habe ich die Stoppuhren laufen lassen", erklärte er. Somit könne man feststellen, wer schnell ist und gut fahren kann oder auch nicht. Am besten hätten Frieder Kramer, Helmut Aßmann, Volker Beyer und ich die Ideallinie gefunden. Und dann überraschte er mich mit: „Du warst mit Kramer der Schnellste in den Buch-

1972 auf dem Schleizer Dreieck: Rundenlanges Duell mit Hagen Kaufmann. (Archiv Weidlich)

hübelkurven, das konnte ich mehrmals mit der Stopp-uhr feststellen und die Zeiten mit Deinen Konkurren-ten vergleichen." Das freute mich ungemein und be-stätigte auch Wolfgang Küthers Meinung, der mir ein gewisses Talent zum schnellen Rennfahrer beschei-nigt hatte. Nur schade, dass es meinem Trabant an der nötigen Motorleistung fehlte.

Ich muss noch hinzufügen, dass ich neben der Fahre-rei auch noch an Start und Ziel die anderen Rennen kommentiert habe. Für mich war das eine doppelte Belastung, zumal ich auch noch bei den Siegerehrun-gen neben der Strecke die Interviews mit den drei Erstplatzierten jedes Rennens durchführen muss-

te. Ich hatte das vor Jahren so eingeführt, um den schnellsten Piloten die Möglichkeit zu geben, meine Fragen zum Rennverlauf zu beantworten. Somit er-fuhren die Zuschauer gleich aus berufenem Munde, wie es den Piloten während des Rennens ergangen war, welche besonders schwierigen Situationen sie hatten meistern müssen oder was es für andere inter-essante Momente des Rennens gab. Und weil das bei allen, auch bei Fahrern und der Rennleitung, gut an-kam, habe ich es auch weiterhin durchgehalten.

Ab 1973 konzentrierte ich mich aber mehr auf das Rennenfahren und legte die Sprecherei an der Stre-cke immer mehr auf Eis.

Wie schon beschrieben, überließ ich die Stre-ckensprecher-Tätigkeit allmählich immer mehr meinen Kollegen Joachim Eisold und Hartmut Wagner. Dadurch hatte ich auch 1972 mehr Zeit, als Allround-Pilot mit meinem Trabi neben Berg- und Rundstreckenrennen auch an Rallyes teilzunehmen. Auf dem Beifahrersitz lotste mich Fritz Rittmann vom MC Leipzig durch das Gewirr der Rallye-Pisten auf Straßen, Feld- und Waldwegen. Er war ein äußerst ge-nau navigierender Copilot und damit ein Garant für schnelle Zeiten auf den Sprintstrecken. Bei der Mes-se-Rallye Leipzig 1972 belegten wir auf Anhieb einen vierten Platz in der Klasse 21, immerhin bei meinem ersten Start einer DDR-Meisterschaftsrallye. Zum Auftakt schafften wir Slalom-Bestzeit.

Das Kuriose: Erstmalig musste ein Slalom vorwärts und wieder zurück im Rückwärtsgang gemeistert wer-den! In der Vorwoche trainierten Fritz und ich fast je-den Tag auf dem großen asphaltierten Platz vor dem Leipziger Zentralstadion das Rückwärtsfahren um die Gummihüte. Wie sich zeigte, mit Erfolg, aber auf Kos-ten von starken Schmerzen. Was war passiert? Beim Slalom-Rückwärtsfahren verklemmte sich der Dau-men meiner linken Hand in einem Loch einer Lenk-radspeiche. Ich hatte ein Sportlenkrad montiert mit drei Speichen, die je drei verschieden große Löcher aufwiesen. Durch eines der größten Löcher, die sich unweit des Lenkradkranzes befanden, passte mein Daumen hinein, aber nicht wieder heraus. Durch die ständige blitzschnelle Kurbelei beim Rückwärtsfah-ren um die Pilonen musste der Daumen viele Verdre-hungen erdulden. Der Schmerz kam erst später, nach-dem ich den Daumen mit Gewalt aus dem Loch im Aluminium befreit hatte. Nun musste ich die gesam-te Rallye mit einem lädierten Daumengelenk bestrei-ten – ein schmerzhaftes Hindernis, besonders auf den Sprint- und Rundstreckenprüfungen, wo das Lenken mit beiden Händen unabdingbar war.

Auch im Rallye-Sport begeisterten die Trabis. Hier schaffte ich mit Co-Pilot Fritz Rittmann Slalom-Bestzeit bei der Messe-Rallye 1972 vor dem Alten Rathaus in Leipzig. (V. Boden)

Gegen Mitternacht an einer Zeitkontrolle stand Rainer Seyfarth plötzlich neben meiner Fahrertür und teilte uns mit, dass sein Trabi schon mit Motordefekt ausgefallen sei und meinte zu mir: „Aber Dein Motor klingt auch wie eine Kiste Nägel, die man richtig schüttelt." Worauf ich antwortete: „Die Kurbelwelle ist schon so ausgeklappert, die hält bis zur Zieldurchfahrt." Bis dahin mussten wir aber noch zwei Sprintstrecken und eine 5-Runden-Hatz auf dem Frohburger Dreieck absolvieren. Aber die Welle hielt!

Bei Bergrennen im gleichen Jahr gelangen mir am Inselsberg und in Ilfeld jeweils dritte Plätze gegen namhafte Konkurrenz, vor allem vom MC Gotha mit Helmut Aßman, Gerhard Dammann und Rainer Seyfahrth. Für das Schleizer Dreieckrennen stimmte mich mein gutes Trainingsergebnis als Siebenter von 24 Startern optimistisch für das Rennen. Nach rundenlangen Positionskämpfen mit Seyfarth, Kaufmann, Regel und Heimbürger streikte in der vorletzten Runde meine Zündanlage, wodurch ich aufgeben musste. Mehr als ein siebenter Rang wäre aber gegen die Übermacht der schnellen Rallyefahrer sowieso nicht drin gewesen. Sie belegten mit Kramer (2.), Hetzer (4.), König (5.) und Golde (6.) hinter Sieger Aßmann die vorderen Plätze. Nur Gerhard Dammann quetschte sich als Dritter noch dazwischen. Aßmann und Dammann nutzten wieder, wie schon 1971 beim Mühlwand-Bergrennen, die hohe Motorleistung der neuen schlitzgesteuerten Zweivergaser-Motoren. Damit waren die beiden Gothaer Renntrabis den übrigen Kontrahenten mit den drehschiebergesteuerten Einvergaser-Aggregaten motorisch überlegen.

Helmut Aßmann in voller Fahrt auf dem Schleizer Dreieck. Seine Konkurrenten sahen diesen Trabi in den Rennen bis 1978 meistens nur von hinten. (Archiv Weidlich)

1973 verhinderte leerer Benzintank gute Platzierung

Bereits beim Frühjahrstraining auf dem Schleizer Dreieck gab es, wie schon ein Jahr zuvor, phasenweise Regenwetter. DDR-Rallyemeister Jürgen Sparwald stand vor seinem Gruppe-2-Wartburg und rief mir freudig zu: „Jetzt kommt unser Wetter!" Damit meinte er, fehlende Motorleistung durch gekonntes Driften auf rutschig-nasser Fahrbahn ein wenig auszugleichen. Denn die Fahrer mit den stärksten Motoren konnten ja bei Regen die höhere Leistung nicht zu 100 Prozent abrufen. Als ich mit den anderen Trabi-Piloten zum ersten Training auf die Strecke ging, regnete es heftig und die Strecke war richtig nass und glatt. Nach zwei, drei Runden hatte ich die Lage im Griff und merkte, wie locker ich an einigen, sonst unter Schönwetter-Bedingungen schnelleren Autos, vorbeiziehen konnte. Ja, das machte richtig Spaß hier im Regen durch die herrlichen Kurven des Dreiecks zu schlittern. Selbst in der Seng und am Schauerschacht überwand ich mich und blieb voll auf dem Gas. Die fünftbeste Trainingszeit war der Lohn! Schnellere Runden drehten nur Frieder Kramer, Helmut Aßmann, Peter Melkus und Dieter Golde. Mit 4:45,0 lag ich nur zwei Zehntelsekunden hinter Golde und 2,1 Sekunden hinter Melkus. Selbst Detlev Schröder, der einen Trabi mit Zweivergaser-Schlitzer-Motor fuhr, war im Regen wesentlich langsamer als ich mit meinem bescheidenen Dreikanaler. Mein Freund und ehemaliger Schulkamerad, Hans-Dieter Möbus hatte mit zu viel Speed ausgangs der Oberböhmsdorfer Kurve seinen Trabi „geerdet" oder, wie wir auch sagten, zerschmissen. So konnte er weder am zweiten Training, noch am Rennen, das am Samstagnachmittag stattfand, teilnehmen. Bis jetzt sah die Welt für mich recht gut aus. Beim zweiten Training aber herrschte gemischtes Wetter, mal Sonne, mal Regen. So war eine Verbesserung der Zeiten gegenüber dem ersten Training mehr oder weniger Glückssache. Mir aber ging mein Motor in die Binsen. So zählte für den Startplatz die gute Zeit im Regen. Sie reichte immerhin für den siebenten Startplatz. Doch was nützte sie ohne intakten Motor?

Georg Regel half mir. Wir fuhren zu ihm nach Gera. Dort übergab er mir seinen Dreikanal-Ersatzmotor, den ich im Schleizer Fahrerlager am Freitagabend einbaute, damit Probe fuhr und zufrieden feststellte, dass er besser lief, als meine kaputt gegangene eigene Maschine. Das gab Auftrieb und Motivation für

Einfahrt zur Waldkurve in Schleiz 1973: Auch wenn Kramer, Aßmann und Schröder schon vorausgeeilt waren, boten Gaida, Weidlich, Regel, Ziemer, Schmid und Schubert ein ganz „heißes" Rennen zur Freude der Zuschauer. (Katschner)

das Rennen. Während mir Georg Regel noch einige Tipps zur Motoreinstellung gab, checkte mein Helfer noch einmal alle Funktionen am Trabi-Renner. Kramer und Golde mussten aus der letzten Reihe starten. Die Gründe dafür weiß ich heute nicht mehr. Ihre Plätze blieben frei, auch der von Möbus.

Es ergab sich demnach folgende Startaufstellung, die ich hier für die große Trabi-Fangemeinde, die heute noch im historischen Motorsport dabei ist, aufzeige: Erste Reihe: Aßmann, Schröder, Melkus. Zweite Reihe: Dammann allein, weil Kramer in die letzte Reihe verbannt worden war. Dritte Reihe: Schmid, Weidlich, (dritter Platz Möbus blieb frei). Vierte Reihe: Regel, Niewahr. Fünfte Reihe: Ziemer, Petri, Gaida. Sechste Reihe: Kaufmann, Schubert. Dahinter dann noch einige Trabis und ganz hinten Kramer.

Im Rennen bildete sich hinter der Spitzengruppe mit Assmann und Schröder ein großer Verfolgerpulk: Dazu gehörten im ständigen Positionswechsel befindlich Udo Gaida, ich mit dem Regel-Motor, Schorsch Regel selbst, Friedwald Schmid, Dieter Ziemer, Manfred Schubert und auch schon Frieder Kramer, der aber wegen seines überlegenen Zweivergaser-Motors recht schnell an uns vorbei kam. Gegen Ende des Rennens hatte ich mir bereits die vierte Position erkämpft und sah in meinen Rückspiegeln nur noch Georg Regel und Udo Gaida. Doch in der letzten Runde bei der Bergauffahrt von der Seng zum Luginsland stotterte der Motor und ging aus. Ich ahnte Schlimmes: Kein Sprit mehr im Tank! Da hatte mein Helfer vor dem

Rennen vergessen, Benzin in der notwendigen Menge einzufüllen. Nun musste ich tatenlos zusehen, wie ein Konkurrent nach dem anderen an mir vorüberfuhr. Noch rollte ich durch die Heinrichsruher Kurve, versuchte in Richtung Schauerschacht noch einmal den Motor zu starten. Er lief wieder, aber nur bis zur Waldkurve, dort war dann endgültig Schluss und der Tank innen staubtrocken.

Hinter Kramer, der das Rennen trotz Start aus der letzten Reihe gewann, kamen Aßmann, Schröder, Regel, Gaida, Ziemer und Dammann in dieser Reihenfolge durch das Ziel. Jammerschade für mich, weil ich mir sicher war, den vierten Platz bis zum Ziel halten zu können. Meine Stimmung war im Fahrerlager auf ein absolutes Tief gesunken, und mein Helfer hatte sich gleich aus dem Staub gemacht. Umso mehr freute sich mein Leipziger Freund Udo Gaida, der erst sein zweites Rennen bestritt und auf Anhieb den fünften Platz errang. Auch Georg Regel strahlte und prophezeite: „Wartet mal ab, in Frohburg bin ich noch weiter vorn!"

Diese Voraussage trat ein, denn der Geraer fuhr dort zum Saisonende sein bestes Rennen und wurde hervorragender Zweiter hinter Helmut Aßmann. Ich hatte wieder meinen eigenen, reparierten und etwas lendenlahmen Motor eingebaut, kämpfte rundenlang in einem Verfolgerpulk mit Wolfgang Eisner, Dieter Golde sowie Dieter Hromada und wurde Siebenter im Rennen. Nur 16 Renntrabis erreichten das Ziel, unter ihnen Udo Gaida als Zehnter.

Wolfgang Küther schaffte 1973 den Hattrick auf dem Schleizer Dreieck, hier im Formel-C9-Monoposto. In jenem Jahr bestieg er zum zweiten Mal den Thron des DDR-Meisters, nachdem er den Titel schon 1971 in der Formel III gewonnen hatte. (Ritter)

Küthers Monoposto von rechts: Mit der auf dem Vergaser-Ansaugstutzen sitzenden Lufthutze, deren breite Öffnung gegen den Fahrtwind gerichtet war, nutzte Küther bei höherem Tempo einen gewissen Turboeffekt. (Archiv H.-J. Walther)

Siegerehrung der Formel-III-Rennwagenfahrer, Leistungsklasse 2. (v. li.) Werner Eschrich, Heiner Lindner und Dietmar Graupner. Mit diesem Sieg deutete Lindner bereits sein großes Talent an, das er zu einem perfekten Fahrstil entwickelte und somit 1978 und 1979 zweimal den DDR-Meistertitel eroberte. (Archiv H.-J. Walther)

1974 mit „Aßmann-Schlitzer" zum Frühjahrstraining

Wollte man in der Spezialtourenwagenklasse 21 bis 850 ccm Erfolg haben, musste man mit einem Zweivergasermotor im Renntrabant antreten. Helmut Aßmann hatte diese Motoren bis zur Perfektion weiterentwickelt. So nahm es nicht Wunder, dass die zehn Zeitschnellsten des Frühjahrstrainings 1974 auf dem Schleizer Dreieck, außer Frieder Kramer, der wieder seinen Rallyemotor benutzte und Sechster wurde, alle mit Zweivergasermotoren ausgerüstet waren. Auch ich hatte mich über den Winter entschlossen, einen solchen leistungsstarken „Aßmann-Schlitzer" zu erwerben und damit 1974 an den Start zu gehen.

Während Dieter Golde die schnellste Zeit mit 4:07,8 Minuten. schaffte und Volker Schreiber sich gleich bei seinem ersten Start als Zweitschnellster auszeichnete, kämpfte ich mit Bremsproblemen und fehlender Höchstgeschwindigkeit. Ich war zunächst voller Freude, weil mein Trabi aus der Spitzkehre zur Sommerbank hinauf und auch von der Seng zum Luginsland hoch derart vehement beschleunigte, wie ich es vorher noch nie erlebt hatte. Dafür kam die Enttäuschung auf den Streckenabschnitten zur Seng hinunter und zum Schauerschacht hin: Zu wenig Spitze! Jedesmal, wenn der Drehzahlmesser 6 000 bis 6 200 Touren anzeigte, regelte der Motor ab, als gäbe es einen heimlichen Drehzahlbegrenzer. Dazu kam, dass mein Trabi beim harten Anbremsen von Spitzkehre, Heinrichsruher Kurve und Waldkurve immer stärker nach rechts zog. Deshalb beendete ich mein Training und fuhr an die Boxen. Helmut Aßmann, der nicht trainierte, kam zu mir und fragte, was denn los sei. Ich schilderte ihm die Misere mit der fehlenden Höchstgeschwindigkeit. Daraufhin bat er mich, die Motorhaube zu öffnen und schaute auf die von ihm vergebene Getriebenummer. Ich hatte ja Motor und Getriebe von ihm im „Paket" gekauft und eingebaut. „Ach, so ein Mist", fluchte er, „das ist ja ein Berggetriebe mit viel zu kurzer Übersetzung. Entschuldige, das habe ich verwechselt und Dir das falsche Getriebe gegeben."

Der Blick auf die offizielle Zeitentabelle stimmte mich dennoch zufrieden. Trotz fehlendem Spitzentempo und heftiger Bremsprobleme lag ich auf dem siebenten Platz von 35 am Training teilgenommenen Konkurrenten.

Weil ich aus beruflichen Gründen – ich übernahm die Stelle eines Pressechefs beim Generaldirektor der VVB Automobilbau- und Wohnungsumzug von Leipzig nach Chemnitz (damals noch Karl-Marx-Stadt) kaum noch Zeit hatte, an Rennen um die DDR-Meisterschaft teilzunehmen, verkaufte ich den Aßmann Motor wieder und nahm nur sporadisch an einigen, weniger zeitintensiven Bergrennen und Rallyes teil.

Udo Gaida mit Cleverness und fahrerischem Können an die Spitze ...

Interessiert verfolgte ich natürlich weiterhin alle Rennen, besonders die der Trabifahrer, schließlich war das ja auch mein Metier. Dabei fiel mir auf, dass mein Freund Udo Gaida von Rennen zu Rennen immer bessere Ränge im Vorderfeld erreichte. Beim Frühjahrstraining 1975 fehlten ihm als Zweitem nur sechs Zehntelsekunden an der Bestzeit von Frieder Kramer. Seinen Höhepunkt im gleichen Jahr erlebte er am Sachsenring. Dort gelang ihm mit bestechend gutem Fahrstil und kämpferischer Leistung ein fantastischer zweiter Platz hinter Kubald und vor dem späteren Eisenacher Werks-Rallyepiloten Dieter Heimbürger. Das nächste Highlight kam für ihn in Schleiz. Streckensprecher Jochen Eisold verkündete: „Die schnellste Trainingszeit in der Trabantklasse fuhr der Leipziger Udo Gaida mit seinen Konkurrenten weit überlegenen 4:06,7 Minuten. Damit scheint er seine diesjährige Erfolgsserie fortzusetzen und ist morgen Favorit des Rennens der Klasse 21.“

Das Rennen führte er vom Start weg zwei Runden vor Dieter Hromada an. Doch in der dritten Runde übernahm er sich im Buchhübel, rutschte auf den linken Sandstreifen und verlor dadurch mehrere Plätze. Letztlich reichte es dann nur noch für den sechsten Rang.

In der Endabrechnung der DDR-Meisterschaft fand sich Gaida auf dem achtbaren fünften Platz wieder und erhielt dadurch die Internationale Lizenz für die Rennsaison 1976.

... selbst im größten Stress noch höflich

Und die begann für ihn in Schleiz beim Frühjahrstraining wieder mit einem Paukenschlag: Mit sieben Zehntelsekunden hinter dem neuen schnellen Mann der Trabiklasse, Eberhard Uth vom MC Eisenach, befand sich Udo Gaida erneut ganz oben auf der Zeitenliste. Im sommerlichen Rennen an gleicher Stelle wäre er sicher wieder auf einem vorderen Rang gelandet,

wenn nicht ... Da lag dann der Hase im Pfeffer: Denn wer nicht auf der Ideallinie durch die damalige Lindenwegkurve fuhr, auch noch mit Vollgas, der bekam diese schwierige Rechtsbiegung nicht mehr in den Griff! Einmal im Rutschen, halfen weder Gegenlenken, noch Vollbremsung. So schleuderte Gaidas Trabi nach rechts, durchbrach Zaun und Betonpfahl eines Gartens und landete direkt vor dem Tisch, an dem die Bewohner Kaffe tranken und Kuchen aßen. Udo stieg völlig unverletzt aus seinem zu Totalschaden verarbeiteten Plastikbomber aus und – höflich wie immer – begrüßte er die vor Staunen erstarrten Kaffeetrinker mit einem freundlichen „Guten Tag“. Zunächst gab's nur offene Münder. Dann aber kam die Reaktion der Hausherrin: „Sie sind der Erste, der hier grüßt. Bei uns sind schon viele im Garten gelandet, aber gegrüßt hat dabei noch niemand.“

Udo Gaida freut sich über seine Trainingsbestzeit 1975 in Schleiz. (Archiv Weidlich)

Udo Gaida in der Queckenbergkurve am Sachsenring 1975. Seine bravouröse Fahrt wurde mit einem wertvollen zweiten Platz belohnt. (Archiv Weidlich)

Als Mitglied des MC Barkas Karl-Marx-Stadt kümmerte ich mich auch um die Rallye-Fahrer des Clubs. Die Besten waren damals Peter Jäger und sein Copilot Manfred Knie. Beide hatten sich schon als DDR-Meister der Klasse 11, Serientourenwagen bis 600 ccm, mit ihrem Trabant feiern lassen können. Dieses erfolgreiche Duo benötigte weder meine Hilfe, noch meine Erfahrung. Aber Frieder Seltmann und Heinz Hoffmann gab ich im ersten Jahr ihrer Teilnahme an der DDR-Rallyemeisterschaft so manchen nützlichen Tipp. Bei Klaus Schönherr fungierte ich auf dem Beifahrersitz im Serien-Trabant zur Konsum-Rallye und zur Elbit-Rallye Wittenberg als Co-Pilot. Dort erlebte ich während eines Drehers mit Zusammenprall eines anderen Rallye-Teilnehmers auf eisglatter Fahrbahn, wie gefährlich es für einen Co-Piloten werden kann. Zum Glück gab es keinen Personenschaden, sondern „nur" Totalschaden am Fahrzeug.

Beim MC Barkas lernte ich auch Rallyepilot Michael Tschasche kennen. Er stieg damals vom Skoda MB 1000 auf Trabant um und wollte vom Rallyesport zum reinen Rennsport wechseln. So wurde ein Renntrabi aufgebaut. Er kümmerte sich um Fahrwerk und Bremsen, ich um das Tunen des Motors. Da inzwischen die Zweivergasermotoren nicht mehr in der Trabantklasse 21 bis 600 ccm zugelassen waren, musste also in emsiger Kleinarbeit mit den vorhandenen Mitteln die Leistung eines Serienmotors von 26 auf mindestens 50 – 60 PS gesteigert werden.

Ich bearbeitete zunächst die Zylinder, fräste jeweils einen zusätzlichen dritten Überströmkanal hinein, veränderte Einlass- und Auslasszeiten im Kurbelwellengehäuse und ließ neue Zylinderköpfe anfertigen, die zu einer höheren Verdichtung des Kraftstoff-Luftgemischs im Brennraum führten. Außerdem musste noch eine speziell angefertigte Auspuffanlage her. Nach Probefahrten zeigten wir uns einigermaßen zufrieden mit dem Tuning-Ergebnis. Die Bremsen verzögerten gut – vorn hatten wir die Alfer-Trommelbremsen (Aluminiumtrommel und Stahlring) des Wartburg-Pkw eingebaut – das tiefergelegte und härter abgestimmte Fahrwerk war sehr kurvenstabil mit geringer Seitenneigung, und der Motor erzeugte eine ordentliche Leistung. Inwieweit wir allerdings der Konkurrenz Paroli bieten konnten, wussten wir vor Saisonbeginn 1976 noch nicht.

Michael Tschasche war ein sehr talentierter Fahrer. Das bewies er auf Anhieb beim Frühjahrstraining auf dem Schleizer Dreieck. Mit einer Zeit von 4:18,4 Minuten gehörte er als Fünfter bereits zu den Schnellsten des großen Starterfeldes der Klasse 21 bis 600 ccm. Meine privaten Aufzeichnungen spiegeln folgendes Bild wider: Eberhard Uth 4:15,6; Udo Gaida 4:16,3; Wolfgang Wöhner 4:16,6; Klaus Heinecke 4:17,1; dann Tschasche 4:18,4. Dahinter kamen Uwe Kleinz mit 4:19,9; Dieter Kubald 4:20,0; Ulf Heimbürger 4:21,0; Frank Eißler 4:22,9 sowie Reinhard Willing mit 4:25,2, um die ersten Zehn zu nennen.

Michael Tschasche mit fünftbester Zeit beim Frühjahrstraining 1976 auf dem Schleizer Dreieck. (Landsiedel)

Somit konnte ich zunächst mit meiner Tuningarbeit am Motor zufrieden sein. Nur Michael zeigte sich unzufrieden. Er meinte, dass der Motor zwar gut beschleunigt, aber „ganz oben", wie er sich ausdrückte, fehlten noch einige Körner. Ich versuchte mit kleinen und größeren Veränderungen, anderen Auspuffanlagen, eine sogar von Udo Gaida, die er nicht mehr brauchte, verschiedenen Zylinderköpfen, anderen Steuerzeiten, nochmals veränderten Überströmkanälen und Vergasern die notwendige, von Tschasche geforderte Leistung in den Motor zu zaubern. Aber die weiteren Rennverläufe waren ernüchternd. In keinem einzigen Rennen kamen wir auf ein ähnlich gutes Ergebnis wie an dem so verheißungsvollen Frühjahrstraining. Doch für den Saisonabschluss auf dem Frohburger Dreieck hatte ich einen ganz neuen Motor hergerichtet, dazu die passende Auspuffanlage von Gaida, einen neuen Vergaser-Ansaugtrichter von Möbus installiert. Nach Probefahrten bestätigte mir Tschasche, dass nun endlich das Auto richtig „geht". Deshalb waren wir auch mit dem zehnten Startplatz nach normal verlaufenem Training zufrieden. Knapp hinter ihm standen mit Georg Regel, Ulf Heimbürger, Hans-Dieter Möbus, Peter Jäger, Peter-Jürgen Forbrig und Werner Liebers ebenfalls sehr ernst zu nehmende Gegner. Und die vor ihm in der Startaufstellung Platzierten, wie u. a. Udo Gaida (6.), Eberhard Uth (7.) oder Stromhardt Kraft (9.) waren nur ganz wenige Sekunden schneller. So rechneten wir für das Rennen mindestens mit einem Platz unter den ersten Zehn. Aber als Ziel setzten wir uns einen siebenten oder achten Rang in diesem großen Feld gestandener Trabi-Rennfahrer.

Die Lachnummer mit den Kerzensteckern

Als die Autos am Start standen, schraubte ich am Tschasche-Trabi die Warmlaufkerzen heraus und die Rennkerzen ein. Weil ich einen Doppelgelenk-Kerzenschlüssel benutzte, erregte dieser Aufsehen bei Karl-Heinz Wlocka (genannt Locke) von der Leipziger ADMV-Werkstatt. Er fragte mich während des Schraubens, woher ich den hätte, der wäre ja super praktisch und so weiter. Ich sagte, ich hätte jetzt keine Zeit, müsse mich konzentrieren, die Kerzen richtig einzuschrauben. Dann schloss und sicherte ich die Motorhaube und begab mich an unseren Boxenplatz. Dort wartete ich auf den Start. Als der erfolgte, blieb als einziger Trabi ausgerechnet der von Michael Tschasche stehen. Am Auto herrschte absolute Ruhe – kein Motorengeräusch war zu hören. „Was ist denn nun los?", rief ich verärgert, unsere Felle davonschwimmen sehend. Plötzlich sprang Tschasche aus dem Trabi, öffnete die Motorhaube und sah, dass die Kerzenstecker gar nicht auf den Kerzen steckten, sondern mit ihren Kabeln verbunden auf der Gebläsehaube lagen. Dann steckte er sie auf die

Zündkerzen, stieg in das Auto, ließ den Motor an und hetzte als Letzter mit großem Rückstand dem entschwundenen Feld hinterher. Jetzt brach auf den Zuschauerrängen das große Lachen aus. Ich schämte mich fürchterlich wegen dieses nun zur Lachnummer gewordenen unverzeihlichen Fehlers. „So etwas darf einfach nicht passieren", hörte ich von verschiedenen Leuten neben mir an den Boxen. „Du hast dem armen Michael jetzt alles versaut", schimpfte Frau Eißler. Ich wäre am liebsten im Erdboden versunken.

Aber Tschasche kämpfte, verringerte von Runde zu Runde den Abstand zu den Vorderleuten, kam in der achten Runde schon als 13. bei uns vorbei, die vor ihm fahrenden Liebers und Forbrig bereits als nächste im Visier. Doch wie sah das denn aus? Michael saß nicht mehr richtig im Schalensitz, sondern wirkte tief zusammengesunken und konnte nur noch knapp über das Lenkrad gucken. Seine Rundenzeiten wurden plötzlich langsamer, so dass er die letzten drei Runden keinen Boden mehr gutmachen konnte, sich sogar eine Überrundung durch Kessler und Schumann gefallen lassen musste. Der 13. Rang war nun nicht der von uns erhoffte Platz im letzten Rennen der Saison. Als Tschasche nach der Auslaufrunde an die Boxen kam, schimpfte er: „Das mit den Kerzensteckern war schon großer Mist, aber dann ist mir auch noch der Sitz gebrochen. So hatte ich gar keinen Halt mehr und musste mich am Lenkrad festhalten, um nicht nach hinten wegzukippen. Da kann doch keine Sau mehr richtig lenken!" Mit diesem Desaster war nun auch der letzte Hoffnungsschimmer auf einen guten Saisonabschluss verblasst. Ich hatte dem guten Michael Tschasche das Finale so richtig versemmelt. Die viele Arbeit am Motor, bei der ich so manche Nacht zum Tag gemacht hatte, die sich sogar lohnte, weil der Motor endlich wie gewünscht lief – und dann vergaß ich, die Kerzenstecker aufzustecken! Ich brauchte lange, um diesen Fehler zu verdauen. Dass der Fahrersitz auch noch während des Rennen brach, spielte letztlich auch keine Rolle mehr.

35 Atemberaubender Motorsport der Formel Easter

Die einstmals so zuschauerwirksame Formel III war nunmehr für Rennfahrer und Fans aus dem Ostblock tabu. Man war hinsichtlich Material und Finanzen nicht mehr in der Lage, den Weg der stürmischen Weiterentwicklung in den westlichen Ländern mitzugehen. Inzwischen hatte man der Formel III zu dem seit 1971 geltenden Hubraumlimit von 1,6 Litern noch mal 400 Kubikzentimeter draufgepackt. Wer von den Piloten aus dem Ostblock sollte denn auf legale Weise solch einen Rennwagen erwerben können? Wie schon erwähnt, diente die neue Formel C9 als Ersatz. Sie entwickelte sich durch technisches Wissen und handwerkliches Können, besonders von Fahrern und Konstrukteuren der DDR, der CSSR und der UdSSR (in Estland) zu einer immer attraktiveren Rennwagenklasse.

Hartmut Thaßler aus Leipzig in seinem HTS mit 1.300er-Lada-Motor auf dem Schleizer Dreieck. 1975 siegte er hier sowohl im DDR-Meisterschaftslauf als auch im Pokallauf der sozialistischen Länder. Im gleichen Jahr gewann er außerdem den DDR-Meistertitel. (Ritter)

Schleizer Dreieck 2010: Mit diesem Ex-Schreiber-HTS startet der Leipziger Lutz Heinicke schon seit mehreren Jahren beim historischen Motorsport. Ihm folgt Gerhard Friedrich (Nr. 91). Im Hintergrund Frank Menzel (Schwarzenberg) in einem älteren Formel-Junior-Rennwagen mit Wartburgmotor. (etienne FOTOGRAFIE)

Es gab in der Weiterentwicklung kaum Stillstand. Ich habe durch meine oftmaligen Besuche in der Leipziger ADMV-Werkstatt viel davon mitbekommen. Alles was bei Melkus in Dresden oder bei Hartmut Thaßler in Leipzig ausgetüftelt, probiert, konstruiert und angefertigt wurde, hatte Hand und Fuß, bewährte sich auf der Rennstrecke. Ich erinnere mich noch sehr gut an den HTS (Hartmut-Thaßler-Shiguli), den der Erbauer selbst erfolgreich fuhr und damit 1975 sogar DDR-Meister wurde. Heute sehen wir Formel-Easter-Rennwagen im historischen Motorsport. Hier bringt der Leipziger Lutz Heinicke zwei besonders liebevoll und originalgetreu wieder aufgebaute HTS an den Start. Es sind die ehemaligen Rennwagen aus den 70er-Jahren von Volker Schreiber aus Suhl und Heiner Lindner aus Leipzig.

Es war immer eine Augenweide, die Rennen der Formel Easter anzusehen. Ich sage absichtlich Formel Easter, also die Formel des Ostens, weil jüngere Leser vielleicht nicht viel mit den damaligen Formel-Bezeichnungen „C9" oder „B8" anzufangen wissen. Jetzt

Wolfgang Krug im SEG-Lada in voller Fahrt auf dem Weg zum DDR-Meistertitel 1974. (Archiv Krug)

herrschte keine totale, aber annähernde Chancengleichheit zwischen den Teilnehmern am Pokal der sozialistischen Länder. Damit standen die fahrerischen Qualitäten der einzelnen Piloten mehr im Vordergrund. Das nahmen natürlich auch die Rennbesucher mit Freude zur Kenntnis. Somit stiegen die Zuschauerzahlen, besonders in Schleiz und am Sachsenring, wieder mehr und mehr an. Einen großen Anteil daran hatte die Gilde der DDR-Formel-Piloten. Bei den internationalen Rennen der „neuen Prägung" sprachen sie nicht nur ein gewichtiges Wort mit, sondern sie gewannen die Rennen oder erreichten zumindest Podestplätze! Ich habe viele dieser Rennen beobachtet und ziehe heute noch den Hut vor den großartigen Leistungen der Heinz und Ulli Melkus, Wolfgang

Küther, Hartmut Thaßler, Wolfgang Krug, Heiner Lindner, Frieder Kramer, Bernd Kasper, Wolfgang und Manfred Günther oder Heinz Siegert, um die Erfolgreichsten in der DDR-Meisterschaft von 1971 bis 1989 zu nennen. Sie fochten gegeneinander und mit ihren Konkurrenten aus den anderen Ostblockländern so manchen beinharten Kampf aus, für alle am Streckenrand atemberaubend und voller Bewunderung.

Ob Monoposto, Tourenwagen oder wie hier im Spyder: Wolfgang Krug gehörte in jeder Kategorie zu den Schnellsten. (Lauterbach)

Eine jüngere Generation Rennfahrer hatte in den beiden Jahrzehnten nach 1969 das Zepter übernommen. Ehemals erfolgreiche Formel-III-Fahrer wie Frieder Rädlein, Willi Lehmann, Peter Frank Findeisen, Siegmar Bunk, Christian Pfeiffer, Manfred Berger oder Klaus-Peter Krause hatten den Helm an den berühmten Nagel gehängt oder waren in die Tourenwagenklasse gewechselt. Nur einer aus der „alten Garde" bestimmte immer noch die Pace: Heinz Melkus. 1971 wurde der geniale Konstrukteur Vizemeister, holte sich ein Jahr später den Titel eines DDR-Meisters und wurde 1973 als Dritter in der Meisterschaft erneut geehrt.

Hartmut Thaßler, hier bereits im MT 77, den er gemeinsam mit Melkus konstruiert und gebaut hatte, auf dem Schleizer Dreieck. (Ritter)

Der unvergessene Ulli Melkus im MT 77 auf dem Schleizer Dreieck. Er prägte, ähnlich wie sein Vater, dem Formel-Rennsport des Ostens seinen Stempel auf und gewann 1976, 1980, 1983, 1984, 1985 den DDR-Meistertitel. (Ritter)

Weil die Konkurrenz, vor allem in der CSSR und im estnischen Tallin, nicht schlief, wurden auch in der DDR die Rennwagen immer weiter modifiziert. So erschien zwar der MT 77 auf den Rennstrecken in den Folgejahren optisch kaum verändert, aber eine ganze Reihe von Fahrern, Konstrukteuren und Mechanikern arbeitete an der Verbesserung wichtiger Details. Der Erfolg der DDR-Piloten bei den Rennen um den „Pokal der Freundschaft" war der Lohn für diese Tüftelei nach Verbesserungen. Ich sehe noch immer das beinharte Duell zwischen dem späteren Sieger Bernd Kasper und Vaclav Lim (CSSR) auf dem Schleizer Dreieck 1986, das Kasper mit knappem Vorsprung gewann. Dort zeigte sich auch schon die Klasse des letzten DDR-Meisters 1989, Heinz Siegert aus Leipzig, der noch vor weiteren Elitepiloten des „Po-kal der Freundschaft" einen feinen dritten Platz belegte. Auch heute noch bewundern wir den exzellenten Fahrstil des Leipzigers bei Rennen im historischen Motorsport.

Bernd Kasper, Rennfahrer und Motorenspezialist zugleich, schaffte den Hattrick in der DDR-Meisterschaft: 1986, 1987 und 1988 bestieg er dreimal in Folge den Thron des Titelträgers. (Ritter)

Unter den Leipziger Automobilsportlern waren bis Anfang der 70er-Jahre die Rallyefahrer viel stärker vertreten, als die Auto-Rennfahrer. Mein Ruderkamerad Volker Beyer und Copilot Werner Schramm hatten sich schon als Spitzenteam im Rallycsport einen Namen gemacht, bevor ich meinen ersten Sieg bei einem Bergrennen feiern konnte. Auch Männer wie Manfred Krause, Dieter Hromada oder Ulli Karsten als Copilot von Jürgen Sparwald waren im DDR-Rallyesport schon recht bekannt und von ihren Gegnern gefürchtet.

Bei den sächsischen Automobil-Rennfahrern dominierten zahlenmäßig eindeutig die Männer aus der Dresdener Region. Deren harte Konkurrenz kam bis Anfang 1971 noch aus der Bitterfelder „Ecke" mit Willi Lehmann und Manfred Berger. Aber mit den ersten Siegen von Hartmut Thaßler im Melkus RS 1000 und meiner anfänglich erfolgreichen Teilnahme an Berg- und Rundstreckenrennen bekamen auch andere Leipziger Lust, auf Rennstrecken am Lenkrad zu kurbeln. Während Thaßler bereits im Formelrennwagen schnelle Runden drehte, Manfred Schubert und ich in der Trabi-Klasse etwas bescheidenere Zeiten erzielten, wurde in Leipziger Werkstätten und Garagen eifrig gebaut. So standen beim Saisonauftakt 1973 auf der Bernauer Schleife gleich drei Renntrabis aus Leipzig mit Udo Gaida, Wolfgang Petri und mir am Start.

Der frühere Leipziger Heiner Lindner, hier in seinem ehemaligen Meister-Rennwagen beim historischen Motorsport. (Archiv Heinicke)

Am besten schnitt Wolfgang Petri mit einem durchaus aufsehenerregenden vierten Platz ab. Beim nächsten Rennen waren wir schon ein Sextett: Neben Manfred Schubert gesellten sich noch Hans-Dieter Möbus und Otto Hoppstock dazu. Ein oder zwei Jahre später sahen wir im Fahrerlager zusätzlich Frank Eißler und Volker Worm mit ihren Renntrabis. Dieter Hromada war ebenfalls dabei, hatte sich vom Rallyesport verabschiedet und wechselte in den Rennsport. Später kamen Merten Borvitz und Thomas Kunadt hinzu. Die beiden Söhne von Udo Gaida, Heiko und Jens, mischten in der zweiten Hälfte der 80er-Jahre ebenfalls kräftig im Vorderfeld der Renntrabis mit.

Inzwischen gehörte auch Heiner Lindner zum Großaufgebot der Leipziger, erst in einem HTS und später im schnellen MT 77, mit dem er sich 1978 und 1979 zweimal als DDR-Meister in Folge küren ließ. Wolfgang Petri, Bernd Queitsch sowie Volker Worm traten ebenfalls in die Fußstapfen von Hartmut Thaßler und stiegen in die Klasse B8 ein, um einen richtigen Rennwagen zu beherrschen, die hohen Tempi auf den Geraden und in den Kurven zu erleben und mit Gleichgesinnten faire Windschattenschlachten und Ausbremsmanöver auszufechten.

Der letzte DDR-Meister in der Formel B8 oder Easter hieß Heinz Siegert und kam ebenfalls aus Leipzig. Trotzdem blieb der Löwenanteil mit zwölf errungenen DDR-Meistertiteln in 19 Jahren in der Dresdener Region. Die Leipziger holten sich vier Titel, Zwickau mit Frieder Kramer zwei und Finsterwalde mit Wolfgang Günther einen. Erfolgreichster Titelsammler war zwischen 1971 und 1989 Ulli Melkus. Der Dresdener schaffte es, fünfmal als DDR-Meister ausgezeichnet zu werden.

Wie doch die Zeit vergeht ...

Die Formel-Rennwagen verschiedener Kategorien standen 2011 in der Boxengasse beim Classic Grand Prix auf dem Schleizer Dreieck zur Präsentations- und Demofahrt aufgereiht. Die Formel-Easter von Heinz Siegert, Heiner Lindner und Volker Worm befanden sich ganz vorn und donnerten als Erste los.

Den Zuschauern schilderte ich den Ablauf und meinte: „Als Erste sehen sie die alten Hasen, liebe Zuschauer. Zwei ehemalige DDR-Meister und ein weiterer erfolgreicher Leipziger ziehen soeben an Ihnen im Buchhübel vorüber." Beifall brandete auf. Plötzlich schaute ich zur Boxenmauer und sah erstaunt Heinz Siegert, Heiner Lindner und Volker Worm beisammen stehen und gebannt in Richtung Schikane vor der Start- und-Ziegeraden blicken. Da habe ich gedacht, in den genannten Rennwagen kann doch nur der Nachwuchs dieser einstigen Spitzenpiloten sein und schaltete ganz schnell: „Ob Sie es glauben oder nicht, verehrte Besucher, in diesen Rennwagen, die jetzt die Ziellinie passieren und eine weitere Runde in Angriff nehmen, sitzen die erwachsenen Kinder am Lenkrad. Die Tochter von Heinz Siegert und die Söhne von Heiner Lindner und Volker Worm. Ist das nicht ein fantastisches Bild? Es zeigt uns, wie schnell die Zeit vergangen ist, aber auch, dass diese drei die Gene ihrer Väter mitbekommen haben." Mit freudigen Gesichtern drehten sich die drei „älteren Herren" zu mir um und winkten mir in Richtung Sprecherkabine begeistert zu. Ich genehmige mir hier ein Eigenlob: Es gehört zu meinen Stärken, solche Situationen schnell zu erfassen und bei der Kommentierung des Geschehens sofort umzusetzen. Bei jeder Vorbeifahrt an den Tribünen bekamen dadurch die Lindner-, Siegert- und Worm-Youngster begeisterten Beifall.

Auch der Leipziger Heiko Gaida startet hin und wieder mit seinem Renntrabant, Startnummer 1, beim historischen Motorsport. (Schindler)

Nach 1972 mussten sich auch die Motorrad-rennfahrer damit abfinden, dass es für sie keine Auslandsstart mehr außerhalb der sozialistischen Länder gab. Das traf umgekehrt auch auf die Rennfahrer aus den sogenannten kapitalistischen Ländern zu, die nun nicht mehr bei Rennen innerhalb der DDR erwünscht waren. Dem Leistungswillen der DDR-Rennfahrer tat das trotzdem keinen Abbruch. Sie demonstrierten weiterhin auf den Strecken des Ostblocks hohes fahrerisches Können. Inzwischen beschafften sich einige Piloten leistungsstarke japanische Motoren und bauten sie in ihre – zumeist selbst konstruierten – Rahmen ein. Das wurde insofern von der ADMV-Obrigkeit geduldet, weil die Aktiven ihre Rennmaschinen mit der Aufschrift „Eigenbau" klar und deutlich kennzeichnen mussten. Tatsächlich aber fuhren sie mit Honda, Yamaha, Suzuki oder Kawasaki. Natürlich wurden auch bei MZ die Maschinen weiterentwickelt, um zumindest den „Eigenbauten" der privaten DDR-Fahrer und den schnellen Ausländern aus Ungarn und der CSSR Paroli bieten zu können. Was war das doch für ein Abstieg: 1958 mit Fügner Vizeweltmeister, 1961 mit Degner beinahe Weltmeister, danach aufsehenerregende Grand-Prix-Siege und ständige Podestplätze im WM-Geschehen durch Hailwood, Sheperd, Rosner, Fischer, Enderlein, Krumpholz jun., Grassetti, Woodman, Bartusch, Kohlar, Heuschkel oder Szabo.

Große, inzwischen „herangewachsene" Talente wie Bernd Tüngethal, Bernd Köhler, Frank Wendler, Bernd Dörffeld oder Rainer Richter durften nur noch in Schleiz, auf dem Sachsenring und in Frohburg ihr Können demonstrieren oder eben auch auf Rennstrecken des Ostblocks. Dort freute man sich auf das Wiedersehen mit zahlreichen „westlichen" Rennfahrern, die auch in Horice, Piestany, Budapest und auf anderen Ostblock-Pisten an den Start gingen.

Hans-Joachim Schnürer, früher erfolgreicher Motorradpilot, startet auch heute noch beim historischen Motorsport. (motor-rennsportarchiv.de)

Frank Wendlers unverkennbarer Fahrstil. Er gehörte von 1971 bis 1981 zu den schnellsten Motorradpiloten der DDR mit vier Meistertiteln. (motorrennsportarchiv.de)

1973 durfte selbst MZ-Werksfahrer Jürgen Lenk nur einmal bei einem WM-Lauf starten, in Brünn. Die magere Ausbeute war ein achter Platz, der ihm mit mehr als zwei Minuten Rückstand auf Sieger Buscherini (Italien, Malanca) drei WM-Pünktchen und in der Endabrechnung der Saison einen unscheinbaren 32. Rang in der Motorrad-Weltmeisterschaft der 125er-Klasse einbrachte. Bei den 250ern war es Bernd Tüngethal, der mit der Werks-MZ in Brünn inmitten der Weltklasse einen neunten Platz schaffte. Obwohl er sich rundenlang mit Bruno Kneubühler und Matti Salonen heftigste Positionskämpfe lieferte, dabei großes fahrerisches Können zeigte, war der Rückstand von zweieinhalb Minuten auf Sieger Dieter Braun deprimierend. Auch Tüngethal versank am unteren Ende der WM-Tabelle auf Rang 39 in der Bedeutungslosigkeit. Meiner Meinung nach völlig schuldlos, denn dass die Spitzenpiloten der DDR fahrerisch auch gegen internationale Konkurrenz gut mithalten konnten, bewiesen sie ja, ihren Möglichkeiten entsprechend, bei WM-Teilnahmen bis 1972. In jenem Jahr glänzte besonders Bernd Köhler in der Achtelliterklasse mit einer Endplatzierung als Zehnter, nur zwei Punkte hinter Dieter Braun!

Siegfried Merkel mit der MZ 125 auf dem Sachsenring 1973. Seit den 90er-Jahren begeistert er mit seinen super gepflegten MZ-Maschinen (teils Eigenbau) die Zuschauer beim historischen Motorsport. (motorrennsportarchiv.de)

Die kuriose Genehmigung für einen WM-Start in Brünn

Soweit ich mich erinnere, war es 1974: Als ich das Fahrerlager des Schleizer Dreiecks betrat, kam Werner Salevsky als neuer Teamchef der MZ-Werksfahrer auf mich zu und bat händeringend um einen Gefallen. „Du musst ganz schnell einen Brief entwerfen, der an Minister Günter Kleiber gerichtet ist und von unserem Chef (gemeint war Generaldirektor Dr. Sonntag von der VVB Automobilbau) unterschrieben umgehend nach Berlin in unser zuständiges Ministerium gebracht wird!" Auf meine Frage nach dem Warum und worum es denn ginge, antwortete der ehemalige fünffache Six-Days-Sieger: „Der ADMV hat unserem Jürgen Lenk den Start beim WM-Lauf in Brünn verweigert! Stell Dir das mal vor, in einer Woche findet das Rennen statt, wir müssen ganz schnell handeln, damit Jürgen starten kann!"

Soweit war es also schon gekommen: Nicht einmal der einzige deutsche MZ-Werksfahrer sollte in Brünn an den Start gehen. Für die Motorsportwelt völlig unverständlich. Es hieß doch immer, auch die CSSR sei unser sozialistisches Bruderland. Irgendwie haben wir ohne einen Brief an den Minister die Sache geklärt. Nach nunmehr 39 Jahren weiß ich den weiteren Fortgang dieser ominösen Geschichte nicht mehr. Aber Lenk durfte auf ein Machtwort von Minister Kleiber gegenüber dem ADMV Generalsekretariat doch in Brünn die Farben von MZ vertreten. Das tat er mit Bravour, zeigte sich in Bestform und fuhr einen feinen sechsten Platz heraus. Dennoch betrug der Rückstand auf Sieger Paolo Pileri satte zwei Minuten und 39 Sekunden. Damit wurde immer klarer: Die MZ-Maschinen konnten dem hohen Tempo und der absoluten Zuverlässigkeit der Yamahas, Morbidellis, Malancas oder der Bender-Eigenbau nichts mehr entgegensetzen.

Selbst in späteren Jahren erreichten Piloten wie Virtanen, Matti Rainup sowie einige Kubaner und Ungarn nur Achtungserfolge. Ab 1976 verschwand MZ aus den Ergebnislisten der Motorradweltmeisterschaft. Die in Hohndorf befindliche Sportabteilung durfte sich später nur noch auf den Endurosport konzentrieren.

Rainer Richter, zweifacher DDR-Meister, auf der letzten 250er Werks-MZ in Schleiz 1977. Auch den Dresdener sehen wir hin und wieder beim historischen Motorsport. (Archiv RR)

Zuerst Zivilverteidigung, danach Vorbereitung auf die Six Days

Sofern ich Zeit hatte, besuchte ich gern die Werbeabteilung im Motorradwerk Zschopau und anschließend in Hohndorf die MZ-Sportabteilung. Bei Baumann-Dieter und, wenn er nicht gerade im Irak weilte, auch beim Steiner-Christian erfuhr man immer etwas Interessantes. Sie hatten auch die Gewalt über spezielle Motorradkleidung, Schutzhelme und Testmaschinen.

So bekam ich 1976 eine nagelneue TS 250 für ein halbes Jahr zum Testen, dazu eine Barbourhose und einen hochmodernen offenen Jethelm. Außerdem lud mich Dieter Baumann zu einem Test mit japanischen, italienischen und tschechischen Vergleichs-Zweitaktern ein. Diese Testfahrten sollten auf einem Straßendreieck zwischen Heinzebank, Marienberg und Gehringswalde stattfinden. Treffpunkt war die „Drei Brüder Höhe". Darauf freute ich mich schon gewaltig. Aber ehe ich mit der TS nach Hause rollte, fuhr ich noch hinauf nach Hohndorf, um mit Oberingenieur Walter Kaaden bei einer Tasse Kaffee ein Schwätzchen abzuhalten. Als ich in sein Dienstzimmer trat, sah ich ihn über einen großen Plan gebeugt, der auf seinem Schreibtisch ausgebreitet war. Nachdem wir uns freudig begrüßt hatten, fragte ich, von Neugier geplagt, ob der Plan eine taktische Variante in der Vorbereitung auf die Six Days oder für den nächsten Renn-Einsatz der Werksmaschinen wäre. „Nee, das ist der Plan für die morgen durchzuführende Zivilverteidigungsübung mit meinen Leuten. Du hast zwar recht, dass wir eigentlich die Vorbereitung auf den Start von MZ bei der Enduro-WM forcieren müssten, aber das hier geht eben vor." Ich war etwas entrüstet über solchen Unsinn, aber da kannten die „Genossen" kein Pardon. Zwar stand in einer Woche der wichtigste Wettbewerb im Geländesport an, aber die Sportabteilung musste zur Zivilverteidigungsübung. Ich fragte weiter: „Ist das nun eine Sache, um gegen Naturkatastrophen gewappnet zu sein?" Darauf Walter Kaaden: „Das weiß ich auch nicht so genau. Mir haben die gesagt, der Klassenfeind lauere überall." Dabei lachte er etwas gequält.

Dann rollte er den großvolumigen Übungsplan zusammen, und was lag darunter? Ein DIN-A1-Bogen mit einer Explosivzeichnung des neuesten 900er-BMW-Boxermotors. Spätestens zu jenem Zeitpunkt wechselten wir das Thema und waren wieder bei unseren geliebten Motorrädern.

Testtag bei MZ 1976 für Motorjournalisten. Verglichen wurden Zweitakter gleichen Hubraums ausländischer Hersteller mit der 250er MZ-TS. Die Testfahrer (v. li.) Knut Böttcher, Chefredakteur „KFZ-Technik", Wolfram Riedel, Redakteur bei „Der Straßenverkehr" und Lutz Weidlich im Disput über die Qualitäten der einzelnen Modelle. (Fuhr)

Die Gespräche mit Walter Kaaden bedeuteten immer etwas Besonderes für mich. Sein enormes Fachwissen, aber auch sein fahrerisches Vermögen auf der Rennmaschine haben mich stets fasziniert. Zum Beispiel testete er persönlich Rosners MZ auf der Isle of Man, der schwierigsten Rennstrecke der Welt, um schon vor dem dortigen WM-Lauf die richtigen Einstellungen für Vergaser, Zündung und Getriebübersetzungen herauszufinden. Dabei musste er selbst im Renntempo den 60 Kilometer langen Rundkurs bewältigen, unzählige Male bremsen und beschleunigen, die Ideallinien finden, Bremspunkte erahnen und durfte bei Vollgas mit Höchsttempo auf Bodenwellen nicht die Kontrolle über die MZ verlieren. Insofern verneige ich mich heute noch voller Respekt vor diesem wunderbaren Techniker und Menschen. Auch wenn er sich viel zu zeitig von uns Motorsportlern verabschiedet hat, vergessen werden wir ihn nie!

Abgesehen von meiner Tätigkeit als Streckensprecher hatte ich in den Jahren von 1961 bis 1977 ziemlich vieles ausprobiert, was mit Motorsport auf zwei und vier Rädern möglich war. Motorradrennen für Sportmaschinen, Rallyes am Lenkrad und als Copilot sowie im Renntourenwagen brachten Siege und Misserfolge, aber fast immer viel Spaß an der Sache.

Doch ich wollte mich ab 1978 nur noch auf die Teilnahme an Rennen auf Rundstrecken und am Berg konzentrieren. Deshalb freute ich mich über das Angebot von Frank Eißler aus Leipzig, der mir seinen Renntrabi samt Transportanhänger zu einem äußerst fairen Preis verkaufen wollte. Der Grund: Eißler wechselte in die Disziplin Autocross, hatte sich einen dafür geeigneten Buggy aufgebaut. Weil Preis und Leistung stimmten, wurden wir uns schnell handelseinig, und ich holte noch vor Beginn der Rennsaison 1978 die Fuhre in Leipzig ab. In Chemnitz modifizierten mein neuer Mechaniker, Dietmar Irmscher, und ich den neuen Renner und bereiteten ihn auf die Jahresabnahme vor. Diese Überprüfung und auch die späteren technischen Abnahmen vor den jeweiligen Rennen waren stets mit etwas Herzklopfen verbunden, denn von Jahr zu Jahr wurden die Sicherheitsbestimmungen für alle Vierrad-Kategorien strenger. Irgendetwas, das sofort geändert, ausgewechselt oder verfeinert werden musste, fanden die technischen Experten fast immer. So hatten wir Rennfahrer doch jede Menge Respekt vor den kritisch allessehenden Augen von Siegfried Seifert, Gerhard Hubrich oder Siegfried Leutert, die besonders sorgfältig alle Touren,- Sport- und Rennwagen unter die Lupe nahmen. Wenn dann der gültige Stempel auf Wagenpass und Fahrerkarte gedrückt war, konnten wir guten Mutes in die Saison einsteigen und das Training aufnehmen.

Beim Frühjahrstraining auf dem Schleizer Dreieck lief mein Trabi mit einem von mir getunten Motor recht gut. Nachdem es am Vormittag trocken war, regnete es am Nachmittag, und wir mussten das zweite Training auf nasser Piste absolvieren. Nach einigen Runden des Abtastens befand ich mich nach der Seng plötzlich ganz dicht hinter Hans-Dieter Möbus. Ich wusste, dass er ein ausgezeichneter Regenspezialist war und glaubte,

sein Tempo mitgehen zu können. Das funktionierte aber nur bis zur zweiten Buchhübelkurve. Der Möbus jagte dort auf der spiegelglatten Piste durch und ich knapp hinter ihm. Aber das war viel zu schnell für mich. Immerhin kannte ich ja noch nicht alle Fahreigenschaften und Tücken des ehemaligen Eißler-Autos. Außerdem hatte ich zwei Jahre keine Rundstreckenrennen mehr gefahren, musste mich erst wieder an das inzwischen viel höhere Tempo gewöhnen, dass diese kleinen Renntrabis jetzt hergaben.

Also, Möbus entschwand plötzlich meinen Blicken, ich bekam Untersteuern, musste gegenlenken, dabei schwenkte das Heck herum und durch weiteres Kurbeln am Lenkrad sowie Vollbremsung rutschte ich rückwärts ein Stück den steilen Hang links der Fahrbahn hinauf. Das Auto rollte wieder ein Stück abwärts und blieb mit dem Frontspoiler im aufgeweichten Erdboden stecken. Vorsichtig kletterte ich aus dem Wagen. Zwei Streckenposten und ich hoben vorsichtig den Bug an, und ich stieg in den nun befreiten Renner wieder ein, um fast eine volle Runde in vorsichtig-gemächlicher Geschwindigkeit an die Boxen zu rollen.

Möbus erzählte mir nach seinem Training, dass er sich gewundert hätte, wieso er mich plötzlich nicht mehr in seinen Rückspiegeln sah. Kein Wunder, dass ich ihm „ohne Folgen" nicht folgen konnte: Er hatte die drittbeste Zeit des gesamten Feldes von mehr als 28 Trabis erzielt. Mit 4:15,3 Minuten war er 13 Sekunden gegenüber meiner Runden-Bestzeit schneller! Zum Vergleich: Kessler, Aßmann, Kraft und Gaida lagen mit rund acht Sekunden hinter Möbus.

Enttäuschende Ergebnisse bei den Bergrennen

Ehe es zum ersten Rundstreckenrennen an den Sachsenring ging, nahm ich an drei Bergrennen teil. Beim Bergrennen Oelsnitz verfehlte ich um zwei Zehntelsekunden das Podest. In Schwarzenberg sprang nur ein sechster Platz heraus und in Suhl gegen die gesamte DDR-Trabi-Elite ein magerer 16. Rang. In Annaberg folgte dann ein Motorschaden.

Mein Freund Udo Gaida machte mir Mut: „Du kannst meinen Ersatzmotor für das Sachsenringrennen einbauen." Ich bedankte mich voller Freude, denn ich wusste, dass Udos Motoren zuverlässig und leistungsstark waren. Also holte ich mir das Aggregat ab. Meine Auspuffanlage passte zur Motorcharakteristik und auch die Getriebeabstufungen bewährten sich bei Probefahrten. Dazu hatte die Karl-Marx-Städter Polizei für mich extra einen Autobahnfahrstreifen zwischen dem heutigen Chemnitz Süd und Stollberg gesperrt. Wo gibt's das heute noch? So konnte ich frei weg verschiedene Einstellungen ausprobieren und feststellen, bei welchen Drehzahlen die günstigsten Schaltpunkte lagen und auch die zu erzielende Höchstgeschwindigkeit ermitteln.

Ausgerechnet Regen am Sachsenring

Infolge der guten Testergebnisse mit dem Gaida-Motor fanden wir uns – Dietmar Irmscher und ich – optimistisch gestimmt bei schönem Wetter am Sachsenring ein. Das Training verlief zufriedenstellend, wenn auch nicht ganz optimal. Der Gaida-Motor wurde ohne Gebläse genutzt, um dem Leistungsverlust, den Lichtmaschine und Gebläse verursachen, zu entgehen. Für die Luftkühlung sorgte eine Art Trichter aus Polyester, der den Fahrtwind um die beiden Zylinder strömen ließ. Dieser Trichter war so gebaut, dass er die gesamte abnehmbare Frontschürze ersetzte. So entfiel auch die Lichtmaschine, was wiederum Gewicht sparte.

Ich erschrak förmlich, als ich nach drei bis vier Runden an der Badbergauffahrt den zweiten Gang ausdrehte und der Drehzahlmesser knapp 8 000 Touren anzeigte. So hoch hatte noch keiner meiner bisherigen Rennmotoren gedreht. Hoffentlich hält das die Kurbelwelle aus, dachte ich im Stillen. Doch auch im vierten Gang auf der langen Abfahrt am Heiteren Blick ging es wunderbar vorwärts. Auch hier zeigte die Uhr Drehzahlen von über 7 000 an! Das Tempo kam mir enorm hoch vor, aber ich wusste nicht, wie viel km/h es tatsächlich gewesen sind. Helmut Aßmann meinte, er sei an der schnellen Abfahrt hinunter zum Wasserwerk mit knapp 200 Sachen gemessen worden. Mein Getriebe war im vierten Gang recht lang übersetzt, so dass die Höchstgeschwindigkeit durchaus bei 185 bis 190 gelegen haben könnte.

Ich hatte im Training die zehntbeste Zeit erreicht und stand in der vierten Startreihe neben Uwe Kleinz.

Im Rennen herrschte Regenwetter. Deshalb musste ich mein Temperament etwas zügeln. Nach dem Start hatte ich gleich Udo Gaida eingeholt, er war vom sechsten Startplatz losgefahren, und blieb in dessen Windschatten. Bei der Abfahrt von der Lutherhöhe hinunter zur MTS-Kurve war ich etwas schneller, nahm aber das Gas zurück, weil ich nicht in der Kurve überholen wollte. Auf der langen, leicht bergauf neben der Autobahn verlaufenden Geraden zur Nötzoldkurve

Die Regenschlacht am Sachsenring 1978. Mein erstes Rundstreckenrennen nach zwei Jahren Pause endete auf dem neunten Platz. (Zwingenberger)

brauchte ich den Windschatten hinter dem Gaida-Tra-bi. Er war dort etwas schneller und mein vierter Gang dafür zu lang übersetzt. Auf der Abfahrt am Heiteren Blick musste ich erneut etwas Gas wegnehmen, um meinen Freund nicht zu überholen. Ich war ja heilfroh, überhaupt so gut mithalten zu können sowie einige bekannte und erfolgreiche Rennfahrer hinter mir zu wissen. Außerdem klatschten trotz permanenter Arbeit des Scheibenwischers die Regentropfen unaufhörlich auf die Frontscheibe. Damit bestand nur eine eingeschränkte Sicht, besonders für mich, weil ich auch noch von der aufgewirbelten Gischt meines Vordermannes eingenebelt wurde.

Am Ende platzierten sich Udo Gaida und ich als Achter und Neunter. Unser Leipziger Regenspezialist Hans-Dieter Möbus fuhr das beste Rennen seines Lebens und kam als Dritter ins Ziel, knapp hinter Helmut Assmann. Karl Hiemisch gewann das Rennen mit dem unglaublichen Vorsprung von mehr als anderthalb Minuten!

Mein perfektes Rennen auf dem Schleizer Dreieck 1978

Strahlender Sonnenschein umfing mich, als ich, im Fahrerlager angekommen, meinem Renault 16 entstieg. Dietmar Irmscher hatte mit seinem Lada den Anhänger mit dem Renntrabi nach Schleiz gezogen und bereits entladen. Mein erster Gang war zu Udo Gaida, um noch einmal nachzufragen, ob ich seinen Motor, der auf dem Sachsenring so zuverlässig gelaufen war, auch hier in Schleiz benutzen dürfe. Klar, meinte er, wenn ich damit gut zurecht käme, sollte ich den Motor auch auf dem Dreieck ohne Gebläse nutzen. Das war zwar ein Wagnis, denn die Temperaturen stiegen bis auf 25 Grad Celsius an. Aber schon im Training zeigte sich, dass die Kühlung ausreichte, wenn man nicht mehr als sechs bis sieben Runden am Stück fuhr. Das erste Training beendete ich als Elfter mit einer Rundenzeit von 4:07,8 Minuten Gaida war 2,8 Sekunden schneller, aber Karl Hiemisch und Helmut Aßmann ganze 15 Sekunden schneller auf Platz eins und zwei! Naja, dachte ich, drückst eben im zweiten Training etwas mehr auf die Tube und stehst weiter vorn in der Startaufstellung. Auch im zweiten Training lief alles ganz gut, mit einer Zeitverbesserung auf 4:05,2. Mein Helfer lobte: „Eine richtig schnelle Zeit, das könnte die dritte Startreihe sein," Denkste: Die Ernüchterung kam mit dem offiziellen Ergebnis:

Trotz schnellerer Zeit als im ersten Training nun nur 13. Startplatz. So weit hinten stand ich noch nie! Udo Gaida befand sich trotz hervorragenden 4:00,2 Minuten. „nur" als Fünfter in der zweiten Reihe. Ich gratulierte ihm zu dieser schnellen Runde. Er aber winkte ab: „Hast Du gesehen, welche Zeiten Hiemisch und Aßmann hier in den Asphalt brennen?" Diese beiden profitierten von ihren Zeiten aus dem ersten Training mit 3:52,2 und 3:52,7. Schumann als Dritter kam auf eine ähnlich gute Zeit mit 3:54,9 und Kessler schaffte 3:58,4. Da wirkte meine Zeit von 4:05,2 doch recht bescheiden.

Aber eine alte, recht simple Rennfahrer-Weißheit lautet: Ein Rennen ist erst dann zu Ende, wenn du die Ziellinie passiert hast. Heute würde ich ganz frech sagen: Jackie Stewart schaffte auch nicht immer die Pole Position, gewann aber zumeist das Rennen. Sein Ausspruch „The race is tomorrow, I can still win", traf oft zu. Da ich mich permanent mit der Formel 1 befasste, fiel mir dieser Ausspruch ein, ohne ihn in Schleiz zu erwähnen, denn dann hätten mich einige der Spitzenpiloten im Rennsport ausgelacht.

Aber mein Rennen verlief richtig gut. Aus der fünften Startreihe ganz links außen kam ich hervorragend weg und bremste bereits vor der ersten Buchhübelkurve zwei Konkurrenten, Steffen Nickoleit und Peter Jäger, aus. Hans-Dieter Möbus war kurz vor der Spitzkehre in der Stadt dran und Stromhardt Kraft kaufte ich mir nach der Sommerbank. Oben, am Luginsland notierte mich Streckensprecher Hartmut Wagner bereits an neunter Stelle. Ausgangs Oberböhmsdorf in der zweiten Runde saugte ich mich unter dem Beifall der Zuschauer in den Windschatten von Peter-Jürgen Forbrig, überholte ihn mit Überschuss-Tempo noch vor dem Buchhübel und war schon Achter oder Siebenter, weil entweder Gaida oder Lünser bereits ausgefallen waren. Kurz vor der Seng auf der Bergab-Passage zog ich auch an Uwe Kleinz vorbei. Auf der Zielgeraden zeigte mir Dietmar Irmscher alle fünf Finger seiner ausgestreckten rechten Hand. Jochen Eisold kommentierte (das habe ich nach dem Rennen erfahren): „Unser ehemaliger Sprecherkollege hat mit fahrerischer Klasse jetzt schon acht Positionen gewonnen. Er fährt heute wohl sein bisher bestes Rennen!"

Aber weiter nach vorn wird es wohl nicht gehen, dachte ich im weiteren Verlauf des Rennens. Zu weit hatten sich die Allerschnellsten unseres Trabifeldes schon entfernt. Klaus Schumann, der vom dritten auf den vierten Rang zurückgefallen war und dessen Motor nicht mehr richtig lief, hätte ich beinahe noch eingeholt. Als ich in der letzten Runde auf die Zielgerade einbog, sah ich seinen blauen Trabi kurz vor mir, aber er konnte seine vierte Position noch retten. Von hinten drohte mir seit Ende der zweiten Runde keine Gefahr. Uwe Kleinz lag immer um die zehn Sekunden hinter mir zurück. Ich war froh, als ich die schwarz-weiß karierte Zielflagge sah, denn in der letzten Runde, an der Auffahrt zum Luginsland, gab es einen kurzen Schlag im Motor mit einem minimalen Aussetzer. Danach erreichte ich in Richtung Schauerschacht keine 6 500 Touren mehr im vierten Gang, wusste also, lange wird das Aggregat nicht mehr halten.

Die Auslaufrunde war wunderbar. In gemäßigtem Tempo rollend, genoss ich den enormen Beifall vor allem der Strecken- und Flaggenposten, die mir unentwegt zuwinkten. Sie kannten mich ja alle noch als Streckensprecher an Start und Ziel und freuten sich über meine gelungene Fahrt. Einer von ihnen lobte mich später im Fahrerlager: „Das war Klasse, hast wieder gezeigt, dass Du als Streckenreporter auch richtig Autofahren kannst."

Mein erster Weg ging im Fahrerlager zu Udo Gaida, um mich bei ihm für den Motor zu bedanken. Denn ohne dessen gute Leistung hätte ich am Lenkrad kurbeln können, wie ich wollte, wäre aber niemals Fünfter geworden.

Tödlicher Unfall in Frohburg – Trauer um Bruno Nefe

Das letzte Rennen der Saison 1978 fand traditionsgemäß auf dem Frohburger Dreieck statt. In der Klasse 21. Spezialtourenwagen bis 600 ccm, startete ich wieder mit meinem eigenen Motor. Damit erreichte ich im Training zwar nur den zehnten Startplatz, eigenartigerweise aber noch vor Udo Gaida, der trotz besserem Motor als 13. hinter mir losfahren musste. Ein Jahr später, wieder in Frohburg, hatten wir die gleiche Konstellation: Im verregneten Training kam ich auf Startplatz elf und Udo Gaida auf 13. Dazwischen stand Stromhardt Kraft als Zwölfter. Interessant war, dass wir 1979 im Regen nur zwei bis drei Sekunden pro Runde langsamer fuhren als 1978 auf trockener Piste. Daran konnte man die Weiterentwicklung von Motoren, Getrieben und Fahrwerken erkennen.

Zurück zu 1978: Während des Rennens, in dem ich an sechster Position in der fünften Runde durch Zündungsprobleme ausgefallen war, ereignete sich in der gleichen Runde ein folgenschwerer Unfall. Am Ende der langen Geraden auf der B95 in der S-Kurve kurz vor dem Eschefelder Kreuz verlor – aus welchem Grund auch immer – unser beliebter und geachteter Sportfreund Bruno Nefe die Kontrolle über seinen Renntrabant. Das Auto kollidierte mit einem rechts neben der Piste stehenden etwa zwei Quadratmeter großen gelben Hinweisschild. Dabei fand der für den

Auf der Fahrt zum fünften Platz auf dem Schleizer Dreieck 1978. (Quandt)

MC Gotha fahrende Bruno Nefe den Tod. Wir alle, die Aktiven, Helfer, Sportkommissare und viele Zuschauer, die den Unfall gesehen oder davon gehört hatten, waren fassungslos. Noch nie hatte es in der Trabiklasse einen tödlichen Unfall gegeben. Selbst bei der viel schlimmer anzusehenden Massenkollision ein Jahr zuvor am Albertschloss auf dem Sachsenring hatten alle Beteiligten überlebt, wenn auch zum Teil mit schweren Verletzungen.

Bei beiden Unfällen verdeutlichte sich aber auch, welche Gefahren auf die Piloten bei unfreiwilligem Verlassen der damaligen Strecken lauerten. Oftmals sah ich mit gemischten Gefühlen den bei hohen Geschwindigkeiten hart geführten Positionskämpfen der Formel Easter zu. Rechts und links befanden sich Straßengräben, Bäume oder Häusermauern, an manchen Gefahrenstellen auch Leitplanken, aber weder Fangzäune noch Kiesbetten.

Wie sicher fährt es sich doch jetzt auf dem neuen Sachsenring, dem Lausitzring, im Motodrom von Most und sogar auf der heutigen Nürburgring-Nordschleife, um nur die Pisten zu nennen, auf denen ich selbst als Motorjournalist in den letzten 20 Jahren schnelle Autos bewegt und danach beurteilt habe.

Teilerfolge 1979 am Berg und auf der Rundstrecke

Ausfälle durch Motorschäden auf dem Sachsenring und Schleizer Dreieck drückten meine Stimmung. Bei den zur DDR-Meisterschaft zählenden Bergrennen Heuberg und Glasbach traten durch zwischenzeitliche Regengüsse Zeiten zutage, die nicht immer das tatsächliche Fahrvermögen einiger Rennfahrer widerspiegelten. Für mich sah es beim Heubergrennen Friedrichroda mit Platz acht (2:08,9 Minuten) nach dem ersten Wertungslauf ganz gut aus. Als ich aber zum zweiten Lauf startete, prasselte plötzlich ein Regenguss hernieder, der mir zum einen die Sicht nahm und zum anderen die bislang trockene Piste zur Rutschbahn werden ließ. So kam eine unakzeptable Zeit von 2:25,5 Minuten. heraus und eine Endplatzierung als Elfter.

Beim Glasbachrennen war mein Berggetriebe falsch übersetzt und der Motor zu schwach, so dass ich mich als Zwölfter erneut außerhalb der Punktewertung sah. Beim Schwartenbergrennen in Neuhausen gelang mir ein recht guter zweiter Rang hinter Werner Liebers und vor Vorjahressieger Stromhardt Kraft sowie

Hans-Dieter Möbus. Nach den Ausfällen am Sachsenring und in Schleiz kam wieder gute Laune auf, denn ich gewann Anfang September mit neuer Klassenrekordzeit von 1:28,0 Minuten das Bergrennen in Geyersdorf bei Annaberg. Ein Jahr zuvor hatte dort Udo Gaida mit einer Zeit von 1:28,8 Minuten. gewonnen.

Meine Aufzeichnungen der Ergebnisse vom Schwartenbergrennen 1979, Klasse 21 bis 600 ccm.

Kurz vor Saisonende auf dem Frohburger Dreieck hatte ich einen neuen, für die Rundstrecke geeigneten Motor, zusammengeschraubt, den ich auf der Wasserwirbelbremse von meinen Freund Stromhardt Kraft überprüfen und von ihm richtig einstellen ließ. Das Aggregat funktionierte und harmonierte mit der Getriebeübersetzung, so dass ich am Frohburger Dreieck – wie bereits erwähnt – im Training zwar nur auf den elften Startplatz kam, aber die Rundenzeiten zwischen dem Fünften, Peter Lünser und dem 13. Udo Gaida, klafften nur geringe 3,5 Sekunden auseinander. Mich stimmte vor allem optimistisch, dass ich nur weniger als zwei Sekunden langsamer als Lünser war. Während der ersten Rennrunden konnte ich gleich einige Positionen gutmachen und lag im vorletzten Umlauf im Windschatten des Trabis von Rainer Brand. Udo Gaida hatte sich schon mit Blitzstart an die Spitze mit Liebers, Kessler und Lünser katapultiert. Nachdem Gohlke durch Unfall und Kessler mit Motorschaden aus dem Rennen verschwanden und Lünser durch einen Dreher auf den letzten Platz zurückfiel, begann meine Jagd auf Rainer Brand. Eine Runde vor dem Ende gelang mir ein besonders guter Überholvorgang: Ganz dicht hinter Brand zog ich eingangs der Albert-Richter-Kurve nach innen, ließ Vollgas stehen (wir sagten im Fachjargon „steifes Bein") und war Fünfter. Diese Position konnte ich locker halten, weil ich am Sprunghügel und in den drei danach folgenden schnellen „Ecken" immer etwas schneller als meine mich verfolgenden Konkurrenten war, dadurch etwas Zeit gewann. Jetzt musste ich vor Brand bleiben. Das gelang aber nur bis zum Bremspunkt vor dem „Grauen Wolf". Aus dem Windschatten kommend, überholte mich dort Brand. Ich leistete keinen Widerstand, denn nebeneinander hätten wir nicht durch diese Kurve gepasst. Aber es kam noch die Albert-Richter-Kurve. Doch denkste! Brand zeigte Cleverness und blieb innen.

Damit versperrte er mir den Platz zum nochmaligen Überholen. Am Sprunghügel kamen wir auf gleicher Höhe an. Weil er aber links innen in die erste der drei nächsten Bergab-Kurven stach, hatte ich keine Chance mehr, ihn bis zur Ziellinie zu überholen und landete drei Zehntelsekunden hinter ihm auf Rang sechs. Nach dem Rennen freuten wir uns über den beinhart geführten Zweikampf. Zu erwähnen wäre noch, dass Udo Gaida nach einem furiosen Rennen hinter Klaus Schumann Zweiter wurde. Werner Liebers folgte ihm mit 1,1 Sekunden Rückstand als Dritter auf das wohlverdiente Podium.

Sieg mit neuer Rekordzeit beim Bergrennen Annaberg/Geyersdorf 1979. (Quandt)

Eine andere Seite im „schlauen Buch". Die Ergebnisse von Frohburg 1979.

Die Rennsaison 1980 – für mich ein einziges Debakel

Mit neuem Motor für Rundstrecke und Bergrennen wollte ich 1980 endlich bei allen Rennen unter den zehn Besten sein. Fahrerisch wäre es ohnehin kein Problem gewesen. Doch der Teufel steckt im Detail. Irgendeine Kleinigkeit brachte mich während der Rennsaison immer wieder um einen zählbaren Erfolg. Zum Frühjahrstraining auf dem Schleizer Dreieck war es ein Motorschaden. Am Sachsenring versagte im verregneten Training der Scheibenwischer, so dass ich im Blindflug auf dem enttäuschenden Startplatz 15 landete, und im Rennen sorgte in den Vergaser eingedrungenes Wasser für den Ausfall. Für die zur DDR-Meisterschaft zählenden Bergrennen war der über den Winter entstandene Rennmotor zu schwach, so dass ich diesen Einzelzeitfahrten fern geblieben war.

Auf dem Schleizer Dreieck probierte ich einen nagelneuen Motor, der jedoch von einer völlig missratenen Auspuffanlage in der Leistungsentfaltung gebremst wurde. Hier stimmte das Verhältnis zwischen Diffusor und Gegenkonus nicht. So lag ich nach dem ersten Trainingsergebnis irgendwo unter ferner liefen.

Als Udo Gaida, der sich erneut in die erste Startreihe katapultiert hatte, meine Misere mitbekam, bot er mir seinen Ersatzmotor zum Einbau für das zweite Training an, hatte aber keine passende Auspuffanlage dabei. So musste ich mich nun für eine meiner beiden unterschiedlichen Auspuffanlagen entscheiden. Diejenige vom ersten Training hatte ich aber schon an Matthias Neuber vergeben, dessen Motor mit meiner Abgasanlage gut lief. Udo Gaida riet mir aber, nun doch wieder die alte Anlage zu montieren. Leidtragender war dadurch Matthias Neuber, der nun gezwungenermaßen noch einmal die Auspuffe wechseln musste.

Der Gaida-Motor gab zwar mehr Leistung ab, aber ich hatte den Eindruck, dass die Auspuffanlage auch hier nicht zufriedenstellend passte. Am Ende erreichte ich Startplatz zwölf, jedoch mit 4:04,5 Minuten nur eine Sekunde schneller als zwei Jahre zuvor. Im Rennen raufte sich schnell eine Vierergruppe zusammen, in der ich mitmischte. Wir, das waren Jürgen Forbrig, Steffen Nickoleit, Bodo Müller und ich, führten gewissermaßen das Mittelfeld an. Mit ständigen Positionswechseln boten wir den Zuschauern – so glaube ich jedenfalls – eine spektakuläre Show. Auf den letzten Metern, kurz vor der Oberböhmsdorfer Kur-

ve, überholte mich, aus dem Windschatten kommend, Bodo Müller und wurde Neunter. Mit meinem zehnten Rang war ich nicht zufrieden, auch wenn Forbrig und Nickoleit hinter mir die Ziellinie kreuzten. Ich bedankte mich trotzdem bei Udo Gaida für den geliehenen Motor, immerhin brachte er mir noch einen Meisterschaftspunkt. „Den kannst Du auch noch in Frohburg nutzen", versprach er mir, und auch noch die dazu passende Auspuffanlage, die ich mir bei ihm zu Hause in Mölkau abholte.

Mit Motor, Abgasanlage und Aufzeichnungen meiner für Frohburg ausgerechneten Getriebeabstufungen fuhr ich nach Graupzig zu meinem Freund Stromhardt Kraft, um Leistungsdaten auf seinem Motoren-Prüfstand zu erhalten. So erfuhren wir auch, mit welchem der drei mir zu Verfügung stehenden Auspuffe der Motor die beste Leistung abgab. Die komplette Kombination von Gaida brachte die beste Leistung, so dass wir noch in Krafts Werkstatt die Getriebübersetzungen für das bevorstehende letzte Saisonrennen auf dem Frohburger Dreieck anpassten. Die anschließende Probefahrt über einige wenig befahrene Landstraßen verlief sehr zu meiner Zufriedenheit.

Das setzte sich beim Training in Frohburg fort. Mit ständigen Rundenzeiten von unter drei Minuten hatte ich den siebenten Startplatz erreicht. Aber nur durch Zehntelsekunden getrennt, standen Uwe Kleinz, ich, Stromhardt Kraft, Steffen Nickoleit, Peter Süssemilch, Werner Liebers, Udo Gaida, Jürgen Grebhan und Rainer Brand in dieser Reihenfolge, neben- und hintereinander am Start. Weil das große Feld so ausgeglichen war, rechnete man mit harten Positionskämpfen gleich in der ersten Runde.

Albert Gärtner, Garant des Fortbestandes der ostdeutschen Autorennen

Deshalb ermahnte uns vor dem Rennen Chef-Sportkommissar Albert Gärtner (MC Robur Zittau) zu vernünftigem Fahren. Seine Worte habe ich noch in Erinnerung (seinen Oberlausitzer Dialekt kann ich aber nicht wiedergeben): „Also, Sportfreunde, wir fahren einigermaßen geordnet die erste Runde, denn da wird noch kein Rennen gewonnen. Denkt daran, der Staatsanwalt sitzt auf der Tribüne. Wenn wir weiter Rennen fahren wollen, darf nichts passieren! Sportfreund Weidlich, wo isser?". Er suchte mich unter den im Halbkreis stehenden Piloten und fuhr fort: „Gehirne nutzen, nicht an den Boxen abgeben und Konkur-

23 Jahre später: Albert Gärtner dankt den Organisatoren und freiwilligen Helfern für ihren Einsatz zum erfolgreichen Ablauf des Lückendorfer Bergrennens 2003. (Kießlich)

renten nicht, wie in Schleiz, 200 Meter über'n Acker schicken! So, nun macht Euch an die Lenkseile, wünsche viel Erfolg."

Ich glaube, mit Fug und Recht behaupten zu können, dass es die Rennfahrer zum großen Teil der Umsicht und Initiative unseres unvergessenen Albert Gärtner zu verdanken haben, dass man in der DDR bis zu deren Ende Motorrennsport betreiben konnte.

Nach der politischen Wende beim neu belebten Lückendorfer Bergrennen traf ich wieder auf Albert Gärtner. Für mich, als nunmehr reaktivierter Streckenkommentator, ergab sich eine hervorragende Zusammenarbeit mit ihm, wobei er mir eine Menge technischer Finessen der historischen Rennfahrzeuge verriet.

Im Rennen erstmals Schiebetechnik probiert

Am Start zum Rennen der Trabi-Klasse kam ich ganz schlecht weg. Mein erster Gang war viel zu lang übersetzt, so dass ich gleich einige Plätze verlor. Andererseits wollte ich mit diesem langen Ersten besser aus den engen Kurven am Eschefelder Kreuz, Grauen Wolf sowie Stadtkurve hinaus beschleunigen, als mit einem kurzen zweiten Gang. Nach der zweiten Run-

de hatte ich mich bereits vom 13. auf den neunten Platz vorgekämpft, eine Runde später war ich schon Achter. Ab jener dritten Runde fuhr ich auf Augenhöhe mit Stromhardt Kraft. Einige Tage vor dem Frohburger Saisonfinale unterhielten wir uns über die bei den Rennen um den Renault-5-elf-Pokal übliche Schiebetechnik. Dort bildeten sich im Rennverlauf Gruppen zu je vier bis sechs dieser kleinen Renner, die sich Stoßstange an Stoßstange schoben. Der erste scherte kurz vor seinem Bremspunkt der nächsten Kurve aus, ließ die anderen vorbei und setzte sich beim Beschleunigen hinten an die Gruppe. Durch den Windschatten hatte der Fahrer sofort wieder Tuchfühlung und schob seinen Vordermann, der wiederum dessen Vorderwagen und so weiter. Der nunmehrige erste, der durch das Schieben der Verfolger immer schneller wurde, durfte nur vor der nächsten Kurve seinen Bremspunkt nicht verpassen, sonst wäre er ohne Chance, die Kurve heil zu überstehen.

Stromhardt und ich hatten uns nichts Derartiges ausgemacht. Aber nach der dritten oder vierten Runde ergab sich das Schieben von selbst. Auf den langen Geraden der B95 nach Start und Ziel sowie vom Eschefelder Kreuz bis zum Grauen Wolf probierten wir sehr erfolgreich die Schiebetechnik. Der jeweils Schnellere von uns beiden saugte sich im Windschatten des Vorderwagens an, ging aber nicht vorbei, sondern schob! Ich merkte immer ganz deutlich, wenn nach der ersten Rechtsbiegung auf der B95 Kraft bei mir „andockte". Mein Auto wurde schneller, der Zeiger des Drehzahlmessers kletterte ein wenig höher. Ausgangs Eschefelder Kreuz zog Kraft an mir vorbei und ich begab mich in seinen Windschatten, merkte, dass mein Auto Kontakt zu seinem hatte. Weil das so gut funktionierte, fing es an, Spaß zu machen. So machten wir Platz um Platz gut. Ich erinnere mich an die weit aufgerissenen Augen zweier Konkurrenten, als sie sahen, wie ein Trabi im Doppelpack mit acht Rädern an ihnen vorbeirauschte. Leider platzte ausgangs der vorletzten Runde mein Motor (die Leihgabe von Udo Gaida!), so dass Kraft nun nicht mehr in der Lage war, den Abstand des vor uns fahrenden Nickoleit weiter zu verkürzen. Der Motorschaden ging zu meinen Lasten, weil ich in einer Kurve etwas von der Fahrbahn herunter auf einen Schotterstreifen gerutscht war. Dabei riss es den rechten Auspuff aus der Kugelpfanne des Krümmers und die Ungleichheit der Abgasführung verursachte den Motordefekt. Leider konnte ich kein Foto auftreiben, das unsere Schiebetechnik auf den Geraden zeigt, Die Fotografen standen meistens in den Kurven. Schade, dass meine letzte Rennsaison von Anfang bis Ende einen Verlauf zum Vergessen nahm.

Als Augenzeuge von Kesslers kuriosem Abflug

Ich weiß nicht mehr genau, ob es 1979 oder 1980 war. Auf dem Frohburger Dreieck lief das Training der Spezialtourenwagen bis 600 ccm. Ich war auf der Strecke, wollte noch eine weitere schnelle Runde drehen. Nach Durchfahren der Albert-Richter-Kurve sah ich den Trabi von Hans-Dieter Kessler hinter mir. Als wir kurz vor dem Sprunghügel waren, zog der Trusethaler aus dem Windschatten meines Autos heraus und war genau an der höchsten Stelle des Dreiecks neben mir. Weil der Sprunghügel und die folgende Links-Rechts-Links-Passage meine Lieblingsstelle war, hatte ich natürlich auch entsprechendes Tempo drauf. Ich wusste aber, dass beide Wagen hier nicht nebeneinander durch die bergab führende Linkskurve kämen und nahm das Gas weg. Doch Kessler war viel zu weit innen, konnte also niemals bei dieser Geschwindigkeit die Kurve kriegen. So wurde ich Augenzeuge, wie er mit seinem Trabi geradeaus von der Strecke verschwand. Das sich mir bietende Bild war schon kurios: Die Büsche teilten sich, Kesslers Trabi flog eine Böschung hinunter, die Büsche schlossen sich wieder und der Trabi mit der Startnummer 3 war weg. Das Ganze ging so schnell, dass es von den meisten dort weilenden Zuschauern gar nicht wahrgenommen wurde. Ich hatte alle Hände voll zu tun, um die nächsten Kurven ordentlich zu durchfahren, weil ich wegen dieses seltenen „Schauspiels", trotz dessen Ernsthaftigkeit, mächtig lachen musste. An den Boxen hielt ich sofort an, um Kesslers Helfern Bescheid zu geben. Ich wusste ja nicht, was nach dem Verschwinden des Thüringers mit ihm passiert war. Zum Glück weiter nichts, dafür gab es eine Menge Arbeit für ihn und seine Mechaniker. Am Rennsonntag stand er wieder am Start, alles war in Windeseile repariert.

Solche Situationen zu meistern, gehörte zu Kesslers Stärken, auch später, als er im Zastava siegte und im Rennwagen der Formel B8 zur Spitze gehörte. Mit enormer Exaktheit und Umsicht prüfte er nach jedem Training die Technik seines Fahrzeugs, ließ selbst die kleinste Kleinigkeit nie außer Acht. Diese gründliche Vorbereitung auf jedes Training und Rennen war neben seinen großartigen fahrerischen Fähigkeiten der Schlüssel zum Erfolg. „Die planmäßige Kontrolle nach dem Training, vor allem das gründliche Checken von Bremsen und Fahrwerk vor dem Rennen, ist die halbe Miete zum Erfolg", hatte er mir selbst irgendwann einmal ins Ohr geflüstert, als er mich und meine Crew kaffeetrinkend im Fahrerlager sah, anstatt das Rennfahrzeug gewissenhaft durchzuchecken.

Nach Beendigung meiner aktiven Rennfahrerei besuchte ich aus Interesse am Motorsport natürlich weiterhin die Motorsportveranstaltungen und dort die Fahrerlager, um mit den Aktiven in Kontakt zu bleiben und die auf sportlich hohem Niveau ausgetragenen Rennen zu verfolgen. Ich war besonders begeistert vom Fahrstil eines Peter Mücke, den ich noch als Mechaniker bei Manfred Berger kannte. Schon im Wartburg fiel er positiv auf, aber mit dem Zastava schien er unschlagbar. Wenn ich auf der Buchhübel-Tribüne am Schleizer Dreieck saß, hatte ich den Eindruck, Mücke hängt den Zastava beim Durchfahren der Kurven einfach an die Vorderräder an. Die hatten solch guten Grip, weil Peter Mücke es verstand, ein durch den Frontantrieb verursachtes Untersteuern zu vermeiden. Es war einfach fantastisch, dieses großartige fahrerische Können zu beobachten. Ähnlich gute Fahrkünste zeigte auch Hans-Dieter Kessler in allen drei Kategorien: schon im Trabant, dann im Zastava und zuletzt im Formel-Easter-Rennwagen. Ebenso begeisterte mich und die immer wieder zahlreich erscheinenden Rennbesucher Lothar Thomas mit seinem Skoda 130 RS.

Interessant ist die Weiterentwicklung dieser drei Spitzenkönner von einst nach 1990: Peter Mücke hat es geschafft, weltweit in die Phalanx der ganz großen Teambesitzer einzudringen. Er hat sich als erfolgreicher Chef eines der größten privaten Racing-Teams des Automobil-Rennsports in Europa einen Namen gemacht. Zu seinen größten Verdiensten gehört die Förderung des Rennfahrer-Nachwuchses. Wer heutzutage die Rennen der Formel III und der ihr untergeordneten Nachwuchsformeln per Fachpresse und Fernsehen verfolgt, stellt fest, dass Piloten, die noch vor zwei oder drei Jahren in einer Nachwuchsserie im Team von Mücke Rennen gewannen, bereits in der GP 2 oder in hochkarätigen Sportwagenserien, manche sogar in der Formel 1, erscheinen. Sohn Stefan Mücke gehört inzwischen als Rennfahrer zur Weltspitze. Dass Peter Mücke in den 90er-Jahren sogar Europameister im Autocross wurde, wissen vielleicht manche Rennsportfans gar nicht oder haben es vergessen. Er und Klaus Riedel vertraten sogar noch vor der Wende erfolgreich die Farben des ADMV im internationalen Autocross.

Peter Mücke bei einer weiteren Siegesfahrt im Zastava auf dem Schleizer Dreieck. (Ritter)

Ein Bild aus alten Tagen: Manfred Berger sitzt auf dem linken Hinterrad seines Formel-III-Rennwagens. Hinter ihm steht Peter Mücke, sein damaliger Rennmonteur. (Archiv Weidlich)

Klaus Riedels schneller Autocross-Buggy mit Porsche-Motor. (Archiv Riedel)

Hans-Dieter Kessler kann offenbar überhaupt nicht aufhören: Er wechselte von der Rundstrecke auf unebenes Terrain bei Wüsten-Rallyes und ist immer noch fit wie ein Turnschuh.

Lothar Thomas bewegte bisher Jahr für Jahr seinen Skoda 130 RS beim Classic Grand Prix in Schleiz in altbekannter Manier, und in Radebeul bietet er in seinem Autohaus Luxus-Sportwagen berühmter und legendärer Marken an.

Hin und wieder treffen wir uns auf dem Schleizer Dreieck oder beim wiederbelebten Lückendorfer Berg-rennen. Dic Diskussionsrunden mit Peter und Stefan Mücke, Wolfgang Küther, Manfred Berger, Lothar Thomas, Peter Findeisen, Wolfgang Krug, Frieder Rädlein oder Dietmar Graupner dauern dann meist sehr lange. Dabei freue ich mich jedes Mal über die Herzlichkeit der Begrüßung, wenn wir uns wiedersehen.

Es sind nicht wenige, die ich immer wieder bei Veranstaltungen mit historischer Renntechnik antreffe. Viele davon hatten in der Zeit zwischen 1970 und 1990 Renngeschichte des Ostblocks geschrieben und sich damals als neue Publikumslieblinge etabliert.

So sah 1980 die Nationale Lizenz (A-Lizenz) für Automobilrennfahrer der DDR aus.

Das gilt auch für die Motorrad-Rennfahrer. Ich war begeistert von den fahrerischen Leistungen und ihren zum großen Teil von ihnen selbst zu höchster Performance getunten Maschinen. Zur großen Freude vieler Fans sehen wir solche ehemaligen Meisterfahrer wie Lothar Neukirchner, Frank Wendler, Rainer Richter, Roland Rentzsch, Johannes Kehrer, Peter Junghans, Stefan Tennstädt, Thomas Wittig, Bernd Meyer, Siegfried Merkel oder Dieter Krause, um nur einige zu nennen, bei den Veranstaltungen mit historischer Renntechnik wieder.

So verwegen fahrend wie auf dem Sachsenring 1978k, sehen wir auch heute noch den jung gebliebenen Bernd Meyer im historischen Motorsport seine Runden drehen. (motorrennsportarchiv.de)

Ein Andenken an die Tücken der ehemaligen schnellen Oberböhmsdorfer Kurve in Schleiz. (Fichtelmann)

Eine Rechnung der Leipziger ADMV-Werkstatt, von der Renn- und Rallyefahrer wichtige Tuning-, Ersatz- und Zubehörteile kaufen konnten.

Interessen verlagerten sich immer mehr zur Formel 1 und Motorrad-WM

Es ist keine Geringschätzung der Rennen auf DDR-Pisten, wenn ich mich in den 80er- und 90er-Jahren mehr und mehr für die großen Rennen um Weltmeisterschaftspunkte interessierte. Zur Formel 1 konnte ich als DDR-Bürger nach Budapest, und zur Motorrad-WM nach Brünn fahren. Außerdem brachten uns die neuen Fernseh-Gemeinschaftsantennen (ich wohnte in Südwestsachsen, nicht im Tal der „Ahnungslosen") auch diejenigen „Westsender" ins Haus, bei denen die Automobil- und Motorrad-WM-Läufe übertragen wurden. Weil unsereins jedes Jahr seinen Urlaub in der CSSR oder Ungarn verbrachte, konnte man bei genügend Cleverness auch internationale Motorsportzeitschriften nach Hause schmuggeln. Somit hatte ich genügend Informationsmöglichkeiten, um sowohl bei der Formel 1, als auch bei der Motorrad-WM voll im Stoff zu stehen.

Es war die relativ kurze Zeit der Wing Cars und der 1,5-Liter-Turbomotoren. Colin Chapman konstruierte 1977 den ersten Formel-1-Boliden mit Saugnapf-Effekt. 1978 wurde Mario Andretti mit dem Lotus 79, dessen Groundeffekt der wirksamste aller Formel-1-Wagen war, Weltmeister. Beim aufmerksamen Beobachten der Fernsehbilder, besonders der nachgelieferten Zeitlupen, sah man, wie die Fahrer vermieden, über die Randsteine (Curbs) zu rattern, weil dadurch der Bodeneffekt verloren gegangen wäre. Aber die Kurven-Tempi erreichten viel zu gefährliche Höhen. Deshalb kam 1983 das Verbot dieser auf der Fahrbahn schleifenden Keramikschürzen. Damit zusammenhängend mussten auch die den Groundeffekt begünstigenden Formen von Seitenkästen und Unterböden geändert werden. Die drehmomentstarken Turbomotoren mussten ab 1989 wieder den großvolumigen Saugern mit 3,5 Litern Hubraum (bis 1994) weichen. Danach kamen bekanntlich für rund zehn Jahre die 3-Liter-V-10-Aggregate.

So konnten wir Formel-1-Fans in Ungarn diese Saugnapf-Effekte der Formel-1-Boliden nicht mehr an Ort und Stelle bestaunen, dafür aber die enorme Leistungsentfaltung der Turbomotoren. Bewundert habe ich den Mut der Piloten, die in den wenigen schnellen Kurven des Hungarorings das Gas voll stehen ließen und mit einem Irrsinns-Tempo durchdonnerten. Besonders in Kurve vier, die links herum führt und Kurve fünf, die sofort anschließend nach rechts in eine kurze Gerade mündet, ehe die Rechts-Links-Schikane kommt. Mit großem Interesse sah ich auch, wie die Spitzenpiloten die Randsteine in den Kurvenradius einbezogen, so wie das gegenwärtig weiterhin üblich ist. Ich bekam den Eindruck, dass die Formel-1-Konstrukteure ihre Produkte Ende der 80er-Jahre schon wieder so weit entwickelt hatten, dass man auch ohne den bisherigen Groundeffekt neue Rundenrekorde in den Asphalt der Rennpisten brennen konnte.

Es war schon etwas Besonderes, die damaligen Helden des Hungarorings, wie Ayrton Senna, Nigel Mansell, Nelson Piquet oder Thiery Boutsen zu bewundern. Riesig war meine Freude, den zuletzt genannten Belgier gemeinsam mit Gabriele Tarquini nach der Wende persönlich am neuen Sachsenring kennenzulernen. Einige Motorrad-WM-Läufe sah ich mir – auch noch zu DDR-Zeiten – in Brünn an. Wir Motorsportfans bejubelten damals die fantastischen Rennen des fünfmaligen Weltmeisters Toni Mang, aber auch die von Mut und Talent geprägten Fights der Reinhold Roth, Manfred Herweh oder Martin Wimmer. In den 90er-Jahren erfreute ich mich an den großartigen Leistungen von Helmut Bradl, Dirk Raudies, Ralf Waldmann oder Jürgen Fuchs.

*D*ie Wende kam, und plötzlich wurde Anfang 1990 für uns Motorsportler alles anders. Ich dachte, dass es jetzt eine gute Gelegenheit gäbe, wieder als Streckensprecher in der politisch veränderten, aber noch bestehenden DDR zu fungieren. Aber weder in Schleiz, noch auf dem Sachsenring wollte man mich haben. Jochen Eisold sollte aber auch nicht mehr kommentieren, weil man ihm nicht mehr zutraute, dem hohen Niveau des modernen internationalen Motorsports wissensmäßig gewachsen zu sein. Verblieb also noch Hartmut Wagner, der seine Sache immer recht gut gemacht hatte, außerdem sich großer Beliebtheit bei Aktiven und Zuschauern erfreute. In den 90er-Jahren entwickelte sich aber auch der Löbauer Bernd Fulk zu einem Spitzen-Streckensprecher. Somit erarbeitete er sich die Funktion des permanenten Streckensprechers der Internationalen Deutschen Motorradmeisterschaft (IDM). Darüber hinaus kommentiert er nach wie vor den Großen Preis von Deutschland für Motorräder auf dem neuen Sachsenring, was ich als weiteren Beweis seines sprachlichen Könnens und motorsportlichen Wissens werte.

Während ich also im Osten bei den Rennveranstaltern, die nun „auf Marktwirtschaft machten" (ohne diese zunächst zu verstehen) auf Ablehnung stieß, bekam ich aus westlichen Gefilden zahlreiche interessante Einladungen und Angebote, Testfahrzeuge zu übernehmen, um sie in den neuen Bundesländern samt den neu eröffneten Autohäusern zu popularisieren.

Den Anfang bildete eine Korrespondenz zwischen mir und Karl Mauer, der damals als Sportchef von GM-Europa fungierte. Seinen Namen kannte ich aus zahlreichen Publikationen, wie „Sport-Auto" oder „Das Motorrad", außerdem als Automobilrennfahrer. Ich hatte jahrelang die Berichterstattung zum 24-Stunden-Rennen auf dem Nürburgring verfolgt und wusste, dass Karl Mauer, Joachim Winkelhock und Norbert Haug 1986 ein Team bildeten und mit einem Opel Manta 400 den fantastischen zweiten Platz im Kampf um den Gesamtsieg errungen hatten. Nach dem Briefwechsel mit ihm bekam ich, wie mehrere andere Journalisten aus der DDR, eine Einladung der Opel-Presseabteilung nach Rüsselsheim, um die Opel-Fahrzeuge nach ausgiebigen Probefahrten durch schöne Gegenden Hessens näher kennenzulernen.

Dabei traf ich auch Markus Oestreich, den Sieger des 24-Stunden-Rennens auf dem Nürburgring von 1986, der ab der Rennsaison 1990 als Werksfahrer bei Opel in der DTM starten sollte. Am meisten freute ich mich auf Gespräche mit Mauer und Oestreich. Nachdem sie staunten, welch hohes Hintergrundwissen ich auch auf diesem Gebiet hatte, bezogen sie mich in ihre motorsportlichen Expertenrunden mit ein.

Die für mich damals aufregenden Fahrten mit den aktuellen Opel-Pkw, vom Corsa bis zum Senator, brachten weitere überaus spannende Aha-Erlebnisse. Im Ergebnis der drei Testtage, Werksbesichtigung und hochinteressanten Gespräche, durfte ich mir am 21. März einen Testwagen für die Zeit von vier Wochen in Rüsselsheim abholen.

Dieser nette Brief von Karl Mauer, damals Motorsportchef von GM-Europa, bildete die Grundlage einer jahrelangen journalistischen Verbindung mit Opel.

Zur Besichtigung des Start-und-Ziel-Areals am Nürburgring eingeladen

Weil ich dachte, ein West-Ost-Gespann als Streckensprecher wäre ja einmal etwas ganz Neues und der Umbruchszeit angemessen, schrieb ich diesbezüglich einen Brief an den Hauptgeschäftsführer der Nürburgring GmbH, Rainer Mertel. Von ihm bekam ich zunächst eine sehr freundliche Einladung in seine Geschäftsstelle am Nürburgring mit vollständiger Besichtigung aller Anlagen – vom Rennbüro über Zeitnahme, VIP-Räume, Fernsehkamera-Steuerung bis hin zur Streckensprecher-Lounge. Das war für mich ein derartiges Neuland, auch die Freundlichkeit der dort Beschäftigten mir gegenüber, dass ich aus dem Staunen gar nicht mehr heraus kam. Am Schluss dieses interessanten und informativen Tages lernte ich auch noch Günter Isenbügel kennen. Er war der Top-Fernsehkommentator für Formel-1-Rennen beim Fernsehen. Ich kannte bisher nur seine Stimme und Ausdrucksweise, mit der er fachlich-kompetent und spannend die Rennverläufe seit mehr als 25 Jahren kommentierte. Mit ihm nun persönlich sprechen zu können, gehörte an jenem 12. März 1990 zu einem weiteren Höhepunkt des Nürburgring-Besuches. Auf die Runde über die Nordschleife mit dem antriebsmäßig getunten Trabi – meinen Dacia hatte ich kurz vor der Wende noch günstig verkauft – verzichtete ich. Erstens wurde es schon dunkel und andererseits wusste ich, dass die Originalbremsen bei den zahlreichen Bergabfahrten der Nordschleife mir zu wenig Sicherheit boten. Diese Runden wollte ich später mit richtigen Sportautos nachholen.

Als eingeladener Gast bei der DTM am Nürburgring dabei

Rainer Mertel hatte inzwischen meinen Streckensprecher-Vorschlag an Wolfgang Drumm von der Sportabteilung des ADAC Nordrhein weitergeleitet. Von dort bekam ich die Einladung, gemeinsam mit Kalli Hufstadt das Rennen der Trabis, das im Rahmen der Deutschen Tourenwagenmeisterschaft (DTM) am 22. April 1990 stattfinden sollte, zu kommentieren. Für den Motorrad-WM-Lauf kam eine Absage, weil der Sprechereinsatz hierfür schon lange vorher verplant war.

Nun hatte ich von Opel einen für die damalige Zeit recht schicken und schnellen Kadett 2,0i als Testwagen bekommen, den ich am 23. April wieder abgeben sollte. Das traf sich hervorragend: So konnte ich mit

Mit diesem Brief bestätigte mir Wolfgang Drumm, ADAC Sportabteilung Nordrhein, dass ich das geplante Trabi-Rennen kommentieren sollte. Leider fiel es aus.

dem Opel vorher noch zur DTM und dem vermeintlichen Trabi-Rennen fahren.

Als ich in der Anmeldung des Pressebüros ankam, ich glaube, es war ein Raum im Hotel Döttinger Höhe der Familie Retterrath, stellte ich mich in die Reihe der Journalisten hinten mit an. Plötzlich hörte ich eine sympathische Frauenstimme rufen: „Ist hier ein Herr Lutz Weidlich dabei?" Ich meldete mich bei ihr und vernahm: „Sie sind leider nicht als Streckensprecher nominiert, weil das Trabi-Rennen aus Umweltschutzgründen ausfallen muss." Sie sah mir meine Enttäuschung an und beruhigte mich: „Dafür sind Sie Gast des Nürburgrings mit allen Befugnissen. Sie können sich total frei überall an der Strecke und im Fahrerlager bewegen." Dann übergab sie mir einen Ausweis und die Adresse der Pension, die sie für meine Übernachtung gebucht hatte. Als ich mich bedankt hatte und gehen wollte, rief sie mir noch zu: „Den Ausweis bitte immer sichtbar tragen und viel, viel Spaß bei uns zur DTM!" Das war ja nun der Hammer: So freundlich bin ich auf den Rennstrecken der DDR – außer Schleiz – niemals begrüßt worden. Und hier in der Eifel kannte mich doch eigentlich keiner?

Mein interessantes Interview mit „Nippel" Grohs

Weil ich mich nun gründlich, dabei vieles bewundernd, im Fahrerlager umsah, traf ich mit interessanten Motorsportlern zusammen. Am Ende des Rundgangs stand ich plötzlich vor einem in pink lackierten Trabant und wunderte mich. Wem gehört denn der sportlich aufgemotzte Trabi? Und wen sehe ich daneben? Es war Harald Grohs! Ich sprach ihn an und erklärte ihm kurz wer ich bin. Er war sofort einverstanden, mir ein Interview zu geben und bat mich, in seinem Wohnmobil Platz zu nehmen. Ich schaltete mein Reportergerät (das hatte ich schnell noch auf der Hinfahrt in Koblenz gekauft) ein, und schon befanden wir uns in einem hochinteressanten Gespräch. Es war eine Freude, dem sympathischen Essener zuzuhören. Er konnte sich dabei ein wenig entspannen, denn er hatte das Quaifikationsrennen schon erfolgreich absolviert.

In der DTM-Saison 1990 fuhr er einen BMW von Harry Valier (Valier Motorsport). Auf meine Frage, warum es im Qualifikationsrennen mit Dieter Questers BMW zum „Lackaustausch" gekommen war, lachte er erst, erklärte mir dann aber ganz ernsthaft den Vorfall: „Anfangs hat es ja geregnet. Ich hatte deshalb Regenreifen montiert, Quester aber die Mediumreifen gewählt. Das war meiner Ansicht nach falsch und so rutschte er vor mir herum, ließ aber keine Lücke zum Überholen. Doch irgendwann wollte ich ja auch mal vorbei, und so kam es zur Berührung." Während unseres etwa 40-minütigen Gesprächs gab es aus dem Mund von Harald Grohs kein einziges geringschätziges Wort über den DDR-Motorsport. Er hörte meiner Schilderung über Fahrer, Rennwagen und Strecken sehr interessiert zu. Grohs meinte allerdings: „Bei allem fahrerischen Können, das Klaus Gohlke mitbringt, wird er als Opel-Werksfahrer im Kadett-Gsi nicht gleich die etablierten Piloten aus den Angeln heben können. Die DTM ist ein ganz hartes Brot!"

Das sonntägliche Rennen wurde in zwei Läufen ausgetragen, die beide der Engländer Steve Soper auf BMW gewann. Interessiert beobachtete ich, wie sich Rennfahrer, die bisher in verschiedenen Rennserien gestartet waren, hier in der hart umkämpften DTM durchzusetzen versuchten. Besonders achtete ich auf Jaques Laffite, der ja bis in die 80er-Jahre zu den schnellsten Formel-1-Fahrern gehörte. Aber hier herrschten andere Gesetze und Bedingungen. Während sich Laffite recht schwer tat, kam Ex-Formel-1-Pilot Johnnie Cecotto als Italienischer Tourenwagenmeister von 1989 gleich gut zurecht, wurde nach dem zwischenzeitlichen Ende der DTM zweimal, 1994 und 1998, Meister im Super-Tourenwagen-Cup auf BMW.

Weitere Einladungen zu Testfahrten

Vom Pressechef der damaligen „Deutsche Fiat AG", Günter Friedlein, erhielt ich 1990 sogar drei Einladungen zu unterschiedlichen Terminen. Im Frühjahr ging es von Fulda aus in die Region Vogelsberg zum Testen verschiedener Fiat- und Lancia-Modelle. Sehr freute ich mich, als ehemaliger Renn- und Rallyefahrer, jetzt mit einem schnellen Lancia Delta integrale auf einer abgesteckten Rallyepiste auf Asphalt und Waldschneisen mal so richtig „die Sau raus zu lassen". Bei der ersten Fahrt am Vormittag navigierte mich ein Italiener aus dem Fiat-Werk Turin. Als ich nachmittags zur zweiten Runde aufbrechen wollte, streikte mein Copilot. So setzte sich der motorsportbegeisterte Günter Friedlein auf den Beifahrersitz. Er staunte, als er mich beim Schalten und Lenken beobachtete: „Meine Herrn, als Ossi haben Sie diese Rakete aber verdammt gut im Griff!" Ich entgegnete ihm: „Keine Kunst, dieser Lancia hat ja ein super gutes Handling. Unsere Sportgeräte fahren sich dagegen viel schwieriger." Mit einem Grinsen auf dem Gesicht stieg er aus und sagte noch: „Da habe ich doch das richtige Auto für Sie mitgebracht."

Die zweite Einladung von Fiat führte mich mit einigen anderen Autojournalisten nach Boppard am Rhein. Von dort aus konnten wir ausgiebig die neuesten Transporter fahren. Die kleinen Fiorino und die größeren Ducato standen bereit, auf guten, wenig befahrenen Straßen die Schönheiten der Rhein- und Mosellandschaften zu genießen. Hier war Beschaulichkeit angesagt.

Die dritte Einladung für Probe- und Testfahrten führte wieder nach Fulda. Dort wurde uns Journalisten der neue Fiat-Tempra vorgestellt und der weiter verbesserte Fiat Croma. Abends gab es in illustrer Runde viele Benzingespräche, wobei vor allem Günter Friedlein und interessierte Journalisten von mir viel über die Motorsportaktivitäten der ehemaligen DDR wissen wollten.

Nachdem ich in den 90er-Jahren zahlreiche Autos verschiedenster Marken – von alltagstauglichen und sportlichen Pkw über Kompaktvans und Kleintransporter bis zu rasanten Sportwagen – „getestet" (für Insider: ohne Peiseler-Rad) und darüber Fahrberichte geschrieben habe, kamen weitere sehr reizvolle Einladungen zu

Tests von Nissan. Zwei davon führten nach Italien und Spanien. Dabei lernte ich in Rom den Vater des bekannten Tourenwagen-Rennfahrers Peter Oberndorfer kennen. Auch er, Erwin Oberndorfer aus München, war Ex-Rennfahrer wie ich, so dass wir uns einen Nissan Almera zum Testen in der reizvollen Landschaft des Latium, zwischen Apennin und Thyrrenischem Meer, teilten. In Nordspanien ging es auf längere Testfahrten im Almera-Tino mit Start- und Endpunkt Santiago di Compostella. Dort traf ich auch meinen alten Bekannten Knut Böttcher wieder, mit dem ich 1976 schon gemeinsam Motorrad-Tests für MZ absolvierte.

Mit dem Mitsubishi 3000 GT drehte ich mehrere flotte Runden auf dem Sachsenring.

Der Nissan Z 350 mit dem 3,5-Liter-V6-Mittelmotor bot mir beim Testen 2003 Fahrspaß pur.

Im Formel Easter MT77 von Hartmut Thaßler durfte ich 2003 auf dem Autodrom Most etliche schnelle Runden drehen. (Schindler)

Von der Presseabteilung des Reifenherstellers Continental kamen ebenfalls Einladungen. So testete ich u. a. mit weiteren Autojournalisten auf einem Testgelände nahe Heidelberg die neuesten Conti-Reifen im Vergleich zu Konkurrenzfabrikaten. Die größte Freude machte mir 2003 Markus Burgdorf, damals Leiter Öffentlichkeitsarbeit Reifen, als er mich für drei Tage zum Formel-1-WM-Lauf nach Hockenheim einlud. Zu Testfahrten des Sportwagens Z 350 hatte 2003 Nissan Deutschland erneut eingeladen. Diesmal wurde im Oktober bei strahlendem Sonnenschein auf sehr guten, kurvenreichen und nur gering frequentierten Landstraßen der Fränkischen Schweiz gefahren. Diesen flachen Zweisitzer mit über 300 PS im Heck in flottem Tempo zu bewegen, war ein Riesenspaß. Zur Mittagspause im vornehmen Pegnitzer Pflaums Posthotel hörte ich am Nebentisch eine mir bekannte Stimme. Beim Hinüberschauen erkannte ich den Mann: Manfred Jantke, früher Presse- und Sportchef bei Porsche und außerdem bekannt durch seine Kommentierungen des amerikanischen Automobil-Rennsports auf Eurosport. Nachdem ich mich vorgestellt hatte, kamen wir zu angeregten Gesprächen über schnelle Autos und Motorsport.

Zufriedenen Schrittes durch die Boxengasse: Mit 63 Lenzen funktionierte die Koordination zwischen Lenkrad, Gas, Schaltung und Bremse noch recht gut. (Schindler)

41 *Meine Reaktivierung als Motorsport-Streckenkommentator*

*I*rgendwann im Frühjahr 1997 klingelte bei uns zu Hause das Telefon. Als meine Frau sich meldete, grüßte ein Herr Zimpel sehr freundlich und fragte: „Na, mein Mädel, wo ist denn Dein Mann?" Zunächst wusste meine Frau nichts damit anzufangen, bis ihr einfiel, dass es der Dietmar Zimpel aus Zschorlau sein musste, den wir vom Rennsport her gut kannten. Auf die Frage, worum es denn gehe, meinte Zimpel: „Wir brauchen einen sachkundigen Streckensprecher für eine traditionelle Wiederbelebung des Zschorlauer Dreiecks auf neuer Strecke. Weil es in der Hauptsache eine Veranstaltung zur Präsentation historischer Rennfahrzeuge werden soll, muss der Sprecher komplettes Wissen darüber haben und Dein Mann hat das. Der soll mich mal zurückrufen." Das tat ich denn auch, und damit stand meine Reaktivierung als Streckensprecher oder -kommentator für historischen Motorsport fest. Natürlich verband ich die Vorbereitung darauf mit einem privaten Besuch bei Evelin und Dietmar Zimpel, denn wir kannten uns ja schon seit fast 40 Jahren. Außerdem hatte ich 1995 schon die Moderation bei der Eröffnung des neuen Autohauses von Zimpel & Franke in Zwickau übernommen und bereits 1993 Texte und Fotos der Händlerzeitung „Opel Heute" zur Eröffnung des Autohauses Zimpel in Bad Schlema erstellt. So gab es Gesprächsstoff ohne Ende.

Erster Einsatz 1997 in Zschorlau

Mein erster Einsatz an der Piste erfolgte also 1997 in Zschorlau. Dort befanden sich auch Fahrt- und Rennleiter anderer Strecken, die mich in den Folgejahren ebenfalls engagierten. In der Zwischenzeit hatte sich auch der ADMV Classic Cup gebildet, der seit vielen Jahren zum beliebten Programm des historischen Motorsports in Sachsen, Sachsen-Anhalt und Thüringen gehört. Jedoch die größte Classic-Rennveranstaltung in Ostdeutschland findet auf dem Schleizer Dreieck statt. Es ist der Sparkassen Classic Grand Prix, bei dem ich von Beginn an die Rennen und Präsentationen kommentiere.

Dabei habe ich viele ehemalige Rennfahrer, mit denen ich Jahrzehnte zuvor mehr oder weniger Kontakt hatte, wiedergetroffen. Meine Interviews mit Ernst Hiller, Lothar John, Phil Read, Heinz Rosner, Frank Wendler, Stefan Tennstädt, aber auch mit Freddy Kottulinsky, Wolfgang Küther, Hartmut Thaßler, Peter Mücke, Wolfgang Krug, Peter Findeisen, Lothar Thomas oder Stromhardt Kraft, Hans-Dieter Kessler, Gerhard Friedrich und Werner Liebers, um nur einige zu nennen, wurden von den Zuschauern mit viel Beifall bedacht.

Sogar Willi Marewski konnte ich vor einigen Jahren sprechen und ihm über Mikrofon und Lautsprecher einige Geheimnisse aus seinem großen Reservoir berühmter Rennmaschinen entlocken und somit erfahren, welcher bekannte, schnelle ehemalige Rennpilot eine seiner wertvollen Maschinen gerade bewegt. Anschauliche Beispiele hierfür waren die Präsentationsrunden von Ernst Hiller auf der Vierzylinder-Gilera, die einst von Bob McIntyre gefahren wurde, und Lothar John – ganz typisch, wie in den 60er-Jahren – auf der BMW RS 54 mit der Startnummer 18. War das nicht die BMW, mit der Ernst Hiller in den 50er-Jahren eben mit dieser Startnummer zahlreiche Rennen gewann? Das musste ich doch den Zuschauern erzählen, weil sich sicher viele Begeisterte meines Alters noch an die damaligen Rennen erinnerten. Marewski gab mir recht: Es war Hillers ehemalige BMW, die nun Lothar John fuhr.

Eine hervorragende Zusammenarbeit entwickelte sich zwischen mir und dem Zschorlauer Fahrtleiter, Thomas Haase (damals Vorsitzender des 1. Auer MSC) sowie seinem Stellvertreter Rainer Pommer. Sie verstanden es, mit viel Herzblut und Energie jedes Jahr neue Höhepunkte am Zschorlauer Dreieck zu schaffen. Darüber hinaus gelang ihnen mit Unterstützung vieler freiwilliger Helfer und örtlicher Organe, dass auch Präsentations- und Gleichmäßigkeitsläufe mit historischer Renntechnik auf den Bergstrecken Bockau und Hundsmarter/Markersbach zu wahren Volksfesten wurden. Die Vielzahl der aktiven Teilnehmer mit Motorrädern und Autos sowie das große Interesse der zahlreichen Zuschauer galten als Beweis für die Attraktivität dieser Veranstaltungen. Als Streckensprecher erlebte ich jedes Jahr erneut die Begeisterung der Zuschauer. Sie sind Einheimische, Touristen und zum Teil von weither angereiste Fans des historischen Motorsports.

Aber auch die Fahrer selbst scheuen keine noch so vielen Kilometer für An- und Abreise. So kommen zum Beispiel Charles Thiry regelmäßig aus Bordeaux, Ivar Sauter aus Rheinfelden (Schweiz), Peter und Stefan Bruhn von der Ostsee-Insel Poel.

In Zschorlau sind der zweifache Weltmeister Dieter Braun, Ex-Grand-Prix-Fahrer Lothar John und Vizeweltmeister Ralf Waldmann „Stammgäste" des Dreieckrennens. Dass auch andere ehemalige Spitzenpiloten der internationalen Zweiradszene, wie Vizeweltmeister August Hobl oder der ehemalige Deutsche Meister Heiner Butz sich besonders gern in Zschorlau, nicht nur auf der Piste, sondern abends beim gemütlichen Plausch im Festzelt richtig wohl fühlen, merkt man auch an der Lautstärke der Gesprächsrunden. Das „Benzinquatschen" mit den ehemaligen erfolgreichen DDR-Rennfahrern und anderen Anwesenden, wie die Ex-Weltmeister Phil Read, Jim Redman, Luigi Taveri, Jan de Vries, Freddie Spencer, Steve Baker oder Mister Superbike Peter Rubat-

to, dauern oft bis nach Mitternacht. Das alles spricht für die große Anziehungskraft des seit 1997 stattfindenden neuen Zschorlauer Dreieckrennens.

Bei aller Freude darüber darf man nicht vergessen, dass durch den Bekanntheitsgrad des ehemaligen MZ-GP-Piloten Heinz Rosner diese Starbesetzungen in Zschorlau erst möglich wurden. Die hohe Wertschätzung, die der Erzgebirger aus Hundshübel bei seinen ehemaligen Konkurrenten genießt, ist dabei ein entscheidender Faktor.

Walter Deisinger (li.) fachsimpelt mit Dieter Krause über dessen 250er Zweizylinder-MZ. (Quaas)

Lokalmatador Heinz Rosner auf der MZ. Wenn er seine Runden in Zschorlau dreht, brandet stets Beifall auf. (Quaas)

Ein ganz großes Glanzlicht setzten die Auer und Zschorlauer Organisatoren mit der Durchführung eines Jahrestreffens des MV-Agusta-Clubs Deutschland in Wernesgrün 2005. Ich hatte die Ehre, die Abendveranstaltung zu moderieren. So viele Weltmeister und berühmte Grand-Prix-Piloten auf einmal, hatte ich noch nie gleichzeitig auf der Bühne. Zum Glück gab es Maria (ich kenne nur ihren Vornamen), die als Dolmetscherin schnell und deutlich meine Fragen ins Italienische übersetzte. Vorn standen neben Phil Read und Jim Redman vorwiegend Italiener: Darunter der neunfache Champion Carlo Ubbiali, Emilio Mendogni, Ernesto Brambilla und Gianfranco Bonera. Die ehemaligen deutschen Rennfahrergrößen Dieter Braun, Ralf Waldmann, Lothar John und Heinz Rosner vervollständigten die Gesprächsrunde mit mir auf der Bühne.

Am nächsten Tag trafen wir uns alle vor großem Publikum auf dem Zschorlauer Dreieck. Der damalige Präsident des MV-Clubs Deutschland, Utz Raabe, hatte alles so organisiert, dass die vielen Zuschauer echte ehemalige MV-Agusta-Rennmaschinen bewundern konnten. Vor allem hörten sie die wohltönenden Klänge der Vierzylindermotoren. Der Sohn von Utz, Dirk Raabe, hatte die Maschinen vorbereitet, die Motoren warmlaufen lassen und fuhr selbst eine echte 500er „Quattro" auf dem Zschorlauer Dreieck.

Weil nahezu jedes Jahr die Veranstaltung des vorhergegangenen Jahres nochmals getopt wurde – es präsentierten sich immer wieder neue Weltmeister oder Grand-Prix-Sieger mit schnellen historischen Rennmaschinen – gab ich den beiden Tagen der Demonstration und Präsentation historischer Motorrad-Renntechnik den Namen „Grand Prix von Zschorlau". Wenn ich das über die Lautsprecher verkündete, bekam ich zustimmenden Beifall der Besucher.

Seit einiger Zeit hat man in Zschorlau auch die „Golden 50" und die Golden 125" eingeführt. Bei den 50ern demonstrieren vor allem die Holländer mit Jan de Vries, Aalt Toersen, Jos Schurgers, Kees van Dongen, oder Pierre Kemperman Rennsport der ehemaligen Schnapsglasklasse vom Feinsten. Natürlich stehen ihnen die früheren besten DDR-Piloten dieser Klasse kaum nach. Namen wie Gernot Weser, Peter Müller, Gerold Meißner, Harold und Mike Kötting, Rainer Pommer, Reiner Steinert und, nicht zuletzt, aber auch Ralf Waldmann, haben eben immer noch einen guten Klang.

Bei den „Golden 125" wird vorwiegend ein Loblied auf die Zweitakttechnik von 1960 bis 1985 gesungen. Der schrille Ton der top-vorgeführten MZs von Siegfried Merkel, Michel Deisinger oder Raiko Wagner (MZ-Tandem) wird begleitet vom Zweizylinder-Sound der Condor des fahrerisch exzellenten Bernd Meyer sowie weiterer MZs, Yamahas, Maicos, Morbidellis oder Krauser. Dazwischen mischt sich der tiefere Klang einiger Viertakter von Gilera, Mondial, Ducati oder MV Agusta.

Wenn man sich an dieser Stelle noch länger mit Zschorlau beschäftigt, kommt man immer mehr ins Schwärmen. Dort treffen Jung und Alt aufeinander. Die Erfolgreichen mit großen Namen und die weniger Begünstigten der Vergangenheit tauschen Erfahrungen mit jungen Leuten aus, die sich dem historischen Motorsport verschrieben haben. Ich sehe immer noch den glücklichen Gesichtsausdruck eines der jüngsten Fahrer im ADMV Classic Cup, Nico Müller. Er hatte sich mit seinem Vater Frieder Oertel eine Honda mit Vierzylindermotor und 350 ccm Hubraum aufgebaut. Sie hatten sie so gestaltet, dass die Maschine derer von Jim Redman glich, die der sechsfache Weltmeister in den 60er-Jahren von Sieg zu Sieg fuhr. Nico Müller führte seine neue Honda Jim Redman vor und bat ihn, damit einige Runden auf dem Dreieck zu drehen. Redman erfüllte Nicos Wunsch, und als ich den Jim ankündigte, brach ein regelrechter Beifallsturm von den Zuschauerplätzen los und mischte sich unter den brüllenden Sound der Vierzylinder-Honda.

Dauergäste in Zschorlau sind auch jedes Jahr Willi Meisinger aus Wöllstadt mit seinen MV-Agusta-Maschinen und Helmut Diemer aus Florstadt mit einer der berühmten Zweizylinder- Horex. Und wenn, wie 2012, Audi-Tradition dabei ist und die alten Ladepumpen-DKWs aus den 30er-Jahren die Strecke umrunden, bekomme ich eine Gänsehaut. Egal, ob Ralf Waldmann, Max Neukirchner oder Eberhard Uhlmann diese Biester mit fürchterlichem Lärm aus den Kurven herauskommend beschleunigen, es ist Faszination. Man fühlt sich viele Jahrzehnte zurückversetzt, auch wenn man diese Zeit gar nicht erlebt hat. Die Altvorderen haben es uns doch erzählt, wie sie Ewald Kluge, Siegfried Wünsche, Walfried Winkler und andere DKWisten sahen und deren Fahrkunst bewunderten, natürlich auch auf dem Sachsenring und Schleizer Dreieck. Allein dafür, dass die vielen Zuschauer so etwas geboten bekommen, sollte man den Zschorlauer „Machern" ein ganz großes Lob zollen. Beifall spendeten die Zuschauer auch den Interviews, die ich mit den Grand-Prix-Piloten der jüngsten Vergangenheit führte, wenn Steve Jenkner, Dirk Heidolf, Dirk Reißmann oder Lothar Neukirchner zu Stippvisiten in Zschorlau erschienen.

Kurz vor Beginn des Bergrennens in Bockau 2006 begrüßten Fahrtleiter Thomas Haase (2. v. re.) und ich Fahrer und Zuschauer. Ganz links eröffneten danach Bürgermeister Siegfried Baumann und die „Wurzelkönigin" das Rennen.

Eines meiner vielen Interviews mit Weltspitzefahrern. Hier im Gespräch mit dem zweimaligen Vizeweltmeister der 250er-Klasse und 20-fachen Grand-Prix-Sieger Ralf Waldmann. (B. Walther)

Interview mit Steve Jenkner, als er Podestplätze für UGT holte. (B. Walther)

Seit vielen Jahren meine erhöhte und im Regen trockene Sprechstelle bei Start und Ziel in Zschorlau. (Reiß)

42 *Permanenter Sprecher beim ADMV Classic Cup*

Meine fachlich kompetenten Moderationen der Abendveranstaltungen im Festzelt und Kommentierungen der einzelnen Präsentationsläufe auf dem Zschorlauer Dreieck bewirkten, dass auch andere Veranstalter mich als Streckensprecher einluden. Dafür gab es Empfehlungen durch Erhard Gärtner, den Promoter des Classic-Cups, durch den Motorsportexperten und Buchautoren Jürgen Kießlich aus Zittau sowie von aktiven ehemaligen Rennfahrern. So wuchs ich um die Jahrtausendwende immer mehr in die Rolle des permanenten Streckensprechers beim ADMV Classic Cup.

Ende der 90er-Jahre heuerte mich Horst Geilsdorf als Kommentator für die IHRO (**I**nternational **H**istoric **R**acing **O**rganisation, in England gegründet) und andere Rennen mit historischer Renntechnik auf dem Schleizer Dreieck an. Seitdem hören dort jedes Jahr Zehntausende interessiert meinen Ausführungen beim Classic Grand Prix zu. Darüber hinaus kommentierte ich auf Einladung von Rennleiter Gerhard Ittner mehrmals auch die internationalen Auto- und Motorradrennen im Autodrom Most (CZ) als deutscher Sprecher.

Schwerpunkt meiner Sprechertätigkeit bilden die alljährlich von Mai bis Oktober stattfindenden Läufe um den ADMV Classic Cup. Hierbei entstanden neue Motorsportfreundschaften zu vielen Fahrern aus allen Teilen Deutschlands und der Schweiz. Es ist die reinste Freude für mich, zu sehen, wie die alten Hasen, die in den Jahrzehnten von 1960 bis 1980 oder später große Leistungen als Rennfahrer gezeigt haben, sich heute noch mit elegantem Fahrstil im historischen Motorsport präsentieren. Immer wieder begeistern mich bei den Solo-Motorradklassen Klaus Pellert, Gerhard Thümmel, Gernot Weser, Eckehart Aurich, Siegfried Merkel, Bernd Meyer, Stefan Tennstädt, Thomas Wittig, Gerold Meißner, Harold Kötting, Günter Hilbig, Klaus Wagner und andere „Ehemalige". Hier alle zu nennen, der Platz würde nicht reichen. Dennoch fallen mir durch besonders gutes fahrerisches Können auch Uwe Schramm, Lars Zieger, Mathias Weichel oder Jörg Pradel auf.

Bei den Gespannen zeigt Frank Wendler zumeist den Konkurrenten, wo es lang geht. Zahlreiche Zuschauer

kennen ihn ja noch aus der Zeit, als er seine Solo-MZs hervorragend beherrschte. Jetzt beweist er schon seit Jahren, dass er mit seinem großartigen Beifahrer André Krieg auch auf drei Rädern die Rennfans immer wieder begeistern kann.

Während Frank Wendler/André Krieg, Mario Reinwartd/Knut Rottloff, Schorsch Hübner/Heiko Neumann, Horst Kowalski/Bernd Krüger, Hans Engels/Herta Frimberger, Hendrik Klaus/Kathrin Arnscheck, Marcel Jobst/Sylvia Hain, um nur einige zu nennen, mit ihren moderneren superschnellen F2- oder Langgespannen die Pace angeben, donnern die echten Oldtimer mit BMW-, BSA-, Benelli- und NSU-Motoren mit dem von früher her bekannten Boxer- oder Twin-Sound über die Pisten. Hierbei sind artistische und akrobatische Fähigkeiten der Beifahrer (früher „Schmiermaxen" genannt) gefordert. Auch da stehen heute noch Frauen wie Sabrina Lehmann, Jane Rodehau, Kathrin Liebscher, Sigrid Klinkhardt, Herta Frimberger oder Tine Wieczoreck ihren Mann. Ganz besonders bewundere ich immer wieder Claudia Donner, wenn sie selbst ihr schweres Gespann lenkt und die Leistung des 800-ccm-NSU-Einzylindermotors abruft.

Zu den Publikumslieblingen mit den zahlreichen BMW-Gespannen zählen vor allem Klaus Riedel/Dirk Lüttge, das Ehepaar Rodehau, Manfred Stahmer/Bernd Lader, die Gebrüder Pelenus, Vater und Sohn Bruhn sowie der

Mit Tempo durch die Kurve: Frank Wendler/André Krieg auf der DWR-Honda-F2. (Kießlich)

Klaus Riedel/Dirk Lüttge belegten mit dem BMW-Gespann, einem echten „Sitzer", den dritten Platz beim Europa-Cup-Rennen in Landshaag, Österreich. (Archiv Lüttge)

Stockerl. Das betrifft die Events auf Rundstrecken vielleicht etwas mehr, als diejenigen am Berg. Dennoch zeigen junge Fahrer wie Nico Müller, Kai Aurich, Alexander Herpich, Meinhard Bauch, Jens Papperitz, René und Stefan Pelenus, auch schon Werner Leo Lüttke sowie weitere zwischen 16 und 40 Lenzen, dass sie durch fahrerisches Können auch den Sprung auf das Treppchen bei der Siegerehrung schaffen. Ob Gleichmäßigkeit oder richtiges Rennen: Das Gehirn einzuschalten, hat noch nie geschadet.

Neben Zschorlau besuchte ich nun auch fast alle anderen Orte und Pisten, an denen Läufe des ADMV Classic Cups oder Präsentationsveranstaltungen historischer Motorsporttechnik stattfanden. Interessanterweise nahm die Zahl der teilnehmenden Aktiven immer mehr zu, so dass sich auch die Zahl der zum Classic-Cup gehörenden Strecken vergrößerte.

Mario Reinwardt und Knut Rottloff mit ihrem Honda-Gespann auf dem Weidaer Dreieck 2012. Sie gehören zu den Publikumslieblingen durch rasanten Fahrstil und akrobatische Einlagen des Beifahrers, der die Haare immer schön hat. (Stephani)

Ganz vorn zwei junge Fahrer am Start in Zschorlau mit Vierzylinder-Hondas: Nico Müller (Nr. 443) und Alexander Herpich (Nr. 472). Links hinten ist die Zweizylinder-Horex von Helmut Diemer (Florstadt) zu sehen. (Archiv Herpich)

schwergewichtige Andreas Georg mit Beifahrer Bernd Gasch. Letztere erinnern mich ständig an das frühere bekannte West-Ost-Gespann Friedrich Staschel/Edgar Perduß. Klaus Riedel wechselte um die Jahrtausendwende vom Autocross in die Historische Motorradszene, zuerst auf die MZ BK 350, dann auf das BMW-Gespann. Blau ist hier das Markenzeichen, wobei wirklich nur die Lackierung gemeint ist.

Die jungen Piloten im ADMV Classic Cup können von diesen gestandenen Männern viel lernen. Genau die Mischung aus Jung und „Reifer" (alt gibt es im Motorsport nicht) macht die Veranstaltungen so spannend. Die Älteren sind abgeklärter, fahren zumeist etwas gleichmäßiger und stehen letztlich auf dem

Ex-Rennfahrer Klaus Pellert mit seinem ästhetisch schönen Fahrstil auf der 175-ccm-Einzylinder-Honda in Zschorlau.

Traditionelles Interview mit Paul Schuster, dem ältesten Besucher des Lückendorfer Bergrennens. (Kießlich)

2013 wird das Lückendorfer Bergrennen 90 Jahre alt

Enormer Beliebtheit erfreut sich – ähnlich wie das Zchorlauer Dreieckrennen – das in den Nachwendejahren zum zweiten Mal neu belebte Lückendorfer Bergrennen. Allerdings nicht mehr zur Erzielung der kürzesten Zeit, sondern als Gleichmäßigkeitsprüfung historischer und zur Demonstration moderner Rennfahrzeuge. An diesem Ort kann ich den vielen Zuschauern sehr anschaulich erklären, wie sich die Renntechnik von den Anfängen der 20er-Jahre bis heute entwickelt hat. Hier gibt es eine große Menge an Vergleichsmöglichkeiten.

Jürgen Kießlich, der Autor des Buches „Lückendorfer Bergrennen", weihte mich Ende der 90er-Jahre in die Historik des Lückendorfer Bergrennens ein und machte mich vor Ort mit dem ältesten Besucher bekannt. Das ist Paul Schuster aus der Zittauer Region. Er bewunderte bereits 1923 beim ersten Rennen der etwa vier Kilometer langen Bergpiste als Zehnjähriger die bravourösen Fahrten von Rudolf Caracciola,

Hans Stuck, Louis Chiron, Ernst von Delius, Hans-Joachim von Morgen und anderen Berühmtheiten des Rennsports zwischen den beiden Weltkriegen. 2013, zum 90-jährigen Bestehen des Lückendorfer Bergrennens, steht Paul Schuster in seinem 100. Lebensjahr. Zum Zeitpunkt, an dem ich die letzten Kapitel dieses Buches schreibe, kann ich nur hoffen, dass wir alle, die Leser dieser Lektüre, die Rennfahrer, die Organisatoren und ich, ihn gesund und munter wie bisher zum Jubiläum an der Strecke begrüßen können.

Dietmar Graupner aus Annaberg war mit seiner 125er MZ der erste Sieger des 1961 neu belebten Lückendorfer Bergrennens.

Unter freiem Himmel im Regen zu kommentieren ist schwierig, weil ich gleichzeitig Schirm, Mikrofon und Starterliste halten muss. Mit Headset geht's besser. (Kießlich)

Sachsen und Thüringen – Hochburgen für historischen Motorsport im Osten

In den letzten zehn Jahren sind neue, gut befahrbare und für die Zuschauer gut einsehbare Strecken – Rundkurse und Bergpisten – entstanden. So fahre ich seit etwa 15 Jahren kreuz und quer, vornehmlich durch Sachsen und Thüringen, um Rennen, Gleichmäßigkeitsprüfungen und Präsentationen mit historischen Renn- und Serienfahrzeugen zu kommentieren. Die Rundkurse bieten viele Möglichkeiten, über einzelne Fahrer und Fahrzeuge ausführlicher zu berichten. Das funktioniert hervorragend in Erfurt, Meißen, Riesa, Weixdorf, Zschorlau, auf dem Lausitzring und natürlich am Schleizer Dreieck. Dort bilden eine perfekte Beschallungstechnik und gute, die Szenerie zu überblickende Standorte für den Sprecher die Voraussetzung zur niveauvollen Kommentierung der Veranstaltung. Während ich in Erfurt einen Bus unmittelbar neben Start und Ziel – geschützt vor Regen und Wind – zur Verfügung habe, konnte ich mich 2012 in Meißen sogar in einer hydraulischen Montagebühne hoch hinaus und weit über die Piste fahren. Das Problem: Ich musste zunächst begreifen, welche Hebel für hoch oder runter, für links und rechts betätigt werden muss-

Liebevoll gepflegte und gekonnt bewegte Vorkriegsmaschinen: Rudolf Förster auf der BMW R62 (Nr. 13) und Reinhart Pässler mit der Neander (Nr. 29) sowie eine NSU. (Archiv Pässler)

Reinhart Pässlers besonderer Stolz: Seine Neander 500 Supersport aus dem Jahr 1929 mit 22 PS-OHV-Motor von Motosacoche und in Matt-Nickel veredelter Oberfläche. (Archiv Pässler)

Immer wieder dabei: Senior Heinz Döring mit seiner zuverlässigen NSU OSL 350. (Archiv Weidlich)

Moto-Guzzi-Spezialist Thomas Hentschel in Weixdorf auf seiner schnellen 500er Condor von 1938. (Archiv Hentschel)

ten. Das „Manövrieren" über einen Zaun und zwischen zwei Bäumen hindurch in luftiger Höhe war für einen Laien wie mich, der außerdem nicht schwindelfrei ist, gar nicht so einfach. Im Vergleich dazu fand ich flottes Motorradfahren mit meiner 1.300er Honda als Kinderspiel. Dennoch: Claus-Dieter Michael in Erfurt und Bernd Wieczoreck in Meißen verdienen für die gute Betreuung Lob, ebenso die Riesaer mit Fahrtleiter Hans-Jürgen Macioschek, die mir eine kleine Extratribüne als Sprecherplatz aufgestellt hatten. Das bot mir gute Übersicht über einen großen Streckenteil. In Schleiz habe ich in einem Raum des Rennleitungscontainers in der obersten Etage mit Zeitenmonitor hervorragenden Überblick über größere Streckenteile und Rennverlauf. Am Lausitzring kann ich in der großen, verglasten Sprecher-Lounge die modernste Ton-, und TV-Technik nutzen. Einziger Nachteil: Dort bin ich etwas zu weit weg von den Fahrern, um schnell oder spontan das eine oder andere Interview für die Zuschauer zu führen.

Wesentlich schwerer habe ich es bei Bergrennen. Hier stehe ich zumeist den lieben langen Tag am Startplatz, um jeden Fahrer am Start den Zuschauern vorzustellen und die Technik seines Fahrzeugs zu beschreiben und zu erklären. Das größte Problem dabei ist der Lärm aus den Auspuffrohren der Motorräder, wobei die Maschinen der Vorkriegszeit am lautesten tönen. In Lückendorf war ich einmal schon nach dem samstäglichen Training so heiser, dass ich nicht zum traditionellen abendlichen Treffen der ehemaligen Rennfahrer kommen konnte. Ich musste meine Stimme für die sonntäglichen Läufe schonen. Wenn ich nach den Rennen zu Hause ankam, meinte meine Frau, ich würde beim Reden zu laut schreien. Nach zwei Tagen ist meine Stimmlage dann meistens wieder normal.

Sehr gern bin ich auch beim Bergrennen Ziegenrück, das 2012 zum dritten Mal in Folge stattfand. Auch dort herrscht, dank der guten Organisation durch die Leute des MC Pößneck um Fahrtleiter Martin Ortlepp, eine Bombenstimmung. Dafür sorgen das weiträumige Fahrerlager mit Festzelt und ordentlichen sanitären Anlagen, der gut getimte Veranstaltungsablauf auf fahrerisch anspruchsvoller, kurvenreicher Strecke und die stimmungsvolle Siegerehrung. Wenn die Fahrerpulks der einzelnen Klassen vom Fahrerlager zum Start und später wieder in umgekehrter Richtung durch den Ort rollen, werden sie von den vor ihren Häusern stehenden Bewohnern mit viel Beifall bedacht.

Eine traditionsreiche Veranstaltung aller zwei Jahre war das Bergrennen Mühlwand bei Reichenbach. 2011 fand dort die 5. Gleichmäßigkeits- und Präsentationsfahrt für historische Renntechnik statt. Ich habe an der Mühlwand sehr gern kommentiert, weil stets eine Vielzahl unterschiedlicher Fahrzeuge an den Start ging. Besonders erwähnen muss ich die drei etwa 60-jährigen Formel-II-Boliden. Hans-Jürgen Löffler startete mit dem immer noch bildschönen Reif-BMW seines Schwiegervaters Rudolf Krause. Mit zwei weiteren Leckerbissen aus der früheren Formel II kamen Hubertus Menke und Conrad Engel aus Osnabrück zur Mühlwand. Engel präsentierte den berühmten AFM-Monoposto und Menke den recht monströsen Rennwagen von Kurt Baum aus Hainspitz. Alle drei F2-Renner wurden von 2-Liter-BMW-Reihensechszylinder-Motoren angetrieben. Der AFM soll in den 50er-Jahren von Willi Heeks aus Bocholt oder Fritz Rieß aus Nürnberg gefahren worden sein. Auf jeden

Fall war die Präsentation dieser drei Rennwagen ein Augen- und Ohrenschmaus. Wie schön für die älteren Rennfans, dass sie an der Mühlwand wieder einmal den harmonischen Sound des nun schon betagten 328er BMW-Sechszylinders zu hören bekamen.

Viel Sicherheit und flottes Tempo auf Lausitzring und DEKRA-Oval

Einmal so richtig den Gasdrehgriff bis zum Anschlag aufziehen konnten die Piloten des ADMV Classic Cup und andere Teilnehmer sowohl auf dem Lausitzring 2010 und 2011, als auch 2012 auf dem DEKRA-Oval neben der beliebten Rennstrecke im Land Brandenburg. Auch wenn es für manche Fahrer 2012 harte Einschränkungen aufgrund des Lärmpegels ihrer Maschinen gab, so hatten doch die meisten ganz große Freude am Fahren. Dabei zeigten die ehemaligen Rennfahrer, dass sie nichts verlernt hatten. Selbst Heinz Rosner ließ es sich nicht nehmen, auf dem DEKRA-Oval dabei zu sein und schnelle Runden auf der Zweizylinder-MZ zu drehen. Und Bernd Meyer aus Thalheim fuhr mit einem breiten Grinsen im Gesicht nach einer tollen Hatz mit Sieg auf der Condor unter Beifall in das Fahrerlager zurück. Trotz allem Fahrspaß für die Aktiven auf zwei und drei Rädern, kosteten Vorbereitung und Durchführung dieser Veranstaltung den Männern und Frauen um Organisationschef Bernd Wieczoreck viel Nerven.

Vorbildliche Traditionspflege auf Weixdorfer Rundstrecke

Alle zwei Jahre findet auf einer recht zügig zu fahrenden Rundstrecke bei Weixdorf eine großartig besetzte Gleichmäßigkeitsprüfung und Präsentation historischer Renntechnik mit Wertungsläufen zum ADMV Classic Cup statt. Die Mannschaft um Organisations- und Rennleiter Peter Nitsche findet immer wieder Themen und Wege für eine besonders vorbildliche Traditionspflege. Schließlich ist Weixdorf der Geburtsort des ehemaligen DKW-Werksfahrers und Europameisters Ewald Kluge.

Feierte man 2011 in Weixdorf „60 Jahre Autobahnspinne", so war es 2013 das Gedenken an den ersten TT-Sieg eines deutschen Rennfahrers, Ewald Kluge auf DKW, vor 75 Jahren.

Für mich war es der vierte Sprechereinsatz an dieser Traditionsstrecke, an der ich vor mehreren Jahren erstmals August Hobl, den DKW-Werksfahrer und

Interview mit dem ehemaligen DKW-Werksfahrer und Vizeweltmeister von 1956 August Hobl. Nach dem Tod von Hubert Schmidt-Gigo übernahm ich dessen Rolle als Sprecher in Weixdorf. (Archiv Weidlich)

Vizeweltmeister von 1956, persönlich kennengelernt und mein erstes Interview mit ihm geführt habe. 2009 machte ich die Bekanntschaft mit Peter Kluge, dem Sohn des berühmten Weixdorfers bei der Einweihung eines Gedenksteines für Ewald Kluge.

Interview mit Ex-Automobilrennfahrer Frieder Rädlein, ebenfalls gebürtiger Weixdorfer. (Archiv Weidlich)

Hohes Niveau bei Präsentation historischer Renn- und Sportwagen

An den Stätten des historischen Motorsports, an denen ich das Geschehen kommentiere und wo genügend Sicherheit für den Start schneller Renn- und Sportwagen herrscht, freue ich mich stets über das hohe Niveau der präsentierten Vierrädler. Wenn auf dem Schleizer Dreieck oder auf dem Lausitzring die Renntourenwagen der 70er- und 80er-Jahre mit tollem Sound ihre Runden drehen oder beim Lückendorfer und Ziegenrücker Bergrennen die kurvenreichen Bergpisten hinauf jagen, wird so manche Erinnerung an vergangene Zeiten geweckt. Ich staune immer wieder über die technisch und optisch perfekten Renntrabis, Ladas, Wartburgs, Skodas oder Zastavas. Aber ich freue

Gespräch mit Peter Kluge, Sohn des großen in Weixdorf gebürtigen Rennfahrers. 2011 wurde Ewald Kluge zu dessen 100. Geburtstages gedacht. (Archiv Weidlich)

Der Lamborghini Murcielago wird für die Präsentationsfahrt beim Lückendorfer Bergrennen 2006 vorbereitet. Man beachte den gewaltigen Diffusor unter dem Heck.

mich genauso und bin voller Bewunderung über die Rennwagen der Formel Easter oder der formschönen Spider-Eigenbauten. Mehrere der früheren auf den Strecken der Ostblockländer gefahrenen Renn- und Renntourenwagen starten auch heute noch zu echten Rennen mit historischem Charakter. Ein typisches Beispiel dafür ist die HAIGO. Unter der fürsorglichen Leitung meines Freundes Stromhardt Kraft bieten die Rennfahrer der „**H**istorische **A**utomobil **I**nteressen **G**emeinschaft **O**st" sowohl fahrerisch als auch technisch einen Motorsport, der bei vielen Zuschauern Begeisterung und großes Interesse hervorruft.

In Lückendorf und Ziegenrück verstehen es die Organisatoren, die Historie mit dem modernen Aktuellen zu verbinden. Während im Zittauer Gebirge die Münnich-Truppe einen Lamborghini im vollen Renntrimm präsentierte, sahen die Besucher der Ziegenrücker Bergrennen rasante Präsentations- und Renntaxifahrten der Rallye-Asse Carsten Mohe im Renault Clio R3 EVO und Katrin Becker im Renault Twingo R2.

Aber auch in Zschopau, beim dortigen Bergpreis, gibt es Vergleiche zwischen dem Gestern und dem Heute:

So zeigte 2011 Lucie Glöckner mit ihrer Superbike-Maschine, mit welch enormem Tempo diese junge Dame den Berg hinauf durch das Kurvengeschlängel ihre leistungsstarke moderne Maschine beherrscht. Die Zuschauer – und ehrlicherweise auch ich – kamen aus dem Staunen und Bewundern gar nicht mehr heraus.

Ein wahres Prachtstück: Der Skoda 130 RS von Rico Meusel in Lückendorf. (Archiv Weidlich)

Mit diesem einst erfolgreichen Skoda 130 RS erfreut Ex-Rennfahrer Lothar Thomas immer wieder die Racing-Fans mit bestechend gutem Fahrstil beim Schleizer Classic Grand Prix. (Archiv)

Gerhard Friedrich startet mit seinem gepflegten Formel Easter MT 77 bei zahlreichen Rennen und Präsentationsläufen im Rahmen des historischen Motorsports.

Auch „Altmeister" Johannes Kehrer demonstrierte mit seiner schnellen MZ Scorpion in einem Sonderlauf Kurventechnik und Fahrzeugbeherrschung auf höchstem Niveau. Die gute Organisation und straffe Abwicklung der einzelnen Trainings- und Wertungsläufe beim Zschopauer Bergpreis, der 2011 auf besserer Strecke wieder ins Leben gerufen wurde, verdient ebenfalls große Anerkennung.

Dort merkt man sehr schnell, dass die Organisatoren vom MSC Schwartenberg um Fahrtleiter Gerd Rösler die Sache im Griff haben. Offenbar hat sich das auch unter den Teilnehmern herumgesprochen, denn auch 2013 stand wieder ein zahlenmäßig starkes Fahrerfeld mit niveauvoller Technik aus sieben Jahrzehnten am Start.

Als im Rahmen des Lückendorfer Bergrennens 2006 erstmals ein Lamborghini Murcielago in Rennversion (von Reiter Ingeneering aufgebaut) und ein Ferrari F 360 am Start standen, gab es schon bei den ersten Gasstößen im Leerlauf Gänsehautfeeling. Während der Startvorbereitungen erläuterte ich über die Streckenlautsprecher Funktionen und Technik von Fahr-

werk, Motor und Getriebe des Lambo. Benjamin Leuenberger aus der Schweiz saß damals am Lenkrad und nutzte die Bergrennstrecke zu Einstellfahrten für den nächsten Lauf in der FIA-GT-Weltmeisterschaft. Als er mit raketenmäßigem Start eine lange schwarze Spur in den Asphalt brannte und nach ihm der Achtzylinder-Ferrari ebenfalls beschleunigte, erzitterte die Luft von einem irren Sound, wie er noch niemals an dieser Rennstrecke erklang. Der Widerhall im Wald, durch den sich die Piste schlängelt, vervielfachte den Sound auf gefühlte Verdopplung der Höchstdrehzahlen. Das war ein Ohrenschmaus, wie ich ihn bislang nur an der Nordschleife des Nürburgrings gehört habe, wenn die hochkarätigen Rennsportwagen durch das Hatzenbach-Geschlängel oder durch Kallenhard und Wehrseifen heulen. Piloten wie Christoph Bouchut, Stefan Mücke, Tom Kristensen, Peter Kox oder Marco Apicella sind mit dem Murcielago (V12-Motor, 630 PS bei 7.200 U/min.) in verschiedenen Endurance-Serien erfolgreich gewesen.

Begeisterung für schnellsten Trabant der Welt

Das bunte Starterfeld der Renn-, Rallye- und Serientourenwagen bietet jedes Jahr bei den Bergrennen besondere Höhepunkte für Augen und Ohren. Ganz gleich, ob Lambo, Porsche RSR, Skoda 130 RS, die schnellen Golf und Suzuki-Swift den Berg hinauf dröhnen, den Vogel schießt seit einigen Jahren Ronny Urland ab. Allein der Sound des warmlaufenden Zweiliter-Honda-Motors im rot-weißen Trabant, mit den superbreiten Schlappen für den notwendigen Grip, erhöht den Adrenalinspiegel der Zuschauer am Stre-

Ronny Urlands schnellster Trabi der Welt. In nur 3,2 Sekunden beschleunigt er von 0 auf Tempo 100. Für den Hinterradantrieb wurde das 270-PS-Vierzylinder-Honda-Aggregat als Mittelmotor eingebaut. (Archiv Urland)

Auch das ist Lückendorfer Flair. Bei Akkordeonspiel und
Gesang warten die Fahrer (v. li.) Gerd Rieger, Mario Reinwardt,
Hans Olbertz, Reiner Hase (mit Helm), Klaus Riedel und
Andreas Liebscher geduldig auf ihren Start.

So wollte sich das Delitzscher Team Görner auch 2013 prä-
sentieren. Doch völlig unerwartet riss der Tod meinen lieben
Freund Roland (re.) aus unserer Mitte. Trotz Trauer starten
Sohn Thomas und Tochter Kerstin weiter bei den Tourenwagen.
(Archiv Görner)

So sehen Sieger aus: Vater Ekkehard und Sohn Kay Aurich
stehen oft ganz oben auf dem beliebten „Stockerl" des ADMV
Classic Cups. (Archiv Aurich)

ckenrand. Aber wenn Ronny Gas gibt, im ersten und
zweiten Gang mit schreiendem Motorsound in nur 3,2
Sekunden aus dem Stand auf 100 km/h beschleunigt,
hält es keinen mehr auf den mitgebrachten Sitzen. Das
Aha-Erlebnis erreicht seinen Höhepunkt, wenn Urland mit Höllentempo sehr spät – für die Zuschauer sicher viel zu spät – die Kurven anbremst und mit beein-
druckender Bodenhaftung des Trabis schon wieder auf
der nächsten Geraden entschwindet, mit einem Sound,
der über der Piste die Luft erzittern lässt. Und das ist es
doch, warum so viele Motorsportfreunde zu den Veranstaltungen kommen: Sie wollen die Fahrzeuge nicht nur
sehen, sondern dem Renncharakter gemäß auch hören.
Sicher klingen die Formel-Rennwagen der verschiedenen Klassen auch aufregend gut, doch der Sound des
Urland-Trabis blieb in den letzten Jahren unerreicht,
seit 2006 der Münnich-Lambo die Messlatte auflegte.

Diese drei Herren haben etwas Gemeinsames: Frieder Rädlein
(mi.) fuhr einen der legendären Formel-III-Melkus-Wartburgs
in den 60er-Jahren. Dietmar Graupner (re.) startete damit in den
70ern und Jens Philipp übernahm den Ex-Rädlein-Rennwagen
von Graupner, um damit am ADMV Classic Cup teilzunehmen.
(Archiv Graupner)

Auch Veranstalter anderer Events mit motorsportlichem Charakter luden mich als Moderator oder Kommentator ein. Wie schon erwähnt, moderierte ich viermal das Jahrestreffen des MV-Agusta-Clubs Deutschland in Wernesgrün und Zschorlau (2005), Oberhundem (2009), Neuburg an der Donau (2010) und St. Goar am Rhein (2011). Dort lernte ich dank der Initiativen des ehemaligen Club-Präsidenten, Utz Raabe, weitere interessante Menschen kennen, vor allem ehemalige bekannte und erfolgreiche Rennfahrer. Zu ihnen gehören der neunfache Weltmeister Carlo Ubbiali, der zweifache Vizeweltmeister Remo Venturi, Vizeweltmeister Gianfranco Bonera, Emilio Mendogni und der deutsche Exmeister, Gerd Bender. Ein freudiges Wiedersehen gab es mit dem dreifachen Weltmeister Luigi Taveri. Dabei wurden alte Erinnerungen an seine Starts am Sachsenring und auf dem Schleizer Dreieck ausgetauscht.

Ein lustiges Ereignis gab es im sauerländischen Oberhundem, als Taveri zu einer Solofahrt mit seiner ehemaligen 125er MV Agusta auf die Rundstrecke fuhr, aber nicht wiederkam. Das Pace-Car, ein Ferrari Testarossa, brachte den kleinen, damals 79-jährigen, Schweizer auf dem Beifahrersitz zurück. Ich empfing ihn mit dem Mikrofon und fragte, was denn passiert sei. Die Lacher folgten auf dem Fuß, als Taveri erzählte: „Da hat mich einer angehalten und wollte die Maschine kaufen. Da habe ich sie ihm überlassen, hahaha." In Wirklichkeit war dem Luigi beim Anbremsen einer Kurve der Motor verreckt. Der Versuch, ihn durch Anschieben wieder zum Laufen zu bringen, misslang. Deshalb ließ er die MV einfach stehen und stieg in den Ferrari ein.

Bei der Gelegenheit erinnerte ich ihn an ein Gespräch im Fahrerlager von Spa-Francorchamps, anlässlich eines historischen Renntages. Ich kannte diese Situation bereits, wollte sie aber den vielen Zuschauern nicht vorenthalten und ließ den Schweizer erzählen. Es ging um Folgendes: Er hatte einige Runden auf der Honda absolviert und entledigte sich gerade seines Helms und seiner Handschuhe, als ein junger Mann in Rennlederkombi zu ihm trat und meinte: „Herr Taveri, sie

sind dreifacher Weltmeister, aber ich habe sie in der schnellen Eau Rouge überholt!" Darauf Taveri: „Das ist ja schön und gut, aber 40 Jahre zu spät!" Mit dieser Episode sorgte Luigi Taveri erneut für schallendes Gelächter und viel Beifall.

Gemeinsame Moderation
mit Hans-Joachim Stuck

Mit großer Freude nahm ich die Einladung durch Gunter Sandmann, Pressechef von VW Sachsen, entgegen, den motorsportlichen Teil am Volkswagen-Familientag 2008 zu moderieren. Die Überraschung war perfekt, als Sandmann mir verkündete, mein Gesprächspartner auf der Bühne sei Hans-Joachim Stuck. „Menschenskind", rief ich, „da können wir aber aus der Schule plaudern." Als ich zur Vorbe-

Hans-Joachim Stuck und ich moderierten 2008 zum Familientag von Volkswagen Sachsen in Chemnitz den motorsportlichen Teil des Festes. (Archiv VW)

sprechung mit „Striezel" zusammentraf, stimmte sofort die Chemie zwischen uns. Wir warfen uns gegenseitig die Bälle zu, und die Tausende Zuhörer im Zelt und außerhalb hörten gespannt zu. Ich erinnerte an seinen ersten Sieg 1970 auf dem Nürburgring im Koepchen-BMW und Stuck erzählte, wie er damals als 19-Jähriger die etablierten Spitzenfahrer düpierte. Auf meine Frage, wie es denn 1977 beim Formel-1-WM-Lauf in Watkins-Glen bei strömendem Regen nach führender Position in Runde 14 zum Dreher und Ausfall kam, lüftete er das Geheimnis: Die Kupplung war gebrochen, so konnte er nicht mehr schalten, der Hinterwagen brach aus und der Motor starb ab. „Ohne Kupplung ging dann nichts mehr. Schade, ich hätte das Regenrennen locker gewinnen können", erklärte der lange, sympathische Bayer. Noch etwas äußerst Wichtiges verriet er: Bernie Ecclestone, sein damaliger Chef bei Brabham, hätte ihm einen Zweijahresvertrag zugesichert, wenn er diesen Großen Preis der USA gewonnen hätte. „Aber, wer weiß, wozu es gut war, dass es nicht geklappt hat. Damals wurde in der Formel 1 noch viel gestorben", meinte er lakonisch. Stuck erzielte in anderen Prototypen-, Sportwagen- und Tourenwagenserien jede Menge Siege. Als einen der Schönsten davon nannte der Regenspezialist den Gesamtsieg in der DTM 1990 mit dem Audi V8.

Beim VW-Familientag 2008 in Chemnitz: Mit Hans-Joachim Stuck über Automobil-Rennsport gefachsimpelt. (Czekalla)

Rennstrecken haben auch Geburtstag. Sie werden aber nur alle fünf oder zehn Jahre gefeiert. Das 45. und 50. Jubiläum des Schleizer Dreiecks habe ich bereits 1968 und 1973 miterlebt und gestaltet. Bei den runden Geburtstagen der ältesten Naturrennstrecke Deutschlands nach der politischen Wende war ich stets als Streckensprecher der Rennen und Präsentationen von historischen Rennfahrzeugen zugegen. 2013 hat das legendäre Dreieck fast schon ein biblisches Alter erreicht. Die Motorsportfans feierten bereits beim Classic Grand Prix den 90.

Mein besonderes Highlight: Gemeinsam kommentiert mit „The Voice"

Als der Sachsenring 80 Jahre alt wurde, habe ich zwei Tage lang die Geschehnisse auf der Rennstrecke aus der Reporterlounge kommentiert. Es lag eine knisternde Spannung über dem neuen Sachsenring, in Erwartung der großen Präsentation, obwohl das Jubiläum eigentlich dem alten, mehr als acht Kilometer langen Straßenkurs galt. Dennoch waren sie alle gekommen, die damals durch Hohenstein-Ernstthal, von der Lutherhöhe zur MTS-Kurve, am Heiteren Blick vorbei, dann aus dem Wald heraus in Richtung Queckenbergkurve gefahren sind und Rennsportgeschichte geschrieben haben. Und die großen motorsportlichen Leistungen derjenigen Helden von einst, die nicht mehr am Leben waren, wurden ebenfalls gebührend gewürdigt. Für mich war es wichtig, an die großen Rennen von damals zu erinnern. Die zahlreich den neuen Ring umlagernden Zuschauer dankten mir das mit Applaus.

Es gab so freudige, auch rührende Momente für mich beim Wiedersehen nach Jahrzehnten mit ehemaligen Siegern. Irgendwann stand ein älterer Herr in der Tür zum Sprecherraum. Er schaute mich fragend an. Ich sah ihm in die erwartungsvollen Augen und überlegte krampfhaft, woher ich diesen Mann kenne. Plötzlich funkte es in mir: „Kann es sein, dass Sie Hans Bartl aus München sind?" Darauf antwortete er mit strahlendem Lächeln: „Ja, das bin ich. Aber dass Sie mich nach so vielen Jahren wiedererkennen, ist unglaublich!" Sofort drückte ich dem Sachsenringsieger von 1954 ein Mikrofon in die Hand und begann in Erinnerung an die 50er-Jahre ein Interview mit dem mittlerweile 80-Jährigen.

Dass ich ihn erkannte, ist fast ein Wunder, denn ich hatte Hans Bartl vor etwa 50 Jahren in irgendeinem Fahrlager ohne Sturzhelm gesehen. Außerdem erinnerte ich mich an ein Foto aus dem großen Horex-Buch, wo der ehemalige Werksfahrer auf der Zweizylinder-Horex im Jahr 1956 abgebildet ist.

Als Bartl mich wieder verlassen hatte, ging erneut die Tür auf und ein Mann trat ein, mit dem ich schon immer gern zusammen moderiert und an den Rennpisten kommentiert hätte. Es war Jochen Luck, Urgestein der Streckensprecher-Gilde Deutschlands, auch bekannt unter dem Pseudonym „The Voice". Nach freudiger Begrüßung lobte er: „Das Interview mit Hans Bartl soeben war rührend. Der gute Hans hatte ja Tränen in den Augen, als ich ihm die Hand gab."

Nun stellte ich den Zuschauern erst einmal den ab 1987 in den Sprecher-Ruhestand getretenen Jochen Luck vor. Dann fragte ich ihn, ob er noch immer mit seiner BMW-GS 80 auf Tour geht, denn „The Voice" stand 2007 bereits im 82. Lebensjahr. Natürlich fahre er noch Motorrad, es hielte ihn jung.

Dann kommentierten wir gemeinsam die Präsentationen der vielen historischen Rennmaschinen und Rennwagen, die von ehemaligen Weltmeistern, GP-Spitzenpiloten und früheren Sachsenringsiegern angeführt wurden. Ein besonderes Glanzlicht bot dann „The Voice": Er rief die Klasse bis 50 ccm in der alten, traditionellen Art auf: „Achtung Fahrerlager, Achtung Fahrerlager! Die Klasse bis 50 Kubikzentimeter bitte zum Startplatz kommen!" Dann begrüßte er die einzelnen

Zur 80-Jahr-Feier des Sachsenrings 2007 kommentierten „The Voice" Jochen Luck (li.) und ich zwei Tage lang das Geschehen auf der Rennstrecke gemeinsam. (B. Walther)

Auch gemeinsam mit Wolfgang Wirth habe ich einige historische Rennen am Sachsenring kommentiert. (B. Walther)

Fahrer in deren eigener Landesprache. Aber er setzte noch einen drauf: Weil die Niederländer den Löwenanteil des Starterfeldes einnahmen, kommentierte Jochen Luck nun den Startvorgang auf Holländisch und übersetzte es danach ins Deutsche. Die Zusammenarbeit am Mikrofon mit dem aus Kassel stammenden Hessen war für mich eines der schönsten Erlebnisse meiner damals fast 50-jährigen Motorsportzeit.

Mit Mikrofon an den Brennpunkten der Sachsen Classic

Bei der 10. Sachsen Classic 2012 war ich als Streckensprecher bereits zum vierten Mal dabei. Während Automobil-Experte Johannes Hübner jeweils den Start und die Zielankunft der dreitägigen Oldtimer-Rallye kommentiert, bin ich – ähnlich wie Sprecherkollege Hoffmann-Sinnhuber – ständig unterwegs, um an bestimmten Zeitkontrollen oder Sonderprüfungen einer zumeist großen Zuschauerkulisse die hochkarätigen Fahrzeuge sowie deren Lenker und Beifahrer vorzustellen. Dabei lernte ich zahlreiche interessante Menschen aus Industrie, Sport und Kultur kennen. 2008 hatte ich in Bischofswerda das Glück, mit dem ehemaligen Vorstandsvorsitzenden von Volkswagen, Professor Carl Hahn, zu sprechen oder auch mit „Tatort-Kommissar Ehrlicher", Peter Sodann. Mit besonderem Applaus bedanken sich die Zuschauer stets für

ein spontanes Gespräch mit den an der Rallye teilnehmenden Damen, weil sie, wie zum Beispiel Mareile Höppner, immer nette, lustige Antworten parat haben. Neben vielen „Promis" sind alljährlich Größen des Sports, Fahrzeug-Konstrukteure, Journalisten, Direktoren bedeutender Unternehmen und auch ehemalige Rallye- und Rennfahrer dabei. Letztere bedeuten für mich stets etwas Besonderes, weil ich über Mikrofon und Lautsprecher die Zuschauer teilhaben lassen kann an Erinnerungen besonders spannender Situationen in vergangenen Rennen und Rallyes. Viele jüngere Zuschauer machen dabei zum ersten Mal Bekanntschaft mit ehemals namhaften motorsportlichen Persönlichkeiten.

Als Ellen Lohr 2010 mit einem Rallye-Subaru dabei war, führte ich mit ihr längere Gespräche an den Zeitkontrollen, ebenso mit den Siegern 2011, Matthias Kahle und Peter Göbel. Im großen Feld der Sachsen-Classic-Fahrzeuge befand sich mit Dieter Quester auch ein ganz berühmter österreichischer Rennfahrer. Auf dem großen Marktplatz von Dippoldiswalde erinnerte ich den immer lustigen, jung gebliebenen Oldie an einen der aufregendsten Schlussmomente des Formel-II-EM-Laufes 1970 in Hockenheim. Damals touchierten sich Quester im BMW und Clay Regazzoni im Tecno bei der Einfahrt in das Motodrom, wie ich in einem früheren Kapitel schon beschrieben habe. Questers Reaktion: „Du weißt ja Details, die mich ins

Schwärmen bringen. Mensch, war das ein Wahnsinns-rennen damals. Jaja ich erinnere mich sehr gut. Ich habe ja schließlich gewonnen!"

2010 erkannte ich an meiner Sprechstelle in Johann-georgenstadt den in einem Luxuswagen der Vorkriegs-zeit sitzenden ehemaligen österreichischen Rennfahrer Gerold Pankl. Sofort begann ich ein kurzes Interview mit dem einstigen Konkurrenten von Niki Lauda, Jochen Rindt, Dieter Quester, Striezel Stuck und anderen. Ebenso führte ich ein schnelles Gespräch mit dem Leiter der „Anstalt", Urban Priol, und wünschte ihm nach der Zieldurchfahrt einen angenehmen Abend bei Rotwein „ohne weichsteinigem Abgang" in Anlehnung an sein Buch „Hirn ist aus". Übrigens: 2012 lag Urban Priol mit seinem Fiat 125 S an der Zeitkontrolle in Freiberg, nur wenige Kilometer vor dem Ziel, an sechster Position der Gesamtwertung! Als ich ihm das zurief, freute er sich zwar, aber die Hauptsache sei, dass die ganze Sachsen Classic einfach Spaß mache.

2012 lernte ich auch endlich Christian Geistdörfer kennen, der als Co-Pilot von Walter Röhrl zweimal Rallye-Weltmeister wurde. Natürlich sei es ein Riesenunterschied, die Sachsen Classic in relativ ruhiger Fahrt zu genießen, gegenüber den früheren nächtlichen Rutsch-partien über die Schnee- und Eispisten in den Seealpen bei der Rallye Monte Carlo. Ich ergänzte: „Oder noch schlimmer: die Nebelnacht von Arganil bei der Portugal-Rallye 1980?". Geistdörfer grinste nur.

Auch der Tourenwagen-Ex-Europameister in der Dreiliterklasse, Bernd Siller, heute Chef der besico Sachsenland GmbH, ist jedes Mal dabei, mit einem der schnellen Ford Sierra Cosworth. Mit ihm kann ich herr-lich plaudern, nicht nur über Autos, die Rennfahrerei, unsere Begeisterung während der 70er- und 80er-Jahre in Brünn, wenn die Walkinshaw, Heyer, Siller, Ludwig,

Interview mit Rennfahrerin Ellen Lohr an ihrem Subaru bei der Sachsen Classic 2010 in Glauchau. (Kruse)

Stuck, Quester, Kelleners, Hezemans, Grohs, Xhenceval und Co durch die Kurven slideten, sondern auch über edle Weine und gutes italienisches Essen.

Interessante Gesprächspartner bei der Sachsen Classic sind auch immer der Chefredakteur von „Auto, Motor und Sport", Bernd Ostmann und sein Copilot Gert Hildebrand, der als Konstrukteur dem chinesischen Automobilbau entscheidend auf die Sprünge hilft.

So gesehen, ist für mich die Sachsen Classic jedes Jahr auch eine Art Bildungsreise, weil man durch die zahl-reichen Gespräche viel Neues und Interessantes erfährt, nicht nur über Oldtimer. Man lernt ja nie aus.

Traditionsteams der „Histo Monte" in Dresden vorgestellt

Auf Empfehlung von Helmut Tschernoster bekam ich die Einladung, am 28. Februar 2011 in Dresden früh um 8.30 Uhr vor der Semperoper 99 Teams der traditionellen „Histo Monte", also der historischen Rallye Monte Carlo vorzustellen und für ihre Etappenfahrt nach Bad Homburg zu verabschieden. Wenngleich auch nur etwa 200 bis 300 Interessenten als Zuschauer am Startplatz erschienen – immerhin zeigte das Thermometer minus zwei Grad an – so konnte ich doch frei weg aus der „Schule plaudern". Viele Erinnerungen an die klassischen früheren Rallyes um Europa- und Weltmeister-schaftspunkte wurden geweckt. Persönlichkeiten wie Ove Andersson aus Schweden oder Bruno Thiry und andere sorgten schon vom Namen her für Aha-Effekte. Nicht zu jedem Fahrzeug oder Fahrerpaar konnte ich etwas erzählen, dafür aber zu den Persönlichkeiten und Rallye-Boliden die in der Vergangenheit die Geschichte dieser großen schweren Rallye geschrieben haben. Beeindruckend für uns Rallye-Begeisterte zeigten sich einige der früheren Siegertypen wie Lancia Stratos, Opel Ascona oder die schwedischen Saab. Unter den Zuschauern sah ich auch Wolfgang Küther und Stromhardt Kraft, die ich natürlich auch herzlich begrüßte. Bei diesen hier genannten Fahrzeugen erklärte ich auch, welche Piloten damals an den Lenk-rädern kurbelten. Beim Stratos war es Sandro Munari, beim Ascona Walter Röhrl und beim Saab Ove Andersson. Und dass Bruno Thiry aus Belgien noch vor der Histo Monte 2011 seine 200. Rallye mit Ziel in Ahrweiler gefahren hatte, erregte ebenfalls Aufsehen. Dass ich klarstellte, Thiry und sein Copilot stammen aus dem wallonischen Teil Belgiens, wurde mit zustimmendem Kopfnicken beider Belgier bestätigt.

Gruppenbild in Zschorlau 2009: (obere Reihe, v. li.) Luigi Taveri, Utz Raabe, Thomas Haase, Rolf Kormann, Rainer Pommer, Jim Redman sowie (unten v. li.) Lutz Weidlich und Peter Losert. (Reiß)

Rückblicke auf weitere besondere Momente des Motorsports

Es gab – und es gibt sie sicher auch weiterhin – Momente neben der Rennstrecke, an die man gern zurückdenkt, besonders, wenn sie auf Fotos festgehalten wurden. Die herzlichen Begrüßungen und Gespräche bei den oftmaligen Zusammentreffen mit ehemaligen Weltmeistern, Grand-Prix-Siegern, anderen Spitzenkönnern und Experten des internationalen Motorrennsports sind für mich immer wieder Höhepunkte. Einige Motorsportfans haben verschiedene Begegnungen und Situationen fotografiert

Mit Carlo Ubbiali traf ich mehrmals zusammen. Hier mit dem neunfachen Weltmeister am Sachsenring 1999. (Gerber)

Erinnerung an die beiden japanischen Weltklassepiloten Nobbi Ueda (li.) und Norik Abe vor ihren Starts auf dem neuen Sachsenring. (B. Walther)

Moderation bei der Vorstellung des interessanten Buches aus dem Verlag Top Speed über das Rennfahrerleben von Helga Heinrich-Steudel. (Reiß)

Der sympathische Rudi Raml aus Österreich brachte Formel-1-Flair zum Schleizer Dreieck. Über diesen „Wolf-Ford-Cosworth", den einst Jody Scheckter, James Hunt und zuletzt Keke Rosberg pilotierten, habe ich die Zuschauer umfassend informiert. (Archiv Weidlich)

Im Gespräch mit zwei Weltklassefahrern verschiedener Jahrzehnte, Heinz Rosner (li.) und Ralf Waldmann. (B. Walther)

Einmal auf einer Grand-Prix-Bultaco sitzen … Mein holländischer Freund Louis Nijhof gestattete es mir beim Ziegenrücker Bergrennen 2011. (Archiv Weidlich)

Motorsport-Experte Jürgen Kießlich (li.) holte mich Ende der 90er-Jahre als Streckensprecher nach Lückendorf. (Archiv Weidlich)

Gute Zusammenarbeit garantieren diese drei Männer vom ADMV Classic Cup: (v. li.) Streckensprecher Lutz Weidlich, Promoter Erhard Gärtner (mi.) und Bernd Wieczoreck, Fahrtleiter von Meißen mit immer neuen tollen Ideen. (Archiv Weidlich)

Ehe ich einige Eigenarten der Streckenspre- cher aus meiner aktiven Zeit zwischen 1961 und 1980 zum Besten gebe, zunächst die Schilderung einer nachgeholten Siegerehrung. 1954 gab es, wie am Anfang dieses Buches beschrieben, ein totes Rennen in der Gespannklasse auf der Autobahnspinne Dresden Hellerau. Damit hatte die Rennleitung nicht gerechnet. Deshalb hatte man nur jeweils zwei Siegerkränze für die drei Erstplatzierten parat. So erhielten zunächst nur die Fahrer Willi Faust und Karl Pusch die zwei vorhandenen goldenen Kränze. Karl Remmert und Rolf Pöschel gingen zunächst leer aus. Irgendwie geriet dieses Versäumnis in Vergessenheit. Nicht aber bei den rührigen Weixdorfern.

Anlässlich der 2011 mit großem Zuschaueranklang durchgeführten Veranstaltung auf der dortigen Rundstrecke unter dem Motto „50 Jahre Dresdener Autobahnspinne", holten das die Organisatoren nach. Ein völlig überraschter und zu Tränen gerührter Rolf Pöschel bekam nun 57 Jahre später seinen wohlverdienten goldenen Siegerkranz. Der Beifall im Festzelt für diese Aktion und den guten Rolf, der sich zu jenem Zeitpunkt im 83. Lebensjahr befand, nahm kein Ende.

„Guten Morgen, meine Herren, gab's Vorkommnisse?"

Bereits ab 1962 wurde es am Sachsenring während der WM-Läufe immer schwieriger, ohne entsprechende Legitimation oder Sondergenehmigung in das Fahrerlager zu gelangen. Ebenso streng bewachten die Sicherheitsorgane den Zutritt zum Start- und Zielbereich und Rennleitungsturm. Diese Maßnahmen waren wichtig, um jene Bereiche vor Unbefugten zu schützen. Im Fahrerlager und Boxenbereich fand das vor allem bei den ausländischen Werksmannschaften, deren Fahrern und Helfern Anklang, weil sie dadurch ungestört an den Rennmaschinen arbeiten und sich in Ruhe auf die bevorstehenden Trainings- und Rennläufe konzentrieren konnten.

Aber mein Motorsportfreund Heinz Günter Vogt aus Döbeln-Gärtitz, ein ausgesprochener Rennsportfan und Kenner der WM-Szene, wollte das nicht akzeptieren. So versuchte er es eines Tages auf eine vornehme Art, sich Einlass in das Fahrerlager zu verschaffen. Im feinen Zwirn, weißem Hemd und Krawatte begab er sich zum Fahrerlagereingang. Natürlich trug er eine größere Ledermappe mit Rennergebnissen unter dem Arm. Am Eingang sah er die Wächter mit strengem Blick an und fragte sie mit freundlichem Ton: „Guten Morgen meine Herren, gab's schon Vorkommnisse?" Etwas überrascht kam dann: „Nein, alles in Ordnung". Heinz-Günther ermunterte sie im Vorbeigehen mit: „Na dann, machen Sie Ihre Arbeit weiter so exakt." Und schon war mein Freund im Fahrerlager. Irgendwie schaffte er es auch mit Anzug, Schlips, großer Mappe und energischer Stimme in die Bastion Start-und Zielbereich einzudringen. Irgendwann verschaffte ich ihm sogar einen Anhänger, der sichtbar getragen werden musste, damit er bis zu meiner Sprecherkabine vordringen konnte. „Brauche ich gar nicht, die kennen mich doch schon", lachte er und meinte noch: „Der Trick mit dem guten Anzug und der gewichtigen Dokumentenmappe unterm Arm und die Frage nach Vorkommnissen klappt immer noch. Die Posten am Fahrerlagereingang winken mich schon seit einigen Jahren einfach durch."

Eigenarten und Gewohnheiten der Streckensprecher

1959 und 1960 versuchte sich Egon Winter als Nachwuchs-Streckensprecher. Ich höre es heute noch in meinen Ohren nachklingen. Er schilderte am Sachsenring von der Sprechstelle Heiterer Blick ein Formel-III-Rennen. Als Joachim Eisold, der an der MTS-Kurve kommentierte, an Winter mit den Worten ab-gab: „Und mit dem fünften des Feldes, Kurt Kuhnke aus Braunschweig, rufe ich hinüber zum Heiteren Blick. Bitte, Egon Winter, nehmen sie die Spitzengruppe in Empfang." Winter meldete sich: „Einige Nebelschwaden ziehen über die Rennstrecke hinweg. Ich blicke gespannt in die Richtung, aus der die Fahrer kommen sollen. Dabei sehe ich durch die Büsche und durch die Zweige der Äste der Bäume des Waldes hindurch. Und da tauchen sie aus dem Nebel auf. Der Erste führt. Es ist der Sohn vom Vater. Ahrens, jawohl Kurt Ahrens, der Junior aus Braunschweig. Und schon ist er vorbei. Aber wo ist der Vater abgeblieben? Egal, ich rufe hinunter zu Start und Ziel. Martin Walther bitte übernehmen sie. Noch einmal: Der Erste führt das Feld an, es ist der Sohn vom Vater."

Weil die Rundfunk-Techniker oftmals unsere Reportagen mitgeschnitten hatten, spielte mir 1961 Martin Walther im Leipziger Funkhaus diese Aufnahme vor. „So einen Quatsch will ich von Dir nicht hören, wenn Du Deinen ersten Einsatz hast, klar?" Ich antwortete ihm: „Die Reportage von Egon klingt ja wie der Erlkönig von Goethe." Darauf Martin Walther: „So falsch liegst Du gar nicht. Diese skurrilen Kleinstrennwagen sehen sowieso aus wie Erlkönige." Egon Winter habe ich nach 1961 nie mehr gehört.

Auch Joachim Eisold hatte eine stereotype Gewohnheit, wenn er die Aufforderung zum Sprechen bekam: „Hier meldet sich die Jugendkurve. Nun schauen wir gespannt in Richtung der langen Geraden, atmen noch den Bratwurstdunst nach der Pause des vorangegangenen Rennens ein, aber nun kommt die Spitzengruppe herangebraust." Wenn dann die Wichtigsten vorbei waren, kam immer der nahezu gleiche Satz, wie zum Beispiel: „Mit dem schnellen Ungarn Laszlo Szabo entschwindet einer der Verfolger des Spitzenpulks unseren Blicken in Richtung Start und Ziel auf und davoooon." Dieses „Auf und davoooon" wurde sein Markenzeichen, denn er wendete diesen Schluss auf allen Strecken an.

Eddie Fast saß immer an der Badbergkurve. Wenn ich zu ihm abgab, ertönte fast ständig stereotyp: „Na, wir hier am Badberg sind ganz gespannt. Abwarten und Tee trinken, es kann ja noch sooo viel passieren." Das war zumeist die Antwort, wenn ich etwas sehr euphorisch eine Situation meines Sichtbereiches geschildert hatte. Aber auch er konnte über das Ziel hinausschießen mit: „Ja, jetzt ist er schon Zweiter, und da kommt unser Heinzelmann, der Rosner!" Wobei er das „Heinzelmann" besonders gedehnt und laut aussprach. Als ich Rosner davon erzählte, meinte er: „Das dumme Gequatsche geht

mir auf den Senkel, den knöpfe ich mir mal vor." Dabei meinte es doch Eddie Fast nur gut. Wenn er als Trainingsprecher von mir eingesetzt wurde, kam er immer mit einer prallvollen riesigen Aktentasche in den Start- und Zielturm. Auf meine Frage, was er denn in dieser schweren Aktentasche mit sich führe, rief er entrüstet: „Medizin, Mensch!" Als er mein Erstaunen bemerkte, fügte er hinzu: „Du, wenn die so halsbrecherisch um die Kurven gasen, bin ich so aufgeregt. Meine Frau noch viel mehr. Ihre Hände zittern und fliegen nur so übers Papier, wenn sie die Rundenzähltabelle führt." Zur Beruhigung sollte wahrscheinlich die Medizin aus der Aktentasche dienen.

Nun zu mir. Niemand ist unfehlbar. Ich wies an früherer Stelle schon einmal darauf hin, dass auch ich nicht vor Versprechern und Angewohnheiten gefeit bin. Doch man muss es schnell bemerken und korrigieren, dann kommt es nicht zur Blamage. Als ich 2012 durch das Fahrerlager in Zschorlau lief, verfolgten mich zwei ältere Herren aus den alten Bundesländern und unterhielten sich so laut, dass ich es hören sollte: „Vor uns läuft der bekannte Streckensprecher, der die Zeiten immer nach Kriegen einteilt. Der sagt, wieder eine interessante Maschine, gebaut zwischen Erstem und Zweitem Weltkrieg. Dann redet er über eine Nachkriegsmaschine von 1949, dann wieder über eine Ladepumpen-DKW aus der Zeit kurz vor dem Zweiten Weltkrieg." Ich drehte mich um und lachte: „Klar, so können die Zuschauer alles schnell in die entsprechenden Epochen einordnen." Natürlich nenne ich auch die exakten Baujahre, wenn es besonders darauf ankommt. Ich würde mir bei der Vorstellung von Reinhart Pässlers „Rovin Tour de France" nie erlauben, einfach zu sagen: „Diese Maschine wurde zwischen den beiden Weltkriegen gebaut." Schon, weil dieses kleine 175-ccm-Motorrad zumeist das älteste des gesamten Feldes ist, wird das Baujahr 1924 besonders betont.

Bleibt nur noch zu hoffen, dass der von einer großen Fangemeinde, zu der Zuschauer, Fahrer, Organisatoren, freiwillige Helfer und Journalisten gleichermaßen gehören, so geliebte historische Motorsport uns allen noch viele Jahre erhalten bleibt.

Quellennachweis

- Motorsport-Almanach
  (Rosenhammer/Grassmann, 1953)
- „powerslide" – internationaler Motorsport
  (Zürich, 1969 – 72)
- Statistiken und offizielle Ergebnislisten
  der Rennveranstalter
- Eigene Listenführung, Rundenzähltabellen
- Rennprogramme mit eigenen schriftlichen
  Ergänzungen, Runden- und Streckenzeiten
- Tonmitschnitte von Rennen
  (eigene Streckensprecher-Reportagen)
- Moto GP Results 1949 – 2008
- Sachsenring Statistik der Jahre 1927 – 2003
  (Reiß/Jordan)

Impressum

Herausgeber
HB-Werbung und Verlag GmbH & Co. KG,
Redaktionsbüro „Top Speed",
Schenkenberg 40, 09125 Chemnitz,
Tel. 0371 56160-0, Fax 0371 56160-19,
www.hb-werbung.de, www.top-speed.info

Gesamtleitung/Verleger:
Hendrik Nöbel

Autor:
Lutz Weidlich

Layout/Grafik:
Andrea Klemann

Lektorat:
Ulrike Berger

Druck:
Mugler Masterpack GmbH,
Gewerbering 8, 09337 Hohenstein-Ernstthal/OT Wüstenbrand

1. Auflage 2013

ISBN ISBN 978-3-00-042287-4